U1005556

教育部留学回国人员科研启动基金资助项目
[教外司留（2005）55号]

The Project Sponsored by the Scientific Research Foundation for the Returned Overseas Chinese Scholars, State Education Ministry.
(The Project-sponsored by SRF for ROCS, SEM.)

谨以此书献给我的导师已故古厩忠夫教授

日本国情解读系列

日本近代知识分子的中国观

——中国通代表人物的思想轨迹

（第二版）

刘家鑫　著

南开大学出版社
天　津

图书在版编目(CIP)数据

日本近代知识分子的中国观 ：中国通代表人物的思想轨迹 / 刘家鑫著. —2 版. —天津：南开大学出版社，2015.9

（日本国情解读系列）

ISBN 978-7-310-04944-8

Ⅰ. ①日… Ⅱ. ①刘… Ⅲ. ①汉学家—人物研究—日本—近代 Ⅳ. ①K833.135.81②K207.8

中国版本图书馆 CIP 数据核字(2015)第 216789 号

版权所有　侵权必究

南开大学出版社出版发行

出版人：孙克强

地址：天津市南开区卫津路 94 号　　邮政编码：300071

营销部电话：(022)23508339　23500755

营销部传真：(022)23508542　　邮购部电话：(022)23502200

*

天津泰宇印务有限公司印刷

全国各地新华书店经销

*

2015 年 9 月第 2 版　　2015 年 9 月第 1 次印刷

210×148 毫米　32 开本　10.625 印张　238 千字

定价：32.00 元

如遇图书印装质量问题，请与本社营销部联系调换，电话：(022)23507125

序言一

日本德川幕府末年，在有识之士之间酝酿变法图强。1868 年的明治维新运动，使日本由一个近世封建主义弱国，一跃成为近代封建资本主义强国。在经过四十余年的跨越式发展后，日本达到了近代化的目标。然而，其后的日本，开始实施所谓的“大陆政策”，其目的是侵略亚洲，独霸中国。尤其是抗日战争前与抗战时期，日本帝国主义政府野心勃勃，右翼少壮派法西斯军人疯狂至极。这些战争狂人不但肆意挑起全面侵华战争，还与英美等西方列强国家相对抗，偷袭珍珠港，占领菲律宾、马来西亚等东南亚各国，悍然发动了太平洋战争。多行不义必自毙。日本侵略者最终在 1945 年战败投降，成为国际社会的阶下囚。

战争年代，日本标榜“八纮一宇”，鼓吹“王道乐土”，梦想建立“大东亚共荣圈”，图谋独占中国，称霸亚洲。由于战败投降，那些自欺欺人的政治理想和口号，也随之烟消云散。同时，日本近代知识分子的“兴亚论”思想和“中日合作联盟论”等观点，也被战后的历史进程所尘封。前事不忘，后事之师。在 21 世纪的今天，我们应该开启尘封，拨云见日，重温历史，回顾过往，总结经验，吸取教训。这些工作，将有助于我们把中国建设成为一个强大的国家，使之永远屹立于世界民族之林。

战前的日本之所以一步步地走向侵略扩张主义的深渊，这是日本帝国主义本性所决定的，与明治时期的政治思想有关，也与当时日本知识分子的对华认识紧密相联。明治中期，即第二次鸦片战争前后，在日本的知识界，逐渐形成了“脱亚论”与“兴亚论”这两种思想暗流。在现实政治发展变化的激流中，日本知识分子们的兴亚思想也分裂为两种类型：一是善意的，即中日两国平等联合；二是具有野心的，即日本侵略势力妄图独霸中国。发掘这方面的历史资料，分析研究当时日本知识分子的思想意识，客观看待历史人物，深刻揭示其思想内涵，鉴别其善恶美丑，是当今历史研究工作者义不容辞的责任和义务。

本书的作者刘家鑫老师，在研究日本近现代知识分子，特别是日本“中国通”这方面迈出了可喜的一步。他在本书《日本近代知识分子的中国观》中，首先以战后日本的历史认识为引子，指出了目前近代史研究领域里的缺憾。他认为，抗日战争前和抗战期间，有许多日本知识分子站在中间派的立场上，发表了自己的中国观，谈论了中日关系问题。这些人留下了大量的论著，有待于我们去发掘和考察。而目前学术界不太重视这方面的课题，很少有人主动研究日本中国通人物的思想言行。其实，这是一项很有前景的开拓性的学术研究工作。

中国通，在特殊的历史背景下出现，在一定的思想基础上发展，又在瞬息万变的东亚政治格局的演变中发生了变化。迄今为止，在学术研究上，中国通还没有被单独立项进行考察，而是被包括在“日本浪人”之中。刘老师试图将文人派中国通，从日本浪人的领域里分离出来，当做一个独立门类进行分析研究。进而，他试图深入探讨几项问题。例如，中日关系瞬息万变，中国通们将沿着怎样的思想路线发展变化？他们的思想意识，又将呈现出怎样的状态？作者围绕着这些问题，以两个著名的中国通——后藤朝太郎和长野朗为例，展开了深入浅出的分析研究。另外，以往的研究主要以“善恶两分法”为模式，将研究对象公式化地、硬性地规定为好人和坏人。在这里，作者将超越那种固定模式，将研究的着眼点放在“第三种人”身上。他依据丰富翔实的第一手日文版原始资料，结合中日近现代的历史事实，分析论证中国通的言行，力求揭示其思想内涵和精神实质。

作者总结了中国通的几种思想性格。其一，中日甲午战争后，日本人普遍蔑视中国的民众，否定中国的现实，但中国通们却赞赏中国人的顽强精神，高度评价中国的变化和进步。其二，中国抗战时期的中国通，其言行也随波逐流，起到了体制扶翼的作用，但当国际形势发生变化，日本开始走下坡路的时候，他们出于国家利益的考虑，又产生了非战的思想意识，表现出相互矛盾的心理状态。其三，中国通反对“脱亚论”思想，它们沿着“兴亚论”或“大亚西亚主义”的思想潮流发展变化，但其“中日合作联盟论”等观点，却受到了善意的平等联合和野心的侵略独占这两种思想意识的影响。本书非常透彻地分析了中国通，其政治观点和研究方法是正确的。它不仅具有重要的学术价值，还对研究现在的日本知识分子，具有一定程度的启发性意义。

刘家鑫老师，是我二十余年前教导过的学生。他在大学时期，并非是个聪明能干的学生，也没有取得过显著的成绩。但他学习非常努力，刻苦钻研学问。他克服身体的疾病和家庭的许多困难，一心向学，追求真理，勇于进取，顽强拼搏。正是靠着这种锲而不舍的劲头，他去日本留学深造，并学有所成，回来报效祖国。他著书立说，自立一家之言，还课徒授业，传承学问精神和学术方法。现在，不光是刘老师本人在学问之路上有所建树，就连他教导出来的首位硕士毕业生，也考取了北京大学历史系的博士研究生。我为刘老师的斐然成绩而高兴，更是钦佩他的积极向上精神。我希望他在今后的日子里，继续创造出新的科研成果，并为我们的国家培养出更多的高级人才。

盛情难却，特作此序。

李树本 识（年八十有二）

2007年五一国际劳动节

序言二

首先必须申明的是，我没有为刘家鑫先生的大著《日本近代知识分子的中国观》写“序言”的资格。本来，应该由他的导师古厩忠夫老师来写，但遗憾的是古厩老师已入鬼籍数年。我从黄泉之国，听到了这样的声音：“柴田君，你要给刘先生的书写个序言。”我拒绝说：“这是哪里的话！本人无法替代古厩老师。”然而，总得有个人来充当这一角色。这就好比是棒球比赛，在关键的时刻，教练要找出一个替补队员来，找到了谁，那是怎么也推卸不了的。做为刘先生的朋友之一，我还是应承下了这件事。

刘先生于1988年秋天，负笈东渡、留学日本。我记得，他起初是在仙台的宫城教育大学和东北大学。之后，他来到新潟大学的研究生院，拜古厩忠夫为师。他很幸运，遇到了一位良师，度过了一帆风顺的博士研究生阶段。但我知道，他在生活方面吃了不少的苦。他还多次犯规，比如把寝具带到教研室里并住下，等等。然而，也许那时候的辛苦才铸成了现在的刘先生。

此次大著付梓出版，最高兴的应该是其亡师古厩忠夫吧！因为在日本有这样的说法：淘气的小徒弟是最可爱的。

且说《日本近代知识分子的中国观》一书，其内容主要是关于后藤朝太郎与长野朗的考察，这两个人物的共同点是“中国通”。不言而喻，中国与日本是一衣带水的邻邦，辅车相依的关系。但是，自明治时期以来，随着中国（清朝）的衰弱，在日本朝野刮起了一股蔑视中国的风潮。“谢绝坏朋友”，是通往近代化的必由之路。这种言论，在启蒙思想的名义下，被夸大其词地宣传蛊惑。其中，中国通或日本浪人们，有许多人挺身而出，以“捍卫中国”而自居。

在这种情况下，后藤与长野依然主张，日本人必须要深刻地理解中国。可以看出，刘先生通过描写这两个人物，尖锐地批判了日本人蔑视中国的风气。中国与日本，双方之间有着数千年文化交流的历史。如果想一想内藤湖南所说的话，那么就会明白：在底部深层滚动的东西，必定朝着一个大的方向缓慢、沉重、顽强地滚动着。这样一来，看待中国的社会，不应该只是停留在其表面现象上，而是需要从根本上理解中国才行。

后藤朝太郎与长野朗，正是从根本上理解中国的人物。只是，他们有时被时局所捉弄，而不由自主。除此之外，还应该思考一下他们与亚西亚主义思想之关联。

目前的日中两国间，悬案问题堆积如山。但我认为，现在依然是不能光停留在表面现象上，而必须要在真正的意义上，深刻地理解日中关系。

新潟大学国际中心
柴田幹夫

序言三

提起日本的中国通，人们自然会想起土肥原贤二、川岛浪速（著名女谍川岛芳子即金碧辉的养父）等臭名昭著的人物。“文化大革命”期间，著名的革命样板戏《红灯记》里的鸠山，也是一个中国通。1937 年 12 月，日军攻陷南京时，又是中国通利用仁丹广告，为日军提供了清晰明了的进军路线图。可以说，在中国人的心目中，日本的中国通，就是日本帝国主义者的帮凶、走狗、马前卒。

然而，在日本近现代的历史上，真正的中国通却是一些精通汉文化的日本知识分子群体，这其中有好、有坏、有中间派。如此说来，研究中国通就不能感情用事。那么，历史上的中国通是个什么样子呢？本书作者刘家鑫老师在《日本近代知识分子的中国观》一书中，将给出一个答案，还其本来面目。

目前，在中国还没有一部研究日本中国通的专著，即便是在日本也没有此类的专著问世，所能看到的只有三石善吉的《后藤朝太郎与井上红梅》、萩野脩二的《与鲁迅不和的中国通——泽村幸夫》和《某中国通的轨迹——泽村幸夫》，还有桂川光正的《后藤朝太郎、中国、鸦片》等几篇论文。由此可见，有关日本中国通的研究，在当今中日两国的学术界还是“一片大沙漠”。

刘家鑫老师的《日本近代知识分子的中国观》一书的问世，填补了中日两国的学术界关于日本中国通研究这个领域里的空白，达到了一个新的高度。作者在本书中，首先考证了中国通的历史源流，然后超越了“善恶两分法”的模式，以史为据，辩证地、客观地分析论证了当年两个著名的中国通——后藤朝太郎和长野朗在抗战爆发前后的言行，真实地揭示了他们的思想内涵和精神实质。这对中日两国来说，无论是政府还是人民，都将是大有裨益的，以后的历史将会为此作证、作注。

刘老师早年留学日本，十年寒窗学有所成，在学术上严格要求，一丝不苟，写作本书时三易其稿始付梓，其刻苦认真之精神，令人钦佩。他治学严谨，教导有方，解惑授业，诲人不倦。前些时候，刘老师培养的首位硕士毕业生考上了北京大学博士研究生，可谓著书育人硕果颇丰。愿刘老师著作等身，县内县外，遍结桃李。值此机会，赋诗一首，以示对刘家鑫老师的敬意：

弱冠习射赴东洋，
管城荷肩始自翔。
乌飞兔走何其速，
人间世事有苍茫。

张新华 题

2007 年 5 月 10 日

前　言

1998 年 10 月中旬，笔者将申请博士学位的论文，提交给日本国立新潟大学研究生院现代社会文化研究系，1999 年 1 月中旬参加答辩，同年 2 月中旬论文获得通过。该论文的正题是“关于中国通的中国认识的研究”，副题为“以后藤朝太郎和长野朗为中心”，全文由六章构成。现将原学位论文译成中文，又在译文的基础上，做重大修改增删，重新谋篇组合。现全书共分十章，定名为《日本近代知识分子的中国观》，付梓出版，求教于大方。

首先说明一下本书的基本内容。日本自明治维新以来，在知识分子中间，就怎样看待中国和如何评价中日关系的问题，出现了几种不同的思想认识。在这些知识分子当中，既有温存稳健派，又有积极侵略扩张派，还有占大多数的中间犹豫派。日本思想界的这种状况，一直持续到侵华战争结束。后藤朝太郎和长野朗，是两位中间层的“中国通”知识分子，他们活跃于 1906 年至 1945 年这一段历史时期。笔者以这两个历史人物为例，试图探讨日本近代中国通的思想。通过他们的言行，分析研究其中国认识和中日关系论的思想内涵，梳理归纳其思想发展变化的过程，适当地评价其精华部分，更严肃地批判其糟粕的成分。笔者力求从思想史研究的角度，批驳日本右翼分子否定历史的谬论。

探究抗日战争前和抗战期间日本中国通的对华观，揭示其思想意识的多元复杂性和相互矛盾性，对剖析现在日本人的中国观及其历史渊源，具有重要的现实意义。这样做，可以让人们以历史事实为依据，以细部分析的研究成果为证据，来驳斥日本右翼分子的侵略有理论，批判反动文人的自由主义史观。中华民族近代以来遭受日本帝国主义欺辱宰割的国耻不能被遗忘，日本侵略中国的历史不容随意篡改。在21世纪的今天，以史为鉴，知己知彼，励精图治，锐意自强，方能使中国永远立于不败之地。

笔者从战后日本人的历史认识说起，指出学术界对中国抗日战争前后日本普通知识分子研究缺乏力度，强调了研究中国通的必要性。笔者认为，对当时日本知识分子的个案研究，将有助于全面认识那一特定历史时期日本人的思想意识。深入细致地解释日本普通知识分子的中国论以及中日关系论，可以让我们比较准确地把握日本普通大众对华认识的脉搏。

日本明治十年（1877年）以后，出现了“脱亚论”和“兴亚论”的思想潮流。这两股思潮，对日本国内的形势，乃至国际政治的走向，均产生了巨大的影响。同时，它还在思想文化上影响了一大批知识分子。这其中，中国通是沿着哪一条思想路线发展变化的，其心理是崇敬中国还是蔑视中国，其言论是体制扶翼还是反战非战，其思想意识是主张善意的中日平等联合、还是图谋独霸中国并占领亚洲，如此等等，这些内容，都是本书要解决的问题。笔者依据第一手资料，分析论证了后藤朝太郎和长野朗等中国通代表人物的思想言行。在以往“善恶两分法”的基础上，着眼于中间层知识分子，既抓住其左右摇摆不定的性格特征，又客观地阐明其思想实质。

关于日本近代知识分子和中国通的研究，在中日两国学术界不多。迄今为止，只有立命馆大学萩野脩二教授写过两篇研究中国通泽村幸夫的论文。关于后藤朝太郎，日本著名学者竹内好先生曾撰文说:“后藤是典型的中国通，他的中国观是战争时期日本人对华观的平均值，希望有人系统地研究一下他的思想内涵。”1974 年 8 月，筑波大学三石善吉教授发表过《后藤朝太郎与井上红梅》一文，介绍分析了后藤其人。1999 年 3 月，大阪产业大学桂川光正教授发表过论文《后藤朝太郎、中国、鸦片》。

有关长野朗的研究，在学术界更是少见。据长野朗的后人讲，以前曾经有人来到他们家里，借阅过其父亲的著作。其资料收集的范围，主要集中在战后时期，重点关注的是长野朗参加农民运动与他的自治论思想。但经笔者调查检索，一直未见有人发表相关的论文。而且，在学术界也从未有人提到过抗战前后的长野朗，忽视了他研究中国问题的情况及其思想成果。针对以上的情况，笔者试图作一点开拓创新性的工作。

在本书中，笔者力图抓住以下几个重点：第一，考察抗战前后的中国通后藤朝太郎和长野朗，看一看这两人与中国有着怎样的关系；第二，探明他们是如何看待中国这个国家、社会和民众的；第三，探讨他们是怎样思考中日关系和中日之间悬案问题的；第四，区分两者性质的异同，找出其各自的特点。在此基础上，搞清日本的中国通在中国认识与中日关系问题上呈现出怎样的思想要素，又具有哪些实际作用和历史意义。本研究课题有以下两个难点：其一是，如何将文人型中国通从日本浪人的范畴中区分出来；其二是，阐明在近现代日本的思想史上，中国通处于什么样的历史位置。

近年来，在中日两国的学术界已经开始重视近代日本中间层知识分子的研究价值。后藤朝太郎与长野朗这两个中国通为后世留下了大量的论著，他们的存在正在逐渐被学界同仁所接受。这是值得高兴的事情。本书只不过是对这两人的思想状况、中国认识和中日关系论所进行的初步分析和解释。笔者怀着“抛砖引玉”的心情，向学界推出自己微不足道的成果。笔者翘首以待，希望学界同仁广泛探讨日本的中国通，解析普通大众化的日本知识分子，创造出新颖的研究成果。最后，就本书的思想观点、学术方法、文章结构和语言运用等，仰望识者不吝赐教、精心斧正。

著者 谨致

2007 年 7 月

目　录

序章　走近日本的中国通

第一节　问题之所在

中国抗日战争前和抗战期间，日本知识分子们发表了许多关于中国问题的言论，提出了有关中日关系问题的看法和观点。客观上，他们为后世留下了一笔丰富的第一手资料，积累了一批宝贵的精神财富，同时也遗留了不少值得审视的问题，等待着我们去甄别、厘清和商榷。在和平年代的今天，我们该如何看待半个多世纪前日本知识分子的中国观和中日问题观？又该怎样评价他们那些观点的思想实质与内涵呢？这些历史问题令人深思，该课题的学术研究也意义深远。

时至今日，无论是在中国还是在日本，一提到这个问题，人们都把日本知识分子是肯定了日本侵华，还是否定了日本侵华，当做判断其好坏的基准和试金石。战后几十年来，加害的和被害的一代人占人口的大多数。从某种意义上来说，这种做法有其合理性，也是理所当然的。特别是中日邦交正常化以后，日本政府内的高级官员或执政党的领导成员（特别是其中的右翼分子）频频发表否定侵略史实的言论。在这样的情况下，盲目乐观地断言“战争已经结束了”，这恐怕还为时过早。

自中日恢复邦交正常化以来，三十多年过去了，两国在政治上、尤其是在经济上已经形成了互相依存、密不可分的紧密关系。而且，这种关系对当今亚洲社会的发展趋势有着重大的影响。时代在前进，社会在进步。新的形势要求我们要用新的思维方式来看待、分析、解决问题。由此说来，以前的那种单纯地把历史人物或现在的活跃人物分为好人和坏人（君子与小人）的“善恶两分法”式的做法，恐怕已经不能适应时代发展的要求了吧。当然，高度评价那些一直反对侵略的人，批判那些肆意鼓吹侵略的人，这在今天也还是非常必要的。从整体上把握日本知识分子中国观的潮流，客观地认识、正确地分析其中所蕴涵的思想要素，是今后学术研究的一项重点工作。

如上所述，中日两国的关系日趋紧密，无论是在经济上，还是在文化上，都在不断扩大协作的领域，谋求健康和谐的发展。与此同时，也存在着个别事件上的利害关系，出现了彼此对立的现象，从而引起了一些矛盾和冲突。尽管如此，两国间为了避免决裂乃至断交，就要互相妥协、尽量避免矛盾激化。要树立新的认识，即利害关系和矛盾对立，是普遍存在于国际社会和国家关系之中的。新的时代，要求我们必须要这样做。毫无疑问，日本的战败和中国的胜利，乃至中国新民主主义革命的成功，中国革命的成功，都极大地影响了日本人对中国的认识。但是，笔者认为日本人的心理意识积重难返，他们多年累积下来的中国认识和其中所蕴涵的各种因素，不可能随着日本的战败而完全消失得无影无踪。

这样一来，笔者觉得不能简单地把战争期间，在某些时候发表过侵略言论的日本知识分子，一刀切式地判定为“参与侵略的人”或“赞同侵略的人”。在他们当中，有些人曾以某种形式正确地评价中国，而后又在军部和宪兵队的高压下屈从于侵略政策；也有些人为了缓和局部激化的战争，做出了一定程度的努力。很显然，他们的这些思想意识，是非常微弱和幼小的。但是，无论是对中国人来说，还是对日本人来说，现在都已经到了应该对他们的思想进行细致梳理的时候了。

中国抗日战争前和抗战时期，在日本有像东条英机（按：参见本书“附录四”，以下同）那样的极端侵略扩张主义者；也有近卫文麿那样的侵略战争参与者；还有像石原莞尔那样最初赞成侵略，后来又成为反对无限度扩张的人；更有像尾崎秀实和中西功那样的共产主义者。但是，究竟是赞成还是反对侵略，像这样一眼就能看得出来的人物毕竟占少数，并且，他们在战争年代的言行和思想，早已被先哲们的先行研究所探明。

现在的问题是，对处于这两个极端中间，而又占绝大多数的知识分子的思想状况的研究还远远不够，或者说是处于刚刚起步的阶段。在这些知识分子中，有一部分被称为“中国通”（按：在日语中称做“支那通”）[1]的那些人，就是有必要深入分析的知识分子群中的重点。通过考察中国通们的著作和论文内容，可以了解他们作为知识分子，是如何在历史的潮流中蜕变为容忍侵略的旁观者的过程，也可以理解其在这一过程中的苦恼和思索反刍。一言概之，整理分析日本近代中国通及其代表人物思想的发展过程，正是本书所要论述的主要内容。

所谓“中国通”，指的是江户时代（1603年～1867年）具备汉学素养的那些日本知识分子。一般来说，明治维新以后，日本通过设立引进西方学术的高等教育机关（如东京大学等）培养人才，也向欧美派遣留学生来培养新型的知识分子。从那以后，中国通的数量逐渐减少，但并没有完全消失，而是在反对欧化、振兴亚洲的风潮下，以某种形式继续存在，如舆论界的论客、自由著书人、游记散文家，甚至是“日本浪人”（按：在日语中称做“大陆浪人”），等等。

不能否认，中日甲午战争后，中国通们有无视中国主权的倾向，也坚信“亚西亚主义”，并以为日本就是亚洲的领导者。与此同时，他们对中国和中国人也怀有强烈的关心，并积累了与之相关的大量知识。在这些人中间，有人较为客观地评价了中国人的民族主义精神，指出了中国人不同于日本人的时空观和价值观，认为中国人是不可轻侮的。笔者认为，我们很有必要进一步深入细致地分析这些人的思想构成及其形成过程。

要想研究战前战中日本知识分子，追踪其中国认识和精神轨迹的话，那么，绕开中国通是无法办到的。但眼下在中日两国近代史研究领域里，对中国通特别是中间层文人派中国通的研究，还是非常稀少的。而且，以往的“善恶两分法”式的研究，也没能揭示出这类日本人的中国观和中日问题观的深层思想意识。在这群日本知识分子里面，以后藤朝太郎和长野朗这两个历史人物较为著名，他们与众多的中国通形成了鲜明的对比。后藤朝太郎，姑且称之为“自由主义型的中国通”；长野朗，暂时称之为“国权主义型的中国通”。笔者尝试以这二人为例，考察他们的思想结构及其随着时代的变化而发展的中国认识和中日关系论。

目前，几乎很少见到有关中国通问题的研究，这不仅表现为这方面的学术专著很稀少，而且相关的研究论文也不多见。目前所能检索收集到的以中国通为专题的，只有三四位先达的个别论文。其代表作品中，较早一些的有日本筑波大学教授三石善吉先生的论文《后藤朝太郎与井上红梅》[2]。有日本立命馆大学教授萩野脩二先生的两篇论文：《与鲁迅不和的中国通——泽村幸夫》[3]和《某中国通的轨迹——关于泽村幸夫》[4]。再有，就是日本大阪产业大学教授桂川光正先生的论文《后藤朝太郎·中国·鸦片》[5]。这些均是其中的代表性论文。

三石善吉先生在其论文中，不仅分析研究了后藤朝太郎和井上红梅，还以此为切入点，对中国问题通作了详细的介绍和考察，是一个里程碑式的科研成果。萩野脩二先生透彻地研究了泽村幸夫这一人物，但他没有以中国通本身为研究的对象。桂川光正先生的论文，细致地考察了后藤朝太郎眼中的民国时期中国人的原生态，涉及了一些中国通的本质性问题。然而，与长野朗有关的专项研究几乎是一片空白，可称是人迹罕至的荒漠。总而言之，有关中国通的研究还是一块不毛之地。由此可见，这一课题是一个非常有前景的研究领域。

第二节　何谓“中国通”

1. 渡边龙策的“日本浪人”论

笔者查阅了各种日文版的语言大辞典和历史大事典，发现“中国通”一词均未以独立词条的形式出现于辞典之中，即便是有，也大都是把它放在“日本浪人”这个词条里面来加以解释的。例如，冈部牧夫先生在《日本史大事典》[6]中概括解释日本浪人时，对中国通也做了如下的解释：

……［日本浪人］大多和玄洋社、黑龙会、东亚同文会等国家主义团体或亚西亚主义团体有关联。但是，在清政府对外国人实行严格控制的情况下，依然出现了精通汉语和中国风俗习惯的所谓“中国通”。日本浪人在中日甲午战争、日俄战争中从事翻译、间谍、破坏等活动，他们发挥了很大的作用。……

在这之前，大家都认为中国通只是日本浪人中的一部分。那么，中国通真是从日本浪人中衍生出来的吗？笔者认为，至少在明治时期以前他们是独立的，是后来随着时代的发展而被卷入了社会潮流中的。为了弄清中国通为“何许人”，首先必须要将日本浪人考察清楚。渡边龙策先生在其著作《近代日中民众交流外史》[7]中，列举了很多的例子，描写了日本浪人产生的背景、活动及结局。

渡边先生写道，日本在明治维新后，成功地走上了国家近代化的发展道路，并且跻身到帝国主义列强的行列，积极实行侵略中国大陆的政策。1894 年，在中日甲午战争中，日本打败了清帝国。在这之后，还发生了三国干涉和义和团起义等事件。十年后，日本又挑起日俄战争，取得胜利之后，把沙俄势力赶出了中国东北三省。从那以后，日本进入了侵略中国的高峰期。这一时期，以孙中山为首的中国革命派势力集结东京，成立了“中国革命同盟会”。同时，康有为等变法派人物和许多留学生也齐聚东京。这样一来，日本就成了中国革命运动的策源地。

他接着说道，受这种氛围的刺激，许多日本青年自我意识过剩，他们自负以天下为己任。这种人逐渐增多，他们想冲出狭窄的岛国，自由地飞翔于广阔的中国大陆。这其中，包括了各种类型的人物。他们有的追求自己的梦想，其中不乏企图侵略中国的人；也有许多想法单纯的志士，他们在日本国内没有固定职业、难以生存。渡过玄海滩，到憧憬已久的中国大陆去。这么一群日本男儿，无论是好人还是坏人，都被人们囫囵吞枣、不加区别地称为“日本浪人”。可以说，他们是明治时期的浪漫主义所产生出来的“弃儿”。

他举例说，山中峰太郎就曾中断了在陆军大学的学业，来到了中国。他参加了中国革命，成为孙中山的一名重要参谋；山田良政在上海的一个公司里工作，甲午战争爆发后从军，在军队中当翻译。孙中山在惠州举行起义时，他帮助革命军，受到清军的包围，最后战死。还有，宫崎滔天（寅藏）参加了孙中山的革命运动，是日本浪人中的一个杰出代表。他与犬养毅（木堂）相识，并接受过其经济援助。在当时，侵略中国的思想普遍存在于日本浪人和军人的心里。宫崎滔天羞于与那些人为伍，坚持走自己的革命道路。辛亥革命后，第二、三次革命的时候，他又来到中国，支援孙中山。可以说，像宫崎滔天这样的人，才是真正的日本浪人的典型代表。

他又举例：日俄战争期间，陆军大佐青木宣纯的“特别行动班”，在日军实施的“土匪策略”中大显身手；陆军中佐花田仲之助的“满洲义军”，也活跃在东北三省。这些信息，都极大地刺激了当时日本青年的好奇心，促使他们要到中国大陆去实现自己的理想。特别是，因间谍嫌疑而被沙俄军队逮捕，在哈尔滨被处决的横川省三和冲祯介等人的活动，以及跟日本人有关的土匪团伙的猖獗，都极大地强化了日本青年人对中国大陆的向往。还有，内田良平的黑龙会和头山满的玄洋社系统的活动，更是大大地加强了他们到中国施展才华的决心。曾经三次策动过满蒙独立运动的“军事浪人”川岛浪速，跟中国军阀张宗昌结为把兄弟的伊达顺之助（中国名张宗援），还有在军阀混战时期指挥土匪团伙的小日向白朗（中国名尚旭东），等等。这些日本浪人，不顾文明开化的时代潮流和气息，把那些所谓的“英雄豪杰”吹嘘得玄而又玄，唆使后辈青年人做着天真烂漫的黄粱美梦。

渡边先生最后总结道，以上这些人都可以称做日本浪人，如果分类，还可以把他们分为不同的范畴。虽然没有严格的标准，但还是有几种分类方法的。比如，北方型、南方型、壮士型、后方型、尖兵型、思想型、行动型，等等。那么，在他们身上，到底是什么因素在起作用呢？其动机又是什么呢？最直接的答案，那就是时代背景，还有从那种环境中孕育出来的先驱者们的影响[8]。

2. 中村义的“日本浪人”论

从明治维新到“二战”中战败投降，在日本国内和国际的各种条件下，受历史地理和思想文化等方面的影响，产生了中国通和日本浪人。他们引人注目地活跃在近代中日历史的舞台上，也极大地祸害了中国半个多世纪。近年来，专家学者们已经开始研究中国通和日本浪人，但成果数量还是很少。比之冈部牧夫和渡边龙策二位，中村义先生对日本浪人问题，做了更详细的分析和解释，他的总论式的研究引起了学界的广泛关注。中村先生在其论文《关于近代日中关系史中的日本浪人》一文[9]中，把日本浪人从产生到终结，分为以下几个时期。

（1）明治二十年（1887 年）前后是其诞生期。日本国内自由民权运动高涨，国际上欧美列强进一步压迫亚洲各国，日本知识分子对日本本国抱有深刻的危机感。在此形势下，为了达到抵抗欧美并帮助邻国之目的，日本浪人应运而生。

（2）辛亥革命前后是其黄金时期。有感于邻国的义举，日本浪人们四处奔走。在近代日本的对华政策上，他们给日本政府施加了很大的压力。这是日本浪人们的辉煌时期，他们一方面对中国革命起到了积极的作用，另一方面也给日本社会带来了巨大的影响。

（3）第一次世界大战时期是“浪人万岁”和变质期。日本提出对华二十一条要求，中国爆发了五四运动，中日两国的政治条件都发生了很大的变化。浪人阶层不断扩大，同时也开始分裂。他们甚至于想独自解决满蒙问题，这与辛亥革命时期的做法已大不相同。浪人们无视中国革命的发展，丝毫不顾及中国统一的趋势，开始转为支持日本的扩张主义。

（4）昭和初年到昭和十年（1926 年～1935 年）是其堕落时期。从这个时期起，人们开始鄙视日本浪人。其理由是，日本浪人早已不再是辛亥革命时期献身于中国革命的同情者和协助者，他们已然变成了日本帝国主义侵略中国的帮凶，更有甚者，他们本身也变成了扩张主义者。

接着，中村先生又从行为模式和内在精神的角度，分析总结了日本浪人的性格特征。他首先概括了浪人的正面特征：（1）自发性浪人，这种人往往不追求固定的工作和收入；（2）将自己与国家结为一体，怀有强烈的使命感，主张关注亚洲问题、实行东亚经纶；（3）儒教式的志士仁人，主张富贵不能淫、威武不能屈，具备恻隐之心和侠义精神，富有浩然正气和进取精神。

中村先生还列举了他们的出身，比如：造反士族的末流人物（没落士族）、壮士、民权运动的残余势力、退伍军人、民党人员和新闻记者等。按照他们的行动特点，可以将其分为以下几种类型：①革命浪人（如宫崎滔天），②商业浪人（如荒尾精），③军事浪人（如川岛浪速），④教育浪人（如根津一），⑤新闻媒体浪人（如中岛真雄），⑥万能浪人（如头山满），等等。

笔者认为，以上的定义方法还是比较妥当的。中村先生列举了日本浪人的类型，详细地分析了各个时期浪人的特征。他客观地指出，在他们当中，有人为中国革命提供了必需的资金和武器，还有人直接地影响了日本高层的对华政策。当然，他也如实地承认了历史的事实。比如，有人为了日本的国家利益、确保日本人的生存空间和资源而主张侵略中国。尤其是，到了抗日战争时期，这些人成为日本军部的特务、间谍、帮凶或打手，参加了侵略中国、称霸亚洲的行动，等等。

那么，本书的主人公即中国通们的情况又会如何呢？他们是否与日本浪人为一丘之貉？或者是应该另当别论？为了弄清这个问题，笔者广泛地收集了资料，并详细地进行了研读。应该说，前面提到的三石善吉先生，是中国通研究这一领域中的一位重要的先驱者。

3. 三石善吉的“中国通”论

三石善吉先生考察了中国通和日本浪人产生的社会历史背景，分析了中国通的变化过程。在其论文《后藤朝太郎与井上红梅》一文中，三石先生首先整理了战前知识分子们对中国通的介绍和评价。据他说，“中国通”这个词起源于记者鹈崎鹭城。在1913年（大正二年）10月的《中央公论》的一篇文章中，鹈崎鹭城说过这样一句话：“所谓中国通，多指擅长汉语、爱好诗文的中国学者”。

鹈崎还说到，随着时局的变化，“旧中国通”，即“中国学者打破了中国通这一阶层，扩大了其范围，特别是志士浪人扩大了其基础，开拓了其新的发展领域”。鹈崎把新形式的中国通，分为外务省派、陆军派、实业派和浪人派四种，并且断定“现在大多数的中国通，一提到中国问题，就妄自揣摩中国形势，针砭对华政策。其实，他们大多数都如同群盲摸象”。

三石先生还介绍了小山松寿所写的《厦门通信》一文。这篇文章刊登在1899年（明治三十二年）9月号的《太阳》杂志上。文中写道：小山与驻厦门的上野领事谈到日清贸易时，对领事赞不绝口：“这样的领事，以中国通自居是当之无愧的。”在1911年（明治四十四年）11月的《日本和日本人》杂志上，稻叶君山将山路爱山的“现代中国论”，断定为“所谓的中国通，其对华观是很危险的，更让人讨厌的，是那些半吊子中国通的中国论”。

显而易见，汉学家稻叶君山认为，山路爱山的言论不是“通”，而是“半通”。接着，鹈崎熊吉在其《活人剑、杀人剑》一书中提醒道，“真正的浪人”，就要像真田幸村和后藤又兵卫那样，“不能失去国士的心术和志士的风格”。

三石先生做了如下的分析。他指出，原来中国通就是指汉学者，或者是其发展延续下来的中国学者。但是，中日甲午战争与义和团运动以后，日本资本主义明显地走向了“摆脱东亚的坏朋友，与西方文明国家共进退”[10]的道路。新的政治形势，要求出现新型的中国通。

1890 年（明治二十三年），荒尾精在上海成立了“日清贸易研究所”，从事翻译和搜集中国情报的工作。一时间，研究所成了“志士”和浪人们的“水泊梁山”。这说明，甲午战争与义和团运动之后，中国通的概念打破了原有的界限，向其他领域伸展了根须。鹈崎鹭城的中国通分四派的观点，预示着中国通已经不再是中国学者一家独占的金字招牌了。

三石先生借用语言学家六角恒广先生的话指出：一方面，日本资本主义的侵略性不断扩大，另一方面，因为中国政局不稳，康有为、孙中山等人流亡日本。同时，在日本人对中国的关心不断高涨的情况下，涌现出了宫崎滔天、平山周、内田良平等所谓的日本浪人或中国通[11]。

三石先生还指出，中国通人数的不断增加和新闻媒体业的发展，又造成了中国通整体素质的下降。这在 1911 年的中国辛亥革命时，表现得最为明显。日本浪人式的中国通们，就像近藤勇那样，越来越成为国家权力的走狗。他们逐渐失去了与中国民众的连带感，变为军国主义的走狗、帮凶和马前卒，甚至堕落到了“日本地痞流氓”的地步。

三石先生观点的主旨是，在近代以前，中国问题研究者和中国趣味的旧中国通，都是典型的知识分子。但是，到了明治时期，大多数的日本知识分子都把兴趣转向了欧美，特别是以中日甲午战争为契机，中日间的国际地位发生了根本性变化后，他们实际上走向了“脱亚入欧”的道路。于是乎，旧形态的中国通，随着时代的变迁逐渐发生了变质。

4. 锁定“中国通”

假如以三石先生的说法来判断的话，旧中国通的形态是汉学者，乃至是其延长线上形态变化了的继承者，即中国学者。这样的话，笔者觉得也有必要探讨一下“汉学”和“中国学”的区别问题。据《新编东洋史辞典》[12]的解释，“汉学”是汉代的学问和学风的意思，特别是指后汉的注释家们理解经书的态度。魏晋时期，是以老庄思想为学术基础的。宋元明时期的哲学是程朱理学和阳明学，当时的学者又在此基础上，解释了经书的意义。然而，无论在时代上还是训诂上，经书本来就体现了汉儒的精神。近些年来，人们主张批判宋学，呼吁复兴汉学。

在日本，相对于江户时代的国学来说，中国的学问主要指的是汉学。也就是说，“汉学”这个词在日本是汉土（中国）学术的意思，但这也只不过是个抽象的概念罢了。这是有关汉学之词义的一般性解释。那么，所谓的“中国学”，又该是什么意思呢？

“中国学”是指与中国事物相关的所有的学术研究，通常以哲学、宗教、文学、语言、历史、美术等中国的整个人文科学为对象，不包括自然科学的研究事项。自古以来，日本就极其敬畏中国，学习中国的政治制度和思想文化，并且不断地受到其影响和滋养。但是，日本的接受是有所选择的，或是仅仅限于实用，或是止步在有利于自己的领域里，难以称之为真正的学问。从19世纪末开始，西方的实证主义科学入主日本。逻辑演绎、比较分析、归纳整理、系统规范等方法，影响到了“中国学”的命运。这样一来，“中国学”在日本才变成了真正的科学研究。它从以往的汉学脱胎而来，又受到了西方学术方法很大的影响[13]。

简而言之，从历史时期上划分的话，日本的“汉学”指的是明治以前对中国传统文化的研究，而“中国学”是进入明治中期以后才出现的一种现象。中国学是在原有汉学的基础上，用科学的方法加以改进，使之脱胎换骨，然后再继承下来的汉学新形态。它还与当时中国的风俗人情研究、甚至汉语相结合，也是一个引进了新的研究对象的学问领域。

这样，我们以三石先生的说法为依据，可以类推出从事汉学或中国学研究的人，应该就是我们要找的“中国通”。可以断定，真正的中国通，一定是具备汉学或中国学素养的文人学者，是高水平的知识分子。这些最初的、正宗的中国通，是在动荡的历史背景下出现的。他们亲历了近代日本的社会政治思想的发生、发展和形成的全过程。也可以说，他们是以江户时代的汉学为源流，以反对欧化、主张刷新传统汉学的“新中国学”为主要宗旨的知识分子群体。

这样一想，我们是否还能像先行研究那样，在日本帝国主义形成后，仍将中国通和日本浪人相提并论，而忽视这两者之间的区别呢？不可否认，中国通里面的一部分人与日本浪人之间，确实有一定程度的关联性，甚至是相似性。但从另一个角度上来看，那些冒牌的中国通不具备思想文化性和学问研究性，“半吊子中国通”毕竟不是中国通的主流。他们，只不过是一些用表面肤浅的中国知识武装起来的日本浪人而已。

就像稻叶君山把山路爱山的“现代中国论”，评论为“半吊子中国通”的论调那样，在鹈崎鹭城所说的中国通各派中，不是恰恰就少了汉学者稻叶君山那样的“文人派”吗？！这个文人派的中国通，才是真正的中国通。也就是说，只有专业研究中国问题的人，才有资格“担当此任”。笔者冒昧地将中国通和日本浪人做了如上的区分，并希望在此基础上展开后面的分析论证。

另外，还有一个问题，那就是有必要确认一下三石善吉先生说法的准确性，即“旧形态的中国通”，是随着日本“脱亚入欧”的政治路线的深化、发展而逐渐蜕化变质的这种说法是否符合史实，因为这密切地关系到，这些文人派中国通到底是沿着“脱亚论”的路线发生了变质呢？还是与此相反，是在“兴亚论”思想的影响下，朝着亚细亚连带论和中日合作联盟论的思想方向发展变化下来的呢？

为了弄清事实，我们必须分析一下近代日本的脱亚思想和兴亚思想的情况，看一看日本知识分子中国认识的潜在社会历史背景。那么，让我们进入下一节的论述。

第三节　脱亚与兴亚

1. 中江兆民的对外政策观

明治时期的社会思想家中江兆民，在提倡自由民权运动的同时，还关心着清末的中国。作为论述日本与东亚近邻各国关系的专著，他写的《三醉人经纶问答》[14]一书非常有名。在这本书中，中江兆民就日本对亚洲、尤其是对中国问题，借作品人物“南海先生”、“洋学绅士君”和“东洋豪杰君”这三人之口，发表了自己的看法。其中的“南海先生”，仿佛是中江兆民本人的化身。在作品中，这三个出场人物，分别站在各自的立场上，讨论了天下国家的大事，即日本今后应该走什么样的道路问题。

首先，“洋学绅士君”反对天皇制，主张彻底实现民主化。他提倡废除军备、放弃战争、永久中立、和平民主。倡导创建文化道义国家、成立世界政府、共建人类繁荣。并且，他还提出，实行万国一家，组建一个大联邦。站在他对立面的“东洋豪杰君”，则沉迷于实力主义，露骨地主张侵略亚洲，妄想建立日本的霸权。他希望通过富国强兵，以武力来对抗西方帝国主义的侵略。同时，要扩张军备，征伐亚洲的大国（清帝国）。他的言论集中代表了当时日本右翼分子们的思想意识。

“南海先生”批评“洋学绅士君”的论调说，那只不过是日本的欧美派学人头脑中的一种幻想，即使在当今的欧美也实现不了，是陷入了理想主义的一种表现，根本解决不了日本面临的问题。“南海先生”还着重批判了“东洋豪杰君”的论调，他说：世界看起来好像是弱肉强食，但是欧美各国之间有一定的国际法则，过激的行动会受到其国内舆论的制约。“东洋豪杰君”的国际形势观，无视实际情况，是对西欧压迫过分忧虑的一种“神经病”式的排外主义，而图谋侵略亚洲某个大国，只不过是那种焦躁心理的一种表现而已。“南海先生”接着又指出：对那个亚洲大国，不应该是侵略，而应该“结为兄弟国家，互相扶持”。特别是，清国是个庞大的市场，它对于日本来说，能够成为一个“取之不尽的利益源泉”，因此，贸然挑起战争绝对不是上策[15]。

1887年（明治二十年）的时候，中江兆民的眼里所看到的日本的状况，是不容乐观的。不要说“洋学绅士君”的构想是十分迂腐的，就连实现“南海先生”的构想，也缺乏较为成熟的民众条件；对于“东洋豪杰君”的政治构想，他虽然仅仅付之一笑，但却又清楚地认识到，日本正面临着来自外部的严重威胁[16]。实际上，中江兆民在《三醉人经纶问答》里，为明治中期以后的日本，描绘出了国家发展路线的三种蓝本：其一是非武装和平论；其二是武力侵略、国权扩张论；其三是和平主义、渐进立宪论。它既是政策设想，同时也揭示了近代日本知识分子的亚洲观和中国观模式的雏形。

值得注意的是，中江兆民在《三醉人经纶问答》中，借“南海先生”之口表达了自己的中国认识。概括中江兆民的中国认识，主要有两点：第一，清末的中国已经出现了行将崩溃的征兆，但同时这个老朽的帝国又在悄悄地发生着变化。他预测到，传统的中国必定灭亡，而在西方文明的冲击下，又会诞生一个崭新的中国。第二，他强调，对于这样的中国，日本与其采取敌对的姿态，不如给予理解和帮助，以消除中国敌视日本的情绪。可以说，中江兆民的这种思想，恰好代表了中日甲午战争前温存稳健派日本知识分子们的中国认识。

2. “脱亚论”与“兴亚论”

在中江兆民发表《三醉人经纶问答》的两年前，明治维新时期的社会启蒙思想家福泽谕吉发表了著名的论文《脱亚论》[17]。福泽谕吉在该论文中，主要阐述了如下的内容：

> 日本虽位于东亚，但它是一个成功地移植了西方文明的国家。令人遗憾的是，它有中国和朝鲜这样的近邻。这两个国家与日本唇齿相依，但其顽固保守、不思改革进取。西方各国都把日本与这两个国家相提并论，这真是日本的一大不幸。为了日本的未来，与其花费时间等待这样的邻国实行开明政策，一起共图振兴亚洲，不如脱离他们，转而与西方的文明国家共进退。我们日本不要有什么顾忌，就像西方国家

对待这两个国家那样来处理中国和朝鲜问题就行了。亲近坏人就会与之共背恶名，所以，我们应该彻底地摆脱东方的坏朋友。

福泽谕吉在《脱亚论》中把中国和朝鲜称为“坏朋友”，说“虽然它们是日本的邻国，但没有必要给予它们特殊的照顾。日本接触中国和朝鲜之方法，可以像西方人那样地处置它们”。福泽谕吉的《脱亚论》，预示了日本近代史的发展方向。他所谓的“脱亚”不仅仅是“入欧”，里面还包含着“侵略亚洲”的性质。

西方各国接触中国和朝鲜的方法，就是军事侵略和经济掠夺。日本用西方的方式接触这两个国家，那就是也要侵略中国和朝鲜，将其变为殖民地，并加以支配和掠夺。福泽谕吉的《脱亚论》，是当时日本知识分子脱亚思想的集大成[18]。

实际上，在福泽谕吉的“脱亚论”思想出现之前，一种振兴亚洲的思想意识，早已在日本知识分子中间萌芽了。例如，自由民权主义者杉田定一（鹑山）的《兴亚策》就是其中的一个典型代表[19]。杉田定一与板垣退助一起从事政治活动，他们同属于自由党的主流派，也是自由民权运动的核心人物。1880年（明治十三年），杉田定一发表了《经世新论》一文。在其中的《东洋恢复论》一章中，他表明了其最初的亚洲观。

在这篇政论文中，杉田定一把亚洲和西方进行了比较，把亚洲在西方的压迫下不断衰落的原因，归结为亚洲没有尽“人力”。他还认为，不能尽“人力”的最主要的原因，是亚洲自古以来的专制制度。要想解决这个问题，首先应该推翻日本的专制体制，然后打破全亚洲的专制体制，再发挥日本人民自由和独立的精神，在全亚洲刮起一场革命的风暴。

接着，杉田定一于1883年（明治十六年）提出了《兴亚策》。他的《兴亚策》，丝毫没有改变他在《东洋恢复论》中所表达的振兴亚洲的基本精神。他在《兴亚策》中表示，与其只考虑扩大日本的民权，不如优先考虑扩大整个亚洲的民权。在这个亚细亚优先主义的背后，依然潜在着他那强烈的亚洲危机意识。他分析了西方列强侵略亚洲的形势，然后论述说，东亚各国的耻辱将会越来越大，最终黄种人有可能会被白种人所灭绝。

针对亚洲危机的现实，杉田定一在其《兴亚策》中，提出了七条具体的振兴亚洲的政策设想，即：（1）在亚洲实现自由政体，（2）确保人民自由，（3）实现人人权利平等，（4）实行教育改革，（5）实行兵制改革，（6）进行产业开发，（7）亚洲各国互相通商。并且，他还伸张民权正义，主张应该基于天地公道，在亚洲发扬自由的思想，把全亚洲七亿人民从卑躬屈膝、萎靡不振的状态中唤醒，消除来自欧美白人民族的侮辱和压迫，开创出自由开明的新世界。其中心思想，就是要抵抗西方列强的侵略，实现亚洲各国政治上的平等联合，振兴经济和文化，等等。

作为结论，他强调了亚细亚连带的政治观点，指出亚洲应该组成一个大联合体。从这一时期杉田定一的亚洲经纶里面，根本看不出任何侵略扩张主义的思想意识。此时的他，似乎还没有想到，要以牺牲亚洲其他国家为代价，而达成日本一国的繁荣。

但后来，杉田定一的兴亚思想发生了变化。他听到第二次鸦片战争的消息后，就来到清末的中国进行实地考察。他实际看到的状况是，中国人既无忧国之心情，也无国家权益之观念。官民自上而下都浑浑噩噩、不知廉耻、顽固不化、抱残守缺，对国际形势一无所知。他感到，很有必要教育开导中国人。同时，他的亚洲经纶也开始变为侵略主义性质的了。他根据自身的体验判断说，不能期待中国的革命，如果援助中国抗击西方列强侵略的话，终将会落得个与中国一辱俱辱的结果。

1886 年（明治十九年），通过考察欧美各国，杉田定一更加确信了自己的判断，彻底地改变了以往的思想意识。他认为，与其坐视亚洲被西方国家侵略殆尽，“不如我也与欧美相比肩，积极进而取之”。杉田定一的这种思想观点，几乎堕落到了与福泽谕吉的“脱亚论”相等同的地步[20]。

3. 小结

回顾中江兆民的《三醉人经纶问答》，我们可以看出，他笔下的三个人物各具特色。“洋学绅士君”的观点，只是一种“乌托邦”式的理想，不要说是在当时的历史条件下，即便是在当今的世界上，也是不可能实现的；“南海先生”是位兴亚论的倡导者，其主张在中日平等的基础上实现互助共存；而“东洋豪杰君”是个侵略主义型兴亚论的倡导者，其以称霸亚洲为目的，明目张胆地宣扬对外实行军事侵略，掠夺中国和亚洲的经济资源。

以福泽谕吉为代表的“脱亚论”，促使日本加入列强的行列，与西方列强一起瓜分亚洲，尤其是要统治中国。另一方面，杉田定一等人的“兴亚论”思想，转化为“大亚细亚主义”，其基本思想意识，也是要以日本侵占亚洲、独霸中国为目标[21]。

西方势力入侵中国，也波及到了日本。日本的有识之士同情中国，并产生了对日本本国的忧患意识，由此而来，当时的日本知识分子产生了兴亚思想。然而，兴亚思想在转变为大亚细亚主义的过程中，就连许多民权派的知识分子们，也放弃了自己的民权主张，掉转方向为日本伸张国权。最后，蜕化变质为侵略扩张主义，并且把矛头直接指向中国和亚洲。在兴亚思想流行的时期，像“东洋豪杰君”那样狂傲不羁的日本人四处奔走，他们继承了兴亚思想，还改造成了大亚细亚主义。而正是这个充满野心的大亚细亚主义，把日本推向了疯狂侵略中国和亚洲的道路。

日本国内的自由民权运动几经兴衰，国际社会上西势东渐日益严重，日本人受到这双重的影响和刺激。振兴亚洲的思想，在他们中间开始萌芽，后来又发生了变化。在这期间，有一群日本青年人来到中国，想用他们自己的双手，来捍卫被西方列强不断蚕食着的中国。那些青年人，就是日本浪人。兴亚思想，是蕴藏在日本浪人之中的共同的思想意识。

年轻的日本浪人们，继承了这个振兴亚洲的思想观点。只是到了后来，他们的兴亚思想和实际行动发生了变质，逐渐分化为两个流派。其一是，真心保全邻邦中国，并心怀善意地希望与之结为地位平等的中日联盟。其二是，日本自己富国强兵以求自存，并积极地推行“大陆政策”，实现独霸中国的野心。总之，“兴亚论”与“脱亚论”，这两种思想潮流并存于当时的社会。日本人厌恶中国和蔑视亚洲的感情，逐步体现在现实的政治形态上，最终促使日本走向了摆脱亚洲的政治道路。

以上，介绍了近代日本的“脱亚论”和“兴亚论”的思想背景，说明了近代日本人中国观的暗流。作为“新中国学者”的中国通，就是在那种背景下诞生和成长起来的。在平等联合的“兴亚论”和日本侵占亚洲的“兴亚论”这两条路线之间，他们必须要做出自己的抉择。

在扩张主义思想流行的历史条件下，中国通们的中国观和中日问题观，果真就像先行研究说的那样，向着脱亚论的方向发展变化的吗？笔者认为，两相比较，应该是兴亚论给了他们更大的影响。再者，兴亚思想逐渐分化为两个流派。那么，他们到底是站在了哪一边呢？也许他们的思想是沿着中间路线发展下来的。

与日本浪人们相比，中国通们在不同的层次上做出了一些努力。本书试图通过对后藤朝太郎和长野朗的考察，探究真正的中国通人物们的命运与结局。在进入正文之前，笔者首先大致介绍一下这两位历史人物的基本情况。

第四节　后藤朝太郎与长野朗

1. 后藤朝太郎简介

明治维新以后，启蒙思想家们将西方自由主义的思想和制度介绍到了日本。从大正民本主义思潮期到昭和初期，以尊重人权和确立民主制度为目标，自由主义思想迅速普及并取得了长足的进展。自由主义，不单单是政治性的民主主义，还包括社会性的民主主义。一部分知识分子，把它当做是实现人类自由和社会平等的思想来看待。后藤朝太郎就活跃在那个时期的论坛上。他著书立说，经常站在自由民主平等的立场上，来看待日本，评述中国。其政治性格正是属于民权性的自由主义类型，因此将其定义为“自由主义型”的[22]。

1881 年（明治十四年），后藤朝太郎生于爱媛县。1907 年（明治四十年），毕业于东京大学。1912 年（明治四十五年），东京大学研究生毕业后，作为语言学家参加工作，走向社会。最初是在东洋协会大学当教授，1927 年（大正二年），该大学更名为拓殖大学后，仍然担任该校教授。他主要研究古代汉语的音韵和文字，也关心中国问题。从大正时期到昭和二十年战败（1912 年～1945 年）的三十余年间，他曾经五十多次乘船来中国旅行。他写了一百多部著作，介绍中国的历史文化和社会情况，还留有不少的杂文、散文和游记等。抗日战争前和抗战期间，他作为一个学问研究型和趣味型的中国通，活跃于评论中日关系的舞台上。他讲学、游学、著书、立说，在研究中国问题的领域里笔耕不辍。

抗日战争爆发后，后藤朝太郎受到了军警当局的种种迫害。他的授课教案被审查，行踪被特高科警察盯梢，还无辜遭到军方宪兵的逮捕，被关进巢鸭拘留所，等等。日本战败前夕的 1945 年（昭和二十年）8 月 9 日晚上，在东京都立高等学校车站附近的道岔口上，他被轻轨电车轧死。曾经在一段时期内，有传言说他是被人暗杀的。但因为没有任何确凿的证据，故此无法断定是他杀。直到现在，他的死因还是一个谜[23]。

后藤朝太郎的中国认识本身，看不出有什么大的变化。但是，他没有将自己的中日关系论贯彻始终。在日本出兵山东和九一八事变时，他批判了日本当局的军事行动，针对当时一般的社会思潮，他也态度坚决地进行了批判。然而，以抗日战争的爆发为转折点，他的思想发生了变化，其言论开始配合日本军国主义的国家总动员体制。不过，他还保留着一点知识分子的理智和良知，继续坚持着自己的中国观，与武力征服的政策唱反调。因而，他受到了当局的种种迫害。他以委婉的方式，从自由主义者的角度出发，给日本军部的疯狂冒进敲响了警钟。他以言论的方式，质疑日本帝国主义的侵华政策。

本章前面提到的三石善吉先生，以后藤朝太郎为例，论断说“中国通是在日本侵略中国的过程中所孕育出来的畸形儿”[24]。但是，笔者对此一直存有疑问。能用这样一句话来如此简单化地概括所有的中国通吗？即使同样是中国通，也未必都变成了日本帝国主义的走狗。把后藤朝太郎同右翼中国通，甚至是军部马前卒的日本浪人相提并论，这么做真的妥当吗？笔者认为，先要详细论证一下其中国认识和中日关系论，等切实找到他的思想实质后，再下结论也为时不晚。笔者将在本书的第一章到第四章中，详细介绍说明后藤朝太郎其人与言行，阐述他的中国认识和中日关系论的思想内涵。

2. 长野朗简介

日本的“国权论”，是起源于明治时期的一种民族主义的思想意识，强调尊重国家主权，主张修改不平等条约。它在日本抵抗西方列强侵略亚洲的问题上，起到过重大的作用。后来，明治政府在压制民权运动的时候，倡导“国权优位论”。对外，它超越了国家的独立，转而承认扩张主义。日本的军人和一部分知识分子，都赞同那种国权主义性的国家政策。

从大正末期到昭和初期，长野朗执著于日本在海外的权益，特别是在中国东北三省的权益。为了日本的所谓“自存”，他固执己见，认为日本丝毫不能让出东北的权益。在其对内的政策主张上，能够看到他的民权论思想要素。但在其对外的政策主张方面，从他的经历和思想实质来看，可以断言，至少在日本战败之前，他的政治性格是“国权主义型”的[25]。

1888 年（明治二十一年），长野朗生于福冈县，是战前日本陆军士官学校的毕业生。第一次世界大战时，他参加了日本军队攻打青岛德军海防要塞的战斗。1919 年（大正七年），为了学习汉语来中国留学，在北京逗留了一年。1921 年（大正九年），已经升晋步兵大尉的他，辞去军职离开了军队，被编入陆军预备役。此后，作为政友会系统的中央新闻社的记者和东方通信社的特派员，长野朗多次来中国采访，收集信息。长野朗还曾以日本天津驻屯军临时职员的身份，多次来中国观察军阀混战的战况，做实地考察调研。从那时候起，他对中国的历史文化和社会问题产生了浓厚的兴趣，并陆续写下了《应该拯救中国吗》[26]等多部著作。

长野朗共写过八十多部有关中国问题的著作，即所谓的“满洲读物”或“中国读物”，作为中国通活跃在战争期间的文人舞台上。1945 年日本战败投降时，他正在疏散地茨城县的农村。战后，他被解除了公职，几年后又恢复了身份。从此以后，他热心研究“自治学”，积极参加农民运动。1975 年（昭和五十年），以 87 岁的高龄，在东京的家中与世长辞。

长野朗的中国观，前后发生了很大的变化。但他的中日问题观，却自始至终变化不大。他的思想性格，很有值得讨论的地方。譬如，他自动结束了军人的生涯，以文人的身份，通过言论和著书来表示对中国的理解，追求中日两国间的相互妥协，寻求解决中日问题的方法等。他头脑清醒，性格冷静，具有国士型和思想型的风格。他基本上属于中间层知识分子的范畴，是个抑制型的国权主义者，至少不是极端的右翼分子。

在抗日战争前和抗战期间，长野朗是日本社会上知名的中国问题专家。以前，曾有贤者将其定位为“国家主义者”，或当做“农本主义者”。起初，他的思想确实是右翼型的，具有浓厚的国权主义色彩。然而，随着政治气候的变化和时代的前进，他的思想不断地演变，逐渐趋向于稳健保守，变得更加求真务实。

长野朗的论著含金量很高，有其独特的思想性和学术研究价值。然而，据笔者管中窥豹之所见，在目前的学术界，有关长野朗的思想、特别是他的中国观和中日问题观，乃至战后日本农村和地方自治等思想，还没有被同仁们所充分认识和深入研究[27]。笔者认为这一研究课题十分重要，故此，将在本书的第五章到第八章里，深入探讨长野朗其人与其思想实质。

3. 两人的联接点

1930 年（昭和五年）1 月 20 日，长野朗与后藤朝太郎二人，以合著的形式，由万里阁书房出版了《大中国大系》的第六卷。其中的“社会篇”是长野朗写的，后藤朝太郎写了“民情篇”，二人的文章风格依旧各异。1926 年（大正十五年），长野朗辞掉了东方通信社的工作，独自成立了中国问题研究所。那时，他在国民新闻社做着中国问题专栏的兼职记者，还在拓殖大学兼任讲师。同年，后藤朝太郎也作为主事兼教授，任教于拓殖大学。后藤朝太郎比长野朗年长七岁。按常识推断，这一时期，他们两人在一起共事，理应是工作单位里的同事关系，更是学问上的前辈和后辈。这乃是两人的一个联接点。

但是，这本合著书籍只能佐证这两个主人公有某种关联性，除此之外，没有资料能够证明更加详细的历史情况。尽管如此，笔者还是觉得，有必要把后藤朝太郎和长野朗这两个人物做一下对比。因为，通过对比这两个不同类型的中国通的言行和思想，可以了解那个时代的中间层知识分子思想认识的异同点，衡量出他们认识水平的高低。

如果用渡边龙策先生划分日本浪人的方法[28]来划分中国通的话，那么，具有学究气质的后藤朝太郎，既不是壮士也不是志士，他自始至终就是个趣味型和见识型的高级文化人。而军人出身的长野朗，不仅是见识型的，其国士型和思想型的性格也非常突出。最终，笔者从人数众多的中间层知识分子中，选择这两个人物作为研究对象，理由有三。

第一，这两人都是研究中国问题的专家学者，是继承了以往的汉学和中国学的文人派中国通人物。第二，这两人都留有大量的著作，为我们探究其思想的真相提供了丰富的资料。第三，这两人的言论，代表了当时社会上一般日本人的对华认识。研究这两个典型人物，可以弄清他们大多数人是如何看待中国问题，又是怎样理解中日关系的。在战争期间，他们面对非常事态，都经历了哪些困惑、犹豫、反复、苦恼和彷徨的。

归根结底，“对比”只不过是一种方法而已。后藤朝太郎和长野朗这两个历史人物，留下了不少社会活动的踪迹和思想成果。其中，最值得我们注意的，是他们的中国认识和中日关系论。笔者的目标有四点：（1）搞清后藤朝太郎和长野朗与中国有何关联；（2）考察他们是怎样看待中国的国家、社会和民众的；（3）探讨他们是如何思考中日关系和中日间悬案问题的；（4）明确指出两个人的异同点，并分析指出其各自的特性。

笔者将在此四点的基础上，探明抗日战争前和抗战期间，在日本知识分子的中国认识和中日关系问题上，中国通们普遍具有哪些思想要素，这些思想要素是否起到了有益的作用。再者，在近代日本的历史上，中国通们的思想具有哪些历史意义，他们又将占有什么样的历史地位，等等。

第五节 中国通研究方法管见

从大正末期到昭和初期（1926年～1945年），日本表面上打着“振兴亚洲”和“亚洲联合”的幌子，实际上却走上了帝国主义道路，无限度地实行军事扩张，肆意侵略中国和亚洲。最终，他们的口号演变成了战时内阁的“东亚新秩序”论、和军部内阁的“大东亚共荣圈”论。在当时的情势下，知识分子们站在各自的立场上，从各自的角度，评论当时的中国和中日关系，设想中日间正常的国家关系。但是，面对两国间日益严峻的现实，他们又显得束手无策。这些人是那个时代里最典型的中间层知识分子，或者应该被叫做“第三类知识分子”[29]。

中国通们的一部分，后来追随帝国主义思想，变为日本军队的走狗。另有一部分人成为革命者，他们不仅帮助中国的革命和抗日战争，还为亚洲各国的民族解放而奋斗。但更多的人，继续保持着中立性的思想和行动，成了介于帝国主义走狗与革命者之间的中间层知识分子。值得注意的是，在这一阶层中，有很多人反对武力征服，希望与中国人民及亚洲各国人民修好。驱逐欧美的侵略势力，实现亚洲的政治独立和经济繁荣。

此前，针对抗战时期的日本历史人物，一向是以“善恶两分法”来认识和研究的。这种方法论，也影响到了中国通的研究领域。目前，已有先达就中国通人物进行了深入细致的个案分析。但从整体上来看，中国通研究还没有被开拓成为相对独立的科研领域，更没有树立明确的认识和方针。例如，有关后藤朝太郎和长野朗这二人的专项研究就非常少见。甚至于连中间层知识分子的存在价值，都被学人们所忽略。从中国通人物研究的特需性来说，我觉得有必要把这一工作，再进一步分工细化处理。

后藤朝太郎和长野朗，很早就接触中国的传统思想文化，真切地感受其现实社会，亲身体验了其民众生活。他们关心中日两国间的国家大事，并进行了分析评论。不仅如此，他们还深受“兴亚论”思想的影响，接受了一些大亚西亚主义的主张。他们采取温和的态度，以软着陆的姿态，来思考和应对中日间的各种棘手问题。他们的温存稳健型知识分子性格特征值得被关注。

在不胜枚举的日本近现代历史人物当中，有灿若星辰般的国际主义者、共产主义者、左翼人士，还有臭名昭著的帝国主义分子、侵略战争参与者、右翼分子。研究善恶两个极端方面的人物，当然是有必要的。然而，研究中间层知识分子的工作，也是不可或缺和刻不容缓的。现在，这样的时机业已到来了。

在过去的时代里，大凡将好人和坏人公式化地区分完了之后，就理所当然地造成了一种趋势，即好人一切都好，坏人的一切都是坏的。对于日本的历史人物，值得褒扬的地方就应适当地褒扬，必须批判的地方就要深刻地批判。感情用事地看待问题，主观武断地处理问题，一刀切式地解决问题，这样的评价方法，将无法找到问题的症结，难以还原历史的本来面目，摸索不到规律和特点，更不能准确了解现在日本人中国认识的实质。

战后以来，为“善恶两分法”所左右的分析研究和判定方法，当被运用到某个具体人物的时候，就会让人深切地感觉到，对深层问题认识的不充分，以及研究思维方法的不恰当。要想解决这一问题，重要的是，在看待和评论中间层知识分子的时候，不但要尊重客观历史事实，还要采取“文明批评”的方式。

笔者认为，应该用唯物主义和实证科学的方法，将后藤朝太郎和长野朗这样的第三类知识分子，放到历史长河的背景下，来审视他们的人生经历和思想过程。只有这样，我们才能正确地把握住研究的大方向，从而收到学术与社会的双重效果。

注释：

[1]“支那”：这一词汇曾是古印度对中国的美称。在近代以前的日本，这个词汇并没有什么恶意。但是，自鸦片战争、特别是中日甲午战争后，日本人频繁地把中国叫做“支那”。从那个时候起，这个词就开始含有蔑视中国的意思了。抗日战争前与抗战期间，这种称呼尤其突显了日本人蔑视中国的感情。由此而来，日本人还把研究中国问题的知识分子们，统称为“支那通”。也就是说，就连研究中国问题的专家学者，也都被他们轻蔑地看待。

“支那通”这个词，若是翻译成现代汉语的话，是“中国通”的意思。笔者在本书中的相关部位，基本上都是使用的“中国通”的说法。但有时为了保持历史的本来面目，在引用资料或是叙述历史事实的时候，偶尔直接使用原文，并加上括号。关于这一点，还请读者多加谅解。

另外，有关“支那”一词所包含的蔑视中国的问题，日本学者佐藤三郎先生做过详细的考证。其论文《关于日本人把中国称做“支那”的考察、近代日中交涉史上一断章》，详细地说明了“支那”一词的源流、变化和归结等问题。有关详情，请参照佐藤先生的论文（日本：吉川弘文馆，佐藤三郎《近代日中交涉史的研究》，1984 年 3 月 10 日。原载：《山形大学纪要》第 8 卷第 2 号，1975 年[昭和五十年]2 月）。也可参阅拙作《日语中“支那”一词蔑视中国之意的历史成因》（本书《补论》部分）。

[2]三石善吉论文：《后藤朝太郎与井上红梅》。日本：朝日新闻社，竹内好、桥川文三编《近代日本与中国》下卷，1974 年 8 月。

[3]萩野脩二论文：《与鲁迅不和的中国通、泽村幸夫》。日本：立命馆大学，《立命馆国际研究》第6卷，第3号，1993年。

[4]萩野脩二论文：《某中国通的轨迹、关于泽村幸夫》。日本：关西大学，《中国文学会纪要》第15号，1994年（平成六年）3月。

[5]桂川光正论文：《后藤朝太郎、中国、鸦片》。日本：大阪产业大学学会，《大阪产业大学论集》社会科学编113，1999年。

[6]下中弘编：《日本史大事典》第4卷。日本：平凡社，1993年8月18日，第603页。

[7]渡边龙策著：《近代日中民众交流外史》。日本：雄山阁出版，1981年（昭和五十六年）6月5日。

[8]渡边龙策著：《近代日中民众交流外史》，第11～17页。

[9]山田辰雄编：《日中关系150年》。日本：东方书店，1993年6月。

[10]福泽谕吉著：《脱亚论》，1885年（明治十八年）3月。

[11]六角恒广著：《近代日本的汉语教育》。日本：不二出版，1961年5月。

[12]京都大学东洋史辞典编纂会编：《新编、东洋史辞典》。日本：东京创元社，1980年（昭和五十五年）3月31日，第171页。

[13]京都大学东洋史辞典编纂会编：《新编、东洋史辞典》，第370页。

[14]中江兆民原著：《三醉人经纶问答》，日本：东京集成社，1887年（明治二十年）5月。引用文出自《中江兆民全集》第8卷（日本：岩波书店，1884年2月15日，第175页），另外还参考了桑原武夫、岛田虔二校注的《中江兆民全集》（日本：岩波文库，1965年3月16日）。

[15]色川大吉著：《色川大吉著作集》第一卷《新编、明治精神史》。日本：筑摩书房，1995年10月15日，第445页。

[16]色川大吉著：《色川大吉著作集》第一卷《新编、明治精神史》，第451页。

[17]富田正文、土桥俊一编：《福泽谕吉选集》第7卷。日本：岩波书店，1981年3月25日，第221页。

[18]鹿野政直著：《日本近代化的思想》。日本：研究社丛书，1972

年（昭和四十七年）10月30日，第191页。

[19]本山幸彦论文:《亚洲与日本、以亚洲观的变迁为中心》。日本：有斐阁，桥川文三、松本三之介编《日本近代政治思想史》（1），1971年（昭和46年）2月25日，第254页。

[20]桥川文三、松本三之介同上书《日本近代政治思想史》（1），第260～264页。

[21]鹿野政直著:《日本近代化的思想》，第204页。

[22]相贺彻夫编:《日本大百科全书》（14）。日本：小学馆，1987年3月10日，第509页。参见“田中浩解说”。

[23]有关详细情况，请参见笔者的调查报告〈后藤朝太郎、长野朗子孙访问记及其著作目录〉（日本：新潟大学环日本海研究会，《环日本海论丛》第14号，1998年1月）。

[24]参见三石善吉论文:《后藤朝太郎与井上红梅》的文末。

[25]参见相贺彻夫编:《日本大百科全书》（14），“松永昌三解说”，第409页。

[26]长野朗著:《应该拯救中国吗》，天津：日华印刷所，1923年（大正十二年）。

[27]笔者调查报告《后藤朝太郎、长野朗子孙访问记及其著作目录》。

[28]渡边龙策著:《近代日中民众交流外史》，第11页。

[29]村松定孝等编:《近代日本文学中的中国像》。日本：有斐阁选书，1975年（昭和五十年）10月30日，第177页。

（陈珍编译、刘家鑫改写）

第一章 后藤朝太郎其人

第一节 先行研究介绍

20 世纪初期，中国推翻了清王朝，废除了封建帝制，于 1912 年建立了中华民国。同年，日本也结束了漫长的明治时代，进入了短暂的大正时代。在中国社会、日本社会以及中日关系的复杂变化中，日本的中国通们所起的作用，也发生了令人瞩目的变化。

从“一战”爆发到“二战”结束，历史整整过去了 30 年。在这世界形势风起云涌、中日关系潮起潮落的岁月里，中国通后藤朝太郎对中国兴趣不减、不辞辛苦，先后五十多次来中国旅行，并写下了多部介绍中国社会和风土民情的著作。后藤朝太郎无限向往中国的思想文化，充分理解中国的民众，关心中国的社会情况，积极地评价了中国与中国人民。不仅如此，他还经常跟日本政府唱反调，大胆地评论逐年恶化的中日关系，批判了日本军国主义的侵华政策。

如果研究那个时期的日本中国通，就一定会注意到后藤朝太郎这个人及其著作。在目前的学术界，虽然多少有一些关于中国通研究的成果，但是，有关后藤朝太郎的先行研究还是比较少见的。

著名学者竹内好先生在《五、造词法》[1]一文中，曾经提到过后藤朝太郎。他说：

> 后藤朝太郎的名字，年轻人不太知道，四十岁以上的人是知道的。我们可以通过文学家谷崎润一郎和佐藤春夫联想到他的存在。……这个人，如果有机会的话，一定要再次提及。……后藤朝太郎的中国观，即使在今天，也许都可以代表着大部分日本人中国观的平均值。……当然了，这种平均值可能已经发生了变化，这也是我这一生的主要研究课题之一。

除此之外，也还有一些涉及后藤朝太郎的研究论文，但都不能称做是关于朝太郎的专项性研究。

正如笔者在本书的序章中所提到的那样，三石善吉先生在其论文《后藤朝太郎与井上红梅》[2]中，详细地考察分析了中国通后藤朝太郎，并将其与井上红梅加以比较。这在为数不多的、有关朝太郎的先行研究中备受瞩目。三石先生的研究成果，不仅突破了朝太郎研究的空白点，也成为中国通研究领域里的一个里程碑。三石先生参考后藤朝太郎的著作，介绍其人生经历和业绩，还做出了褒贬不一的两面性结论。

三石先生“后藤朝太郎论”的中心内容，可以归纳为以下几点。他首先概括了明治 20 年代（1888 年～1897 年）中国通诞生至朝太郎出现这一时期中国通们的变化情况，然后，他把朝太郎的一生划分为三个时期，并总结出了各个时期的特点。另外，他还分析评论了 1927 年到 1945 年间（昭和二年～昭和二十年）朝太郎的中国认识。

三石先生高度地评价了后藤朝太郎。他认为，在日本政府和日本国民蔑视中国的风潮中，朝太郎竭力宣传中国，批判日本政府的对华政策和日本国民的对华蔑视，其反潮流精神极其可嘉。另一方面，三石先生又严肃地批评了朝太郎凭借粗浅的中国观，粗制滥造、胡乱出书的做法。他认为，这样一来，朝太郎反而引起了人们的轻蔑。三石先生选取了一个读者读后感中的三点内容，给朝太郎下了这样的评语："1.滥发拙劣作品；2.重复以往作品；3.无视进步变化中的中国。"事实的确如此，笔者也深有同感。

关于先行研究的评价和问题点，笔者是这样认为的：三石先生所提出的，具有褒义的"后藤给予中国人民的敬意"、"后藤批判日本人蔑视中国"、"有一种反抗日本军国主义的精神"等观点是非常正确的；另外，含贬义的三个观点的提出也是非常恰当的。"滥发拙劣作品"和"重复以往著作"，是否可以理解为，朝太郎是在金钱的驱使下才这么做的呢？此外，三石先生指出的"后藤忽视了进步变化中的中国"的结论也是非常准确的。

但是，有关后藤朝太郎的其他评价是否都完美无缺呢？例如："概念化的中国，是明治、大正时期形成的一种文人趣味，后藤朝太郎一步也未从这个藩篱中摆脱出来，他完全让自己构建的幻想给束缚住了"；朝太郎的中国认识，是"粗浅的中国观"；朝太郎这样的"中国通是在日本侵略中国的过程中孕育出来的畸形儿"等。笔者对以上三点看法有些疑问，觉得有必要进一步地深入研究探讨，才能得出更加恰当的结论。

另外，大阪产业大学教授桂川光正先生，在《后藤朝太郎、中国、鸦片》一文[3]中，也以"后藤朝太郎的中国观"为中心进行了分析阐述。桂川先生认为："后藤中国观的关键词之一是'享乐主义’，在他对鸦片的看法上，其中国认识也是脱离现实的”；“后藤所介绍的中国社会，充满着风雅的文化气氛，是有教养的文人享受幽雅生活的世界。当然，这种社会并非现实中国的社会，恐怕都未曾存在过。但是，其论述中国文化传统的核心部分，还是没错的。从他的著作中，可以窥见玩味经过高度洗练的文化传统的片鳞”；“后藤著作有人气的秘诀是，其中存在着与一般日本人心性相通的东西。也许可以说，后藤的中国观，好似日本人心灵深处的一面镜子”，等等。

三石善吉先生的研究成果，是值得高度评价的。笔者在本项研究中，许多部分承袭了他的观点。同样，桂川光正先生的研究论文，也是非常实事求是的。本书在修改时，也参考了他的学术成果。笔者主要从“中国认识”和“中日关系论”这两个角度，来探讨后藤朝太郎思想的深刻内涵。本章首先重新梳理一下朝太郎的人生经历、著作、笔记报告，然后介绍一下朝太郎来华旅行的情况，披露一些新发现的朝太郎参加社会活动的资料，并提出几点问题。

第二节 生平、著作及中国旅行

中国通后藤朝太郎，1881 年（明治十四年）4 月生于爱媛县，是家里的次子。其父后藤荣太郎，祖籍为广岛县，平民出身。后藤朝太郎在上五高[4]时，并不是一个出色的学生。1903 年（明治三十六年）9 月，朝太郎从五高升入东京帝国文科大学语言学系，同窗中有桥本进吉，其学弟里有金田一京助。

在学期间，朝太郎翻译出版了马科斯•舍拉的著作《语言学》（博文馆），较早地在知识分子中崭露头角。1909 年（明治四十二年）7 月，朝太郎大学毕业。他的长篇毕业论文《中国古韵 K.T.P.的成因与演变》，得到了语言学系主任藤冈胜二副教授（导师）的好评："很下功夫，应该给予认可"、"论述方法大致得体"[5]等。这些，应该算做后藤朝太郎在大学期间成才的前史。

三石善吉先生在其研究中，把后藤朝太郎大学毕业后的活动分成了三个时期。第一时期是从 1907 年至 1917 年（明治四十年～大正六年），大约 10 年左右。这是朝太郎作为文字学家和少壮语言学家，努力钻研小有成就的时期。1907 年 9 月，朝太郎进入研究生院学习，其研究课题为"汉语的古韵组织"。他以语言学理论为武器，在汉字学和汉字音韵学的海洋中遨游，笔耕不辍。其研究生在学期间，共有 7 部著作问世。1912 年（明治四十五年）7 月，朝太郎研究生毕业，时年 31 岁。他在研究生期间，就确立了自己语言学专家的地位。继而，朝太郎以语言学家的身份迈向社会，并走上研究中国问题的人生舞台。

后藤朝太郎研究生毕业前夕，亚洲进入了一个风起云涌的时代。自 1918 年至 1926 年（大正七年～大正十五年）期间，处于人生第二时期的朝太郎，以其更加广阔的视野开始提倡"新兴中国学"。他的新兴中国学，在经学、历史学、文学的基础上增加了中国的"国民实际社会生活"的研究，树立起自家版的综合型的"文明史"。

三石先生认为，后藤朝太郎的这种变化，有以下四个因素。第一，在大正民本主义时代精神的影响下，民众的动向虽然还只是观念上的产物，却引起了知识分子的高度重视。第二，朝太郎的文字学和语言学中的两个内在契机：一个是“少壮语法学派”固有的现实主义、自然主义倾向；另一个则是他的文字学研究所具有的“土著人类学”的倾向。第三，朝太郎认识到，以往的汉学已落后于时代，无法吸引青年人。第四，反复多次的中国旅行，使他如鲁迅所言，掉进了中国这个“陷阱”里。

特别是其中的第四个因素，成为了这一时期后藤朝太郎的一个显著特征。朝太郎之前的文字学，大都是利用文献资料进行研究的。但从 1918 年至 1926 年，朝太郎二十几次来到中国，通过接触活生生的中国现实，他开始从文字学向土著趣味的方向转变，更多地关注起村落情况和平民生活。这一时期的朝太郎，在东洋协会大学里当主任兼教授[6]，他利用所有的假期来中国访问旅行，感受中国人的心情，批判军部胡乱动武。

自 1927 年到他去世的 1945 年，是后藤朝太郎人生的第三个时期，即“中国通”时期。这一时期的朝太郎，以简单的中国漫游记的形式，出版了一些介绍中国社会现状的作品，他后来之所以被读者所轻视，也与这个时期的活动有很大关系。当时的朝太郎，经常戴着中国帽，穿着中国服出现在演讲席上，有时甚至还大摇大摆地走上街头。在他的著作中，也登载了许多类似的照片，抑或是他想让人们联想出中国的风貌吧。在当时日本国民强烈的对华蔑视风潮中，中国通后藤朝太郎能够这样做，足以见得他是一位相当有勇气和个人信念的人物。

这一时期的中国通后藤朝太郎，在他的任何一部著作中，都告诫日本国民，说他们的中国观是缺乏研究精神的。他作为一个爱好中国的日本人，批评日本政府的对华政策，责难日本国民的对华侮辱。可能是由于这一立场和观点的原因，抗日战争爆发后，朝太郎经常被秘密警察盯梢，被宪兵逮捕，大学讲义被审查，甚至还被关进了巢鸭拘留所，受到了一系列的迫害。日本战败前的1945年（昭和二十年）8月9日夜晚，在东京都立高校车站附近的道岔口处，朝太郎不幸被轻轨电车轧死。他的生命以这样的形式结束，其结局是很悲惨的[7]。

三石先生把后藤朝太郎的一生划分成了三个时期。在此划分的前提之下，我觉得还应该再加上一个时期。朝太郎的一生，如果从其“发迹”前史来算起的话，我认为是否应该划分为四个时期。第一时期是从1903年到1907年（明治三十六年～明治四十年），朝太郎作为一名大学生努力学习，同时还翻译名著，打下了坚实的语言学基础。这一时期中的1906年12月，由博文馆出版了他的译著《语言学》，这个时期是不应该被排除在外的。

第二时期是从1907年到1917年（明治四十年～大正六年），后藤朝太郎作为一个文字学家和少壮语言学家的时期。第三时期是从1918年到1926年（大正七年～大正十五年），朝太郎积极地接触中国的社会现实，创作欲旺盛，并多产的时期。第四时期是从1927年到1945年（昭和二年～昭和二十年），朝太郎虽被人称为“中国通”，因而受到研究者们的鄙视，但其矢志不渝，仍一心一意地坚持介绍中国的民族文化，描写中国的民众与社会。在最后这一时期内，朝太郎既反对过日本军国主义权势，又曲意奉承、盲目追逐过时代的潮流。

后藤朝太郎的中国旅行和著书活动，从大正末年一直持续到昭和二十年他去世为止。他在中日关系日益紧张，中国问题日渐突出的年月里，执笔写作，成就斐然：1927年出版著作11部，1928年4部，1929年5部，1930年8部；九一八事变后开始减少：1931 年 2 部，1932 年 1 部。到截至 1932 年的 6 年间，他共出版著作 31 部，而 1927 年时基本上是一个月出版 1 部[8]。这样旺盛的笔力，得益于旺盛的中国旅行经历。从 1927 年到 1932 年（昭和二年～昭和七年），朝太郎二十余次来到中国，而且经常是携妻带子，与家人同行。

中国通后藤朝太郎，一生中写有约 110 部著作，可谓著作等身。其中三分之一是有关汉语语言方面的，三分之二是对中国的社会、政治、传统文化、民族性，特别是对平民生活的介绍和分析。迄今为止，在中日两国学术界，尚未见出版有关朝太郎研究的专著。目前，只有他的《著作目录》可以作为最好的参考文献[9]。后藤朝太郎还有一雅号名为“石农”，他偶尔也在极少的一部分著作里，署名为“后藤石农”。

后藤朝太郎的著作极其繁杂，且劣作很多。到目前为止，研究文学的人们没有提及他。他在著作里往往不详细写明历史事实，尤其是缺乏具体的事件、人物、时间、地点等要素，研究历史社会的学者们，充其量把他的著作作为历史背景的旁证资料来使用。后藤朝太郎的作品，与其说是著作，不如叫做中国旅行记、中国报告、随笔等更为合适。用三石先生的话来说，“后藤朝太郎的文章只是罗列了各种现象”。三石先生的看法有一定的道理。

后藤朝太郎在作品中，多方面地描写了当时的中国社会，在某种意义上讲，可谓是中国民国时期的小百科全书。他的工作成果，为后世研究民国时期的社会状况和中日关系，特别是 20 世纪 20 年代到 40 年代日本人的中国观，提供了重要的资料。这恐怕是他生前所没有想到的。

后藤朝太郎围绕着中国民众，如实地记录了社会现实。他从各方面观察中国的社会，有其非常独特的地方。总之，后藤朝太郎的观察、记录、分析的着眼点，大都是眼前的中国社会与民众。这一要素，体现在他的“社会认识、民众认识以及中日关系论”等方面。

第三节　朝太郎研究拾零

1. 生前事迹与死因

笔者为了研究中国通后藤朝太郎，曾到其后人的家里进行了调研。关于后藤朝太郎的生平事迹、著作状况等问题，其长子后藤毅先生[10]为笔者提供了许多情况。后藤朝太郎生前的事迹，有一些是可以确定的。对于他生前的工作情况，笔者有了新的了解。比如说，“石农”任教的东洋协会大学是拓殖大学的前身，这所大学于1926年（大正十五年、昭和元年）前后改名。由此得知，朝太郎并没有调动工作，而且当时他还兼任着日本大学的教授。

据后藤毅先生回忆说，其父亲后藤朝太郎在一生当中，有五十多次来中国旅行。他不仅喜欢到国外旅行，也同样喜欢在国内旅行，还经常被邀请到各地去演讲。但有一次在军校演讲的时候，因触及时局，中途被人拉了电闸。

后藤毅先生还回忆说，后藤朝太郎曾与当时的社会名人，如政治家犬养毅（木堂）等人交往甚密。但他们的交往纯属私人关系，只是局限于笔墨爱好，不谈国事，与政治毫无关系。由于朝太郎的中国趣味，他的中国式着装，常被人误以为是中国人。朝太郎夫妇外出，为了避免麻烦，他的夫人并不是紧随其后，而是要与他保持着一段距离。坐公交车时，朝太郎在前门上车，其夫人则在后门上车。

笔者还向后藤毅先生询问了后藤朝太郎著作的收藏情况。抗战后期，坐落在东京小石川区小日向町（旧址）的后藤家住房遭到美军飞机轰炸，朝太郎的著作、藏书、文物、古董等，在战火中全部被烧毁。对此，朝太郎非常痛心。为了慰藉其先父的亡灵，后藤毅投入了大量的时间和精力，广泛收集朝太郎的著作。现在后藤家所珍藏的著作，大部分都是后藤毅在古旧书店购买的，大约有五十余册，接近朝太郎全部作品的一半。

光阴似箭，往事如烟。五十多年过去了，后藤毅先生已不记得其父亲除了写书之外，是否还有写日记的习惯。目前，关于后藤朝太郎研究的旁证资料非常稀少，尤其是有关他的思想和社会活动情况的资料很缺乏。依靠他的著作和其子孙的回忆，来探究其生前事迹，也是很有限的。

后藤毅先生还介绍说，后藤朝太郎不光写书，还向各种报刊杂志投了许多稿件。于是，笔者查阅了《战争时期的言论》[11]一书，其文献一览表里面，有成千上万条战时知识分子发表的论文题目。光朝太郎的就有一百余项，其中一部分资料里所记载的朝太郎的言行，进一步反映出他中国通的形象特征。

日本战败前夜，1945 年 8 月 9 日的晚上，后藤朝太郎正欲横过都立高校车站的道岔口，周围天色很暗，又正在响着防空警报。朝太郎未注意到信号灯，就跨进道岔口，结果丧命于轻轨电车之下。据当时碑文谷警察署的报告称，因时值盛夏，尸体已坏，未等家属赶到就进行了火化处理。不知他到底是被人暗杀，还是死于交通事故。单从其结果来看，其结局总归是很悲惨的。

关于后藤朝太郎的死因，后藤毅先生对我这样讲道：后藤朝太郎的死，不能确定是被人暗杀，也许纯属交通事故。虽然被暗杀的说法一直环绕在耳边，但那并不是来自后藤家人的猜测。因交通事故而死亡的可能性也是很大的。由此，笔者感到，以前关于朝太郎死亡原因的调查研究，应该纠正一下。笔者的两篇论文《中国通后藤朝太郎的中国认识》和《后藤朝太郎的中日关系论、从出兵山东到七七事变》，借鉴了三石善吉先生论文“附记”中的内容，并参考了《朝日、人物事典》里三石先生的有关叙述。

然而，我从后藤毅先生那里得到了一点新的资料。后藤毅在为其父所写的《值辞世五十周年、死亡时的备忘录》（1994 年[平成六年]8 月 9 日）里，是这样记载的：

> 不知道父亲是被车轮所压，还是被轻轨电车所撞，但结果是极其悲惨的。而且，这其中是否有什么原委，至今也是很让人费解的。

另外，后藤毅在给笔者的回信里，还曾这样写道：

> 有段时间，我父亲被当局警察署拘留，还遭到过九段（东京的地名）宪兵队逮捕。好像当时曾与律师商量过，但最后是否弄到起诉、审判的地步，就不知道了。我的姐夫（影山直治）应该知道此事。

而后藤毅的姐夫影山直治先生早已故去，可以说又是一个“死无对证”。现在看来，在人证物证都很匮乏的情况下，要想弄清朝太郎的死因，已是势比登天。

抗日战争爆发后，后藤朝太郎遭受到了来自军警官方的种种迫害。后藤家也曾经聘请律师，但最后是否被起诉和审判，后藤毅也不记得了。后藤朝太郎的女婿影山直治先生，当时在海军财会学校当教官，往往是他出面为岳父处理这些麻烦问题。

因为发生过那些特殊的情况，所以很容易让人怀疑，后藤朝太郎的突然死亡是事出有因的。事实上，他的死因确有很多可疑之处，且问题很大。只是，由于当时日本刚刚战败投降、社会秩序很混乱等诸多原因，最终无法搞清事实的真相。总之，其死因至今仍然是一个不解之谜。

后藤朝太郎的骨灰，被家人安葬在东京都丰岛区杂司谷南池袋四丁目护国寺的灵园里。护国寺是在日本江户时代由德川幕府第五代将军德川纲吉建造的。曾经活跃在近代历史舞台上的一些著名人物，如夏目漱石等人都长眠于此。朝太郎生前突遭横祸不幸而亡，然而，死后在他的身边有这些历史文化名人来做伴，他的灵魂也该得到慰藉了吧。

2. 朝太郎的战争体验

自 1937 年的七七事变至 1945 年日本战败投降的 8 年间，中国通后藤朝太郎有一百余篇论文、旅行记及中国问题报道问世。它们分别刊登在了《科学知识》、《今日问题》、《外交时报》及《东洋经济新报》等杂志上。透过后藤朝太郎的言行，我们可以了解到他的一些思想状况。例如，1937 年（昭和十二年）10 月号的《科学知识》杂志上，登载了一篇题为《采访从战火中归来的后藤氏》的文章。这篇文章，报道了后藤朝太郎出席座谈会的情况。

座谈会是围绕着上海的战况及个人战争体验，以朝太郎答记者问的形式召开的。朝太郎一生中，虽有五十多次来中国旅行，但这次战争中的旅行却是印象最深的。日军侵犯上海，中国军队炮轰还击。中日两国进入战争状态，这对中国通后藤朝太郎而言，无疑是一个沉重的打击。下面，就让我们来看一看朝太郎的那次特殊经历吧。

抗日战争刚刚爆发，后藤朝太郎便开始了其成都之行。1937年7月16日，他乘坐“秩父号”客轮离开横滨，20日抵达上海。在此期间，朝太郎前往杭州西湖游览了两三天。因当时局势还不太紧迫，朝太郎在西湖一带拜访了中国友人和日本领事，之后便回到上海。7月27日，朝太郎又乘“洛阳号”客船离开上海，经南京于30日抵达汉口。打算31日换船前往宜昌，最后去四川成都，但因被禁止通行只能暂留汉口，又因局势进一步恶化，遂于8月9日折回上海。

后藤朝太郎介绍说，在那之后，中日两军进入了激战状态，8月13日至16日这四天尤为惨烈。他本人在上海的码头上，也遭遇了中方的炮轰。为躲避炸弹，朝太郎和难民们一起逃进了邮船公司的仓库里。在等班船的时候，只能以米饭团和咸菜果腹，耳边却响着激烈的机关枪声和震耳欲聋的炮弹爆炸声。惊恐之中，朝太郎终于登上了回国的客船。朝太郎原计划9月1日乘“伏见号”回日本，但伏见号不经上海，而是由香港直航去了神户。结果，在紧急关头，朝太郎跟大批难民一同乘上“诹访号”。诹访号途经南韩济州岛南侧，于8月21日早晨抵达门司。在停靠过神户和大阪后，26日方才回到了横滨。

总之，中国通后藤朝太郎在去中国的旅途中遭遇了中日两军的激烈战斗，他的内地之旅因而受阻。回到上海，在登上日本救援船前后，又遇到了各种各样的危险，幸好最后平安无事地回到了日本。这段体验是后藤朝太郎在座谈会上披露出来的。

在座谈会的对话记录中，常能见到后藤朝太郎发出笑声的地方，他是在谈笑风生中讲述着自己的感受的。面对局势巨变，这并非是在开玩笑，而是文人特有的把玩世事的一种超然态度。当然，朝太郎一直是站在一个日本人的立场上，来谈论其战争体验的。即使是谈到有关中日交战的问题，朝太郎也没有发表过责难中国国民政府的言论，他反倒是流露出了对普通民众、特别是战争难民的同情之心。座谈会的基调，也只是局限在介绍双方的情况上而已，并未妄加评论。

经历了上海之战的后藤朝太郎，于1937年10月发表了《从战火纷飞的上海归来》一文[12]，谈论了事态扩大下的日本对华政策和中日关系问题。其对华政策观和中日关系论的基本内容是，朝太郎十分了解国民政府屡次阐述的对日政策，认为中国对自己国情的分析和评价是真实可信的，也非常理解中国方面招架不住时局的难处。

但可以看出，后藤朝太郎对日本军部的过激行动持默认态度。进而言之，朝太郎主张与其从中国完全撤兵，还不如让日本军队继续稳坐在中国进行文化工作。这一时期，朝太郎的政治观点，已然超出了从前“中间派”的范畴，在逐渐向“体制扶翼”的方向转化，这预示着其思想意识发生了变化。

例如，后藤朝太郎这样讲道：

> 弄不好的话，以这次日中事变为契机，民国也许会走到灭亡的地步上，这种重大历史事件万一发生了，从日本的角度考虑也是十分棘手的。它标志着一个国家的灭亡，那会让人坐立不安。说到底，中国毕竟也是个国家啊！……

假如由七七事变导致中国亡国，那将是不得了的事情。中国的灭亡，无论对中国自身还是对日本，都不是人们所希望看到的。但是，从中国民族的特点来看，国破山河在，社会和民众还在，中国的民众会以自己的生活为中心，超越现实而生存繁衍下去。他们会将亡国之痛置之度外，忍辱负重卧薪尝胆，最后获得整个民族的重生。从表面上来看，朝太郎是站在中国人的立场上发言的，而实际上，他的立场已经发生了变化。

譬如，他又讲道：

> 想动用武力，那就应该不遗余力地实施武力，而且，我祈祷皇军的武力能发挥百分之百的效果。但是，正如近卫首相所发表的声明那样，做事时一定要考虑到，将来如何进行与武力并行的文化工作，这一点是毋须多言的。

后藤朝太郎认为，日本可以对华行使武力，他也十分相信日本军队的作战能力。但朝太郎以为，只用武力还不能真正解决中日间的问题，连近卫文麿都是这样考虑的[13]，日本还应该为将来着想，重视文化工作，正确认识中国，多交中国朋友。只有这样做，日本才能承担起在中国大陆实现和平、进行经济建设的责任。这就是朝太郎论文的中心内容。

后藤朝太郎的论述方法是，默认日本军队侵略中国的事实，援引统治者的声明以为依据，然后再抛出自己的观点。他以往的对华认识论，是主张尊重中国主权，维持平等的中日关系的。但他这时的说法，与其以前的论点相比，有了很大的差距。其论文中的政治伦理是含混不清的，从此以后，他在思想认识上出现了令人遗憾的错误。

3. 小结

一般来说，随着社会的变化和局势的进展，某人的思想意识发生了某种程度的变化，这是难以避免的。可以看出，后藤朝太郎后期的中国认识，与其前期的中国认识已相距甚远。而且，其“中日关系论”也发生了方向性的转变。假如没有其他原因，那么，一定是战争体验本身，促使后藤朝太郎在心理上静悄悄地发生了变化。另一方面，如果说座谈会纪事《采访从战火中归来的后藤》一文，如实地记录了后藤朝太郎中国旅行的足迹，那么，《从战火纷飞的上海归来》这篇文章，则充分体现了经历过战争的后藤朝太郎，在抗日战争时期发生的思想性变化。

关于后藤朝太郎的中日关系论及其思想性变化，也是本书所要探讨的重要问题之一。笔者将在后面的第三章和第四章中，详细地分析研究其过程和缘由。在接下来的第二章里，笔者将后藤朝太郎的中国认识分为“社会认识”和“民众认识”两个方面来具体论述。进而，试图阐述一下后藤朝太郎中国认识的特点和思想内涵。

注释：

[1]竹内好论文：《五、造词法》。日本：筑摩书房，《竹内好全集》第十卷，1980年10月2日，第23～25页。

[2]三石善吉论文：《后藤朝太郎与井上红梅》。日本：朝日新闻社，竹内好，桥川文三编《近代日本与中国》下卷，1974年8月。

[3]桂川光正论文：《后藤朝太郎、中国、鸦片》。日本：大阪产业大学学会，《大阪产业大学论集》社会科学编113，1999年。

[4]五高：战前旧制第五高等学校，现为国立熊本大学。

[5]后藤朝太郎著：《文字的研究》序文。日本：成美堂，1910年（明

治 43 年）2 月。

[6]1927 年（昭和二年）6 月，后藤朝太郎出版了《今日中国的社会情况与文化》（文化协会）一书，该书的封皮上写着拓殖大学教授后藤朝太郎。笔者经实地调查证实：1926 年（大正十五年、昭和元年）的新年前后，东洋协会大学改名为拓殖大学。大学名称虽然有所改变，但后藤朝太郎仍在那里任教，直至去世。

[7]三石善吉先生的说法是，日本战败前的 1945 年（昭和二十年）8 月 9 日晚间 8 点半，后藤朝太郎在都立高校车站道岔口被暗杀。但笔者经过调查询问，又了解了一些新的说法。这样一来，也不能排除另外的一种可能性，即后藤朝太郎自己没有注意到红灯信号，误入道岔口后被轻轨电车轧死。到底是暗杀还是交通事故死亡，目前还无法确定。关于那次调查的详细情况，可参见笔者的考察报告《后藤朝太郎、长野朗子孙访问记及其著作目录》（日本：新潟大学环日本海学会，《环日本海论丛》第 14 号，1998 年）。

[8]详细内容参见本书的“附录一 后藤朝太郎著作目录”。

[9]参见三石善吉论文：《后藤朝太郎与井上红梅》，“附记”。

[10]后藤毅先生：后藤朝太郎的长子，1919 年（大正八年）生于东京。目前居住在东京都文京区的亚细亚文化会馆附近。1997 年 12 月上旬，笔者去后藤毅先生家中调查资料。后藤毅先生、绫子夫人和他们的儿子给予笔者以热情的帮助，令我十分的感动。

[11]福岛铸郎、大久保久雄编：《战争时期的言论》下卷。日本：日外奥寿雪兹株式会社，《丛书、大东亚战争下的记录》（2），1982 年 3 月 10 日，第 317 页。

[12]后藤朝太郎论文：《从战火纷飞的上海归来》。日本：今日问题社，《今日问题》杂志，临时增刊号，1937 年（昭和十二年）10 月。

[13]1937 年 8 月 15 日午夜 0 点 10 分，日本近卫文麿内阁发表了“惩罚狂暴中国声明”。从此以后，日本不断增兵中国，进行全面的侵华战争。参见古屋哲夫《日中战争》（日本：岩波新书，1985 年 5 月 20 日，第 139 页）。

（霍虹编译、刘家鑫改写）

第二章　后藤朝太郎的中国认识

第一节　中国社会认识

1. 国家观念论

中国通后藤朝太郎的中国社会认识，主要包括“国家观念论”和“民族特征论”这两个方面。让我们先来探讨一下后藤朝太郎所阐述的中国人的国家观念问题。依照日本人的社会历史观，国家是指居住在一定地域内的人类集团，为谋求生命安全和生活保障而形成的具有政治组织的共同社会。作为国家成立的基本条件，要具备领土、人民（国民）和主权这三个要素[1]。

中国从清代初、中期开始，在很长一段时期内，以封建性国家权力为主。那时候，没有丧失领土的问题，民间社会也相对稳定。但进入清代后期，在鸦片战争等历次战争中，都以清朝失败告终。封建国家日益积贫积弱，成为列强争相瓜分的目标。1898年，爱国者谢赞泰描绘过一幅时局图，图中所绘的正是这种势态。经辛亥革命进入民国初期，脆弱的国家形态和社会肌体相互背离，国家权力无法完全作用于社会和民众。

一般来讲，当时的日本人不把中国当做一个国家来看待。例如，京都大学教授矢野仁一，从领土的角度主张“中国非国家论”；

京都大学教授内藤湖南，从主权的角度强调“中国无政治论”；陆军大学教官稻叶君山，称中国人民是“顽固不化、愚昧落后”的人间群体[2]。综合以上三种观点，那时的日本人普遍认为中国“有社会无国家”，民众“有伙伴、乡里、地方意识，而无国家观念”。他们意图从领土、主权和人民这三个角度，来否定中国的近代国家资格，为日本的侵略扩张制造理论依据。

中国民主革命的先行者孙中山先生，也曾把近代国家形成时期的中国形容为“一盘散沙”。他认为，中国必须要形成一个从小到大的同心圆式的团体。他所设想的模式是：家族→宗族→国族（民族），只有创造出伟大的中华民族，中国才能成为一个强大的国家。孙中山先生这样分析的目的是，在中国消灭地方割据和军阀混战，把中国人民从灾难的深渊里解救出来，将中国建设成为一个西方式的民主自由的新型国家。

后藤朝太郎通过自己的观察，也看到了中国国家和社会相互背离的问题。比如，他在《今日中国的社会情况与文化》[3]一书中这样写道：“在中国人的头脑中，根本不考虑什么国家不国家的。”关于这一点，他还做了详细的解释。他说：

> ……在考虑中国问题的时候，首先最重要的是，无论何时都不要把中国看成是一个国家，而是应当把它当做一个社会来对待。只有这样，才能从一开始就抓住其本质。……为何要这么讲呢？因为，所有的日本人都把着眼点放在“国家”的话题上。谈论中国的时候，无论何时都是说中国那个国家如何如何，总是称国家、国家，以国家作为话题的中心。然而，在中国人的头脑中根本不考虑国家。所以，我们考虑问题的前提，应该是要牢记“中国人没有强烈的国家观念”。连

中国人对他们自己国家的观念都不强烈，我们日本却在极力主张国家、国与国，想要从中得到点什么。因此，万事不得要领。

后藤朝太郎认为，中国人没有强烈的国家观念，他们的心里只有社会裙带关系。就连中国人自身的头脑中，都没有国家观念，因此日本人就不要把中国当做一个国家，而要当做一个社会或者人间群体来看待。他反复强调这一点，还举例进行了解释。朝太郎自问自答地说，中国人的人生目标是什么呢？简单地讲，今天的日子能够过的开心愉快就行，这就是人生最大的目的。只要能够达到这个目的，国家的存在是无足轻重、可有可无、不屑一顾的，如此而已。

后藤朝太郎还分析了中国人的国家观念问题。他觉得，对中国人来说，社会福利很重要，只要能增加社会福利，家庭生活过得更加富裕幸福就足够了。如果能够得到这种福利和幸福，才承认这个国家是有用的。对于人民而言，国家是什么呢？托付给有才能的人建设国家，用国家的权力和财力建立各种秩序，保证自身的生命财产和日常生活的安定。从这一点来讲，中国人是需要国家的，否则就不需要国家，中国人的思想观念还只停留在这一层面上。

进而，后藤朝太郎还大放厥词，无视民国初期中国民族主义意识的觉醒和国家观念的萌芽。他说，中国青年学生的爱国运动，要求收回租界和取消不平等条约的运动，都只是一种流行思想，热闹喧嚣一通之后就会平静下来。朝太郎不认为中国人是“沉睡的雄狮”，并且终会觉醒，会无比地强大起来。正因为中国人利己主义的思想意识作祟，在近代才不能树立起日本式的国家观念，也就无法将中国建设成为一个强大的国家。中国四分五裂的原因，不是源于其本国的封建势力、军阀割据、外来帝国主义尤其是英日两国的侵略，而是应该归结于中国人民的无国家意识。这就是朝太郎的荒谬观点。

后藤朝太郎强调说，中国人是一个重视社会远远大于重视国家的民族。他说："我们必须要注意到，中国人社会本位的思想很强烈，要比我们的国家观念强烈得多。"[4]就这一点，他在《理解大中国》一书[5]中继续写道：

> 中国人的社会生活常常是超越国家，不关心国家的兴衰成败，只以百姓间的和睦幸福生活为基调携手前进。他们作为国家的一员，对于国家的事情，如此冷淡毫不关心。说起来，他们是在民族社会方面下了大功夫，营造出了具有民族性的、强固连带关系的群体生活。

在此，后藤朝太郎进一步地强调了自己的观点，他承认中国民众停留在生活水平层次上的民族意识，而否认其政治层次上的民族主义意识。

任何一个国家都由人民构成，并拥有一定的地域和疆土。民国时期的中国，具备"领土"和"人民"的要素，"主权"这第三个要素似乎不太充分。主权即一个国家的团结统一，它是最终决定国家政治的最高权力。清朝覆亡之后，孙中山领导的革命党建立起了民国政府。但这个政权未能摆脱软弱性和妥协性，最终将最高权力让给了北方的军阀袁世凯。北京政府对南方也是鞭长莫及，难以实施完全有效的统治。

在当时的中国，长期以来，地方势力各自为政，军阀混战天下大乱，形成不了强大的政治集团，也建立不起统一的政权机构。因此，民众对国家的认同度较低，这也是理所当然的。国家的凝聚力差，国民的团结精神也就不强。清末新政的地方自治、南京国民政府的地方行政改革，最后都归于失败[6]，就是国家和社会相背离的最好证明。

客观上，当时的中国没有强大统一的国家统治机构，受时空、技术的制约，信息传达也存在问题。主观上，封建性的教育内容、伦理观和道德观，严重地影响了人们的言行，束缚了人们的思想。这诸多因素，使中国民众不依赖国家的组织，而依赖于社会的组织。

“变化的国家，不变的社会”，后藤朝太郎的这一中国认识，截止到1927年之前，还是比较符合实际情况的。但是，在南京国民政府成立以后，他的这种认识就该被质疑了。中国在发展变化，人民也在一点点地进步，中国的前途是广阔的。朝太郎未能认识到中国的事实，或许是认识到了，却不愿承认。他拘泥于旧的思想认识，跟不上时代的前进步伐。

近代日本，在封建主义的肌体里，注入了资本主义的新鲜血液。他们在君主立宪的体制下，建立起新型的国家政权，设立各种行政管理机构，充分发挥了近代国民国家的机能。日本通过制定政治、经济、法律制度，从上到下贯彻统治意志。经历了明治维新的日本国民，接受了半个世纪的西方式教育，受到了近代科学思想的洗礼，其文化水平、教养程度、文明素质都有了很大的提高。他们了解个人与社会、个人与国家的关系，全体国民都以国家的意志为转移。这是近代以来日本国民的一个特征。而这个时期的中国的国家权力，却不能将自己的意志贯彻到社会的每个民众。这是一个悲哀，更是一个不幸。

20世纪的20~30年代，后藤朝太郎所关注的不是中国的国家，也不是国家和社会，他所关注的是中国社会的实际状态和平民百姓的现实情况。朝太郎所看到的，是军阀混战的特定历史时期的中国社会，以及支撑那个无秩序社会的广大的无名民众。

后藤朝太郎一味追崇民众，无视国家权力。他在很多方面分析了中国民众的性格，却很少承认中国民众已经从封建庶民逐渐过渡到近代国民的发展变化，坚持主张“民众无国家观念论”。他以这种民众无国家观念论为基础，形成了自己的“中国社会认识”。朝太郎的着眼点十分特殊，与其他中国通大不相同。但他的“中国社会认识”，带有很强的主观片面性。

2. 民族特征论

中国通后藤朝太郎顽固地认为，中国人是无国家观念的民族。与此同时，他还认为中国人具有很强的包容性和融和性：作为一种民族特性，汉民族具有强韧无比、无法抗拒的同化力。朝太郎在其《大陆的黎明》一书[7]中，以小标题的形式提出了中国“民族同化力”的问题。他指出“江湖之士”（指日本军部）的胡闹、日本军队深入到中国内地，不仅会跟中国发生激烈的军事冲突，很可能还会跟中国民族的同化力发生摩擦和碰撞。他强调指出，日本人的对华认识是完全错误的，一味地实行侵略扩张主义政策是很危险的。

后藤朝太郎列举了日本某文官总督去台湾赴任的例子。说是该官员赴台之前雄心勃勃，丝毫都没有想象到中国民族同化力的可怕。到当地一看，才了解到，中日两国间巨大的差距，简直是天壤之别，无法同日而语。他想说明，在同化力面前，当初的计划方案和管理方法，全都显得苍白无力，不值一提。让汉族人学习日语，对他们讲日本人的道德伦理和皇道思想；让日本人学习中文，以求达到统治中国的目的。如此这般的日本对华文化政策，简直是目光短浅、思想幼稚的表现。大中国衣食住行的差异、思想信仰的区别、经济感觉的不同、国体精神的障碍等，总而言之，日本人应该提前做好心理准备，才能有效地应付中国民族复杂社会的弹性。针对这一点，后藤朝太郎这样写道：

> 日本处处提“统制、统制”，在统制一元化的道路上前进。本来这很好，因为再也找不到比这更加有效的方法啦。然而，大陆中国历史上既有一元化政治，也有过二元化政治。并且，文化这东西犹如温开水一般，具有在不知不觉中融化一切的、强大的同化力和包容性。一任总督，很有权力，尽管如此，却不得不品尝一下历史这壶温开水的滋味，而且还是在不知不觉之中。以前无论是匈奴还是五胡，无论辽、金、元还是清，不管是谁来了，无论你怎样使用武力，如何计划进攻，最后的结果是，他们以同化力来还击你。……[8]

在中国的历史上，匈奴、五胡、契丹辽国、女真金国、蒙古元朝、满清等民族或王朝，他们都是从外部周边进攻中原，夺取政权取而代之，确立统治，建都建制的。这样一来，他们固有的传统、风俗、血统等，所有的一切文化都被融汇在汉民族里，悄然无声地消失在历史的长河之中。“大象无形，大音稀声。世上至柔莫过于水，世上至坚莫过于水。”这两句话用来比喻汉民族也不会过分。

后藤朝太郎非常了解中国的历史沿革与朝代兴衰，更看透了中国民族同化力的特性。另外，他还十分警惕这种民族同化力所带来的后果。譬如，他又如是说：

> 所以，这种同化力也一定会影响到日本人。事实上，无论谁游览北京都会称赞天坛、万寿山、八达岭；畅游江南都会去观赏中山陵、玄武湖、西湖、兰亭；去浙江观潮，品绍兴老酒。在开始的时候一定还会说，同化和赞美是想法与态度的不同，但过后不久，同化和赞美就达到了紧密一致的状态了。到不了这个状态，康熙乾隆的文运也就不会产生，太宗玄宗的文教也就没有萌芽啦。

中国的历史，既是一部王朝更替、国家兴衰的历史，又是一部多元民族大融合的历史。隋唐以前，这种民族之间的融合，既无规律也无章法。它是随着政治经济军事的需要自然形成的。后来，隋朝皇帝首倡“则天法地、混一华戎”，致力于天下大一统的政治局面。唐太宗更是实施积极的民族政策，恩威并施于突厥，有组织有计划地安置臣服部族，开民族融合与同化之先河。自隋唐至清末民初，中国的统治者大都采取了怀柔外来民族的政策。在自然形成的社会现象上，汉民族也具有一种容纳中原周边少数民族，并且将其消化掉的特殊性质。

蒙古元朝时期，把人民分为四等。蒙古人最上，色目人其次，北方汉人居三，南方汉人和其他少数民族最下。元统治者拒绝民族大融合，无文治政策，实施武力暴政，残酷对待中原各族人民。其结果是，帝传五代而亡，仅七十余年的光景，就被赶回漠北草原。对于中国来说，积极实施民族大融合与民族大团结则兴，反其道而行之，搞民族分裂主义，破坏国家的独立和统一则亡，这是中华民族历史发展中的一个规律。

中国通后藤朝太郎竭力称赞中华文化的同化力量。但他同时也提醒日本人，日本实行侵略扩张主义政策，军事力量不断地深入到中国大陆腹地，这将会给大和民族带来严重的危机。这不是指别的，而是指日本人一不留神，就有可能在文化上被人口占绝对优势的汉民族所同化。后藤朝太郎大声疾呼，这种同化的危险与日本息息相关，要当心！在那个时代，日本帝国主义政府野心勃勃，右翼少壮派法西斯军人疯狂至极。他们攻城掠地霸道天下，到处实施军事行动，妄图吞并中国甚至全亚洲。而朝太郎却在他们的头上泼下了一盆冷水，给狂傲强硬的“皇道”统治敲响了“警钟”，促使他们“清醒”。朝太郎真的担心，日本人会在不知不觉中，被汉民族以柔软的手段所吞没。这并非是杞人忧天，因为历史的经验告诫了他。

中国的语言文字、文艺美术、饮食文化，尤其是人口的繁殖能力，让中国文化有一种不可侵犯和不可抵抗的力量。后藤朝太郎强调指出，即使日本人在政治上军事上得以统治大陆，但在文化层面上同化中国人是绝对不可能的。不仅如此，日本人反而会被中华民族所同化。虽说日本也有几千万人，但比起中国的众多人口、土地幅员和弹性文化来，那简直就是沧海一粟，几百年后将分辨不清谁还是“大和民族”的子孙后代。这意味着，中日两国虽说是同文同种，但说到底，依然存在着人力不及的极限。另外，这也说明日本的对华“亲和性”脆弱得不堪一击，其在中国的殖民统治也必将是昙花一现，有如过眼烟云。

结果，中国通后藤朝太郎还是没把中国看成一个国家。其理由是，在中国大地上的只是民众和社会，这历来都是历史性自然性的常规现象，这种趋势是人力所无法改变的。他还指出，中国民族是具有弹性的民族，无论是如何强大的外来民族，到最后都会被汉民族所吸收，并化为汉民族发展壮大的原材料。如果日本人疏忽大意了，那么，日本民族也无法在中国民族面前摆脱这种命运。中国似民族国家而非国家，虽只作为民族社会存在，但社会和民众充满活力，民族自身具有不断再生和更新的特殊性质。这就是后藤朝太郎的所谓“中国社会认识”。

第二节　中国民众认识

1. 经济生活论

后藤朝太郎的“中国民众认识”具有两个基本点，即“经济生活论”和“国民性格论”。使朝太郎感受颇多的，是民众的经济生活问题。1938 年（昭和十三年）6 月，朝太郎出版了《了解中国》一书[9]。在这本书里，他就民国时期中国民众的日常生活，做了这样的描述：

> [在中国人家里头] 无论是书斋还是卧室，布置都很简单。只有床铺和便盆。厨房水缸里盛着水，还盖着盖儿。没有盖儿的水缸，就将莲叶放在水面上。再有一口锅、一两把刀，仅此而已。

那一年，正值中国人民抗日战争爆发后的第二年。日军陆续侵占了中国华北、华中地区的大中城市，把中国大陆变成了一片焦土。

1927年，以蒋介石为首的国民党右派叛变革命，肆意发动武装政变，在全国实施白色恐怖，大批屠杀共产党人和工农运动领袖，并以此为契机建立起了南京国民政府。之后，蒋介石在政治上实行封建独裁统治，在军事上“围剿”、进攻苏区红军，还不断挑起新军阀之间的战争。另外，在经济上，他向英美各国借款、接受援助，由英国人帮助实行金融改革，由美国人扶植、推进工业经济建设。在1927年～1937年的十年间，中国城市的工业经济稳步增长，农村经济也有一定程度的发展，一部分人民的生活略有起色。但是，相对安定的局面却好景不长，有如昙花一现、过眼烟云。

国民党蒋介石政权昏庸腐朽，违背人民利益，以国为家、贪污腐败。四大家族垄断经济命脉，统治集团内部勾心斗角、矛盾重重。国内各派军事势力之间不断发生战争，日本帝国主义更是得寸进尺，大举侵略扩张，不断蚕食中国。受这些不利因素的影响，南京国民政府的经济发展计划流产，工业建设构想破灭。在那个动荡不安的时代，生产制造停滞不前，商品经济发展受阻。这样一来，必然给民众的消费生活带来诸多负面的影响。

越来越难以想象，随着外国工业资本的进入和中国民族工业的兴起，1930年前后的中国民众，是怎样度过那种前近代式的“自给自足”的生活的。在这里，后藤朝太郎所关心的，是跟政治、军事和经济等要素毫无关系的中国民众，特别是农村人家的生活状况。他还注意观察了中国人传统的生活方式，看到了百姓们甘于清贫的生存意识，发现了中华民族勤俭节约的优良作风。

朝太郎用略带风雅的水墨画式的笔致，描绘了中国民众的生活习惯和简单朴素的生活状态。他对此充满了兴趣，仿佛中国民众生来就喜欢朴素生活似的。不仅如此，他在《了解中国》一书中还重点描写了中国人旺盛的生命力。比如，他这样写道：

> 一块菜板一把刀，即切菜又切肉。这在日本人看来很不讲究卫生，而中国人却不以为然。在同一个水桶中，既洗毛巾又洗菜。看似有些不干净，但与喜欢干净利落的日本人相比，这种在同一个水桶里既洗毛巾又洗菜的人们的身体更加健壮。……这样一来，日本人这样的、抵抗力差的民族容易变成神经质。没变成神经质的，要么还会死掉。[10]

中国人总是大汗淋漓，大声吵嚷喧闹，喊叫伙伴的名字，跟别人争吵争得脸红脖子粗。这些能量全都从旺盛的饮食能力而来。什么食物都可以，是否干净也不在乎。对中国民众的这些特点，后藤朝太郎如数家珍、津津乐道。他对这些生活气息和性格细节的观察，还是比较准确、非常到位的。这些素材，也许就是他得出独特观点的基础和原始依据吧！

但事实果真如此吗？后藤朝太郎可能还没有注意到南京国民政府方面所开展的“新生活运动”，好像也未顾及到地方政府正在号召“要讲究清洁卫生”。朝太郎所描绘的家庭生活，是以战乱为背景的农村下层民众的生活状态。他所看到的是一种非现代的、类似前近代式的庶民文化生活样式，那个时期的中上流家庭，特别是沐浴在西洋文明成果中的城市人，是不能简单化地用这种描写来概括的。

1934 年 2 月 19 日，在江西南昌的某个典礼活动上，蒋介石发表了一个演说。以此为开端，在全国范围内开展起“新生活运动”来。在各种各样的宣传口号中，最常见的就是“整齐清洁、礼义廉耻”[11]，提倡道德教化的第一步，就是强调环境整齐和卫生清洁。

日本人自古就有“洁癖症”，近代以来又接受了西方文明和科学精神的洗礼。与此相反，中国民众在生活习惯上与日本人不尽相同，而且，在连年战争状态下的中国，科学精神的普及正处于初级阶段，对细菌和病毒危害人体的认识还很淡薄。这和日本人的“过度神经质、高度敏感”正好相反，中国民众应该说是“无神经质、无敏感度”吧！

后藤朝太郎有一种强烈的倾向性，他试图以中国的这种文化样式和经济生活意识，来否定日本人的文化样式和生活意识。也就是说，他在竭力美化中国庶民百姓式的生活情趣、人际关系和普通民众的性格。他在许多著作中，都把中国的传统事物描绘得完美无缺。朝太郎要证明，欧化后的日本无论如何是不能与之相匹敌的。

特别是，后藤朝太郎在其人生的第四个时期中，所宣传鼓吹的中国民众认识，已经近似于“卑俗的中国论”。朝太郎这样做的用意何在呢？恐怕既不是反对日本军国主义政策，也不是为了屈意奉承军警当局。总之，他是不想被任何权势和利益所束缚，坚持选择自由主义者的人生道路，想保持住日本文人的纯粹的中国趣味。

在后藤朝太郎对中国民众经济生活的介绍中，蕴涵着两个含义。

其一，他这样的描写侧重于事物的表面现象。朝太郎这样推论道：食欲旺盛的中国人具有强劲的生命力，其生命力唤起精神的力量，精神的力量能够压倒一切。这一点，正是他在中国民众认识上的深刻思考。通过观察中国民众的生活状态，朝太郎发现了中国人生存的底气和中华民族发展的动力。

其二，中国民众的生活习惯，在无意识之中违背了西方近代科学的规律。来自文明开化社会的后藤朝太郎，还竭力赞赏中国民众的不清洁行为。朝太郎的言论，是反西方资本主义生活方式，甚至于反西洋近代文明精神的。他的这种观点，可能不太容易被人们所理解和接受。

2. 国民性格论

在后藤朝太郎的“中国民众认识”中，除去“经济生活论”之外，他还反复提到了中国民众的“国民性格”问题。一方面，他认为中国民众很会精打细算，计较个人得失；另一方面，他又觉得中国民众纯朴正直，富于人情味，踏实稳重。

客观地说，他为了迎合日本统治阶级和日本国民的口味，向国内报道了一些中国的负面情况。同时，他的良心又驱使他大力挖掘中国民众的优点，并给予扩大宣传。例如，关于中国民众是如何“踏实稳重”这一话题，后藤朝太郎在其《哲人中国》一书[12]中，又有如下的一些说词：

> 中华民国人民的生活目标，是增进自己生活的幸福感。为了实现这个大目标，无论多么辛苦也能坚持住，即使受侮辱也能忍受得了；纵然千万人反对，被砍头也不屈服；保守秘密，坚定的信念似乎要穿透地核。如此坚韧的态度，根本不是取决于什么学校教育、家庭教育这类花拳秀腿的东西，而是来自于几千年的悠久历史孕育出来的国民性本身。

我们是否应该这样来理解后藤朝太郎文章的含义。虽说中国人“如同杂草一般”，但他们为了增进自己的幸福生活，无论被置于何种困境，都会置之死地而后生，并以坚韧不拔的精神超越过去。他们坚守道义和信念，犹如磐石一般地立身于社会，顽强地生存着。这种人生观和做人准则，不是在学校或家庭中能够学得到的，那些花架子、嘴把式的玩艺儿是不顶用的。那是中华民族的优良传统和与生俱来的国民秉性所使然。可以见得，朝太郎对现实世界中的中国人，达到了如此深层次的认识和理解。

总之，后藤朝太郎一贯认为，中国人的眼里没有国家，只认得与自己紧密相连的社会和人际关系，扎根在这种社会之中，积存气力顽强生活。以自己、家庭、子孙的幸福为目标，在恶劣环境下不懈努力，谋求发展与进步。正因为有如此这般的中国国民，才有今日生活气息十足的社会存在，才能支撑起这样的泱泱大国。

朝太郎沉醉于观察中国民众的生活习惯，对中国人坚韧不屈的生活态度、踏实稳重的精神、耐心求实的气质，心怀敬意，赞叹不已。然而，他在敬佩与赞叹之余，过分地夸张了民众生活，忽略了生活状况和其他事物的关系，削弱了对生活质量的正确判断能力。他的某些结论，也是很偏激、很片面的。

进而，后藤朝太郎分析了中国民众的这种性格。他深刻地认识到，中国人讲究仁义、踏实稳重、坚韧不拔、不屈不挠。中华民族是由一个个这样的中国人组成的，因此才得以实现民族和社会的持久发展。朝太郎有关这一问题的分析，收录在其《中国的下层民众》一书[13]中。他首先从中国的下层民众和上层统治者的关系入手，做了如下的阐述：

中国的为政者口头上说要尊重民意，收拾民心。无论何时，不反映民意的政治，其评价一定会很低，肯定会遭到百姓的怨恨。因此，一是民意，二还是民意。中国的为政者讲产业立国，等等。可无论工业还是土木，要想将其变为现实，那就需要大批工人的辛勤劳动。从工业政策到农业政策、交通运输，所有的产业，如果离开了人民的劳动，那将是一事无成的。防备战争、征集军队，除了招募农村的壮丁还有其他办法吗？以车船做进出口生意也是同样，如果没有搬运工人的努力，车站码头也将是无法运作的。

后藤朝太郎分析了下层民众和为政者的关系。统治者充分尊重民意、广泛笼络民心、合理使用民力，才能达到把国家建设好的目的，否则，国家政治将无法运作，经济建设也会一事无成。如果国家的政策违背人民的意愿，给民众带来了过度的负担，那一定会得到相反的效果。然而，到底民众会对国家政治投多少赞成票呢？统治者所勾画的近代国家，又能为民众带来多少实际利益呢？对此，后藤朝太郎表示了怀疑。朝太郎站在民众的立场上如此说，他“轻君重民”的政策主张，倒让人联想到儒家亚圣孟子“民贵君轻”的政治思想。

多少年来，中国民众一向被统治者愚弄利用，这在中国的社会是很普遍存在的现象。但后藤朝太郎却以民众的口气，对国民政府的政策提出了批评，他对南京政权的经济振兴和工业立国等政策评价不高，且持怀疑态度。当时的中国，成功地推翻了清王朝，废除了封建帝制，建立起共和制国家，迎来了新的时代。中国正在坚持不懈地努力克服困难，积极消灭地方势力，力求尽快结束军阀混战，建成民主、自由、繁荣、富强的国家。但是，朝太郎却把中国的国家和政治看成是灰暗的，他认为，中国目前的一切都是历史的惯性在起决定作用，是以往历史的重复和继续。朝太郎无视中国发展进步的事实，否认其近代化进程。

后藤朝太郎关注中国民众，强调民众的疾苦和切身利益，更为民众代言。他指出，中国民众的不清洁问题，经常成为日本人谈论的话题，但对于中国而言，这些下层民众的存在却十分珍贵，一定要承认他们的重要性。提倡卫生和识字运动固然重要，但民众自身的存在价值、优点更是不容忽视的。他还在《中国的下层民众》中这样写道：

> 然而，我想要说的是，中国的下层百姓是太平洋里的暗流，是亘古不变的底层里的流水，但它的存在却是很伟大的。过于急切地提高文化水平、讲究卫生的话，恐怕反而会削弱了难得的强大韧性之特色。不周到的帮助照顾，还不如什么也不做。就那样放任自流，反倒会更好一些。因此，下层百姓们本身会掌握方向不让自己灭亡，就好像任何地方都能长出来的杂草一样，不管土地是肥沃还是贫瘠，都会照样顽强地生长茂盛。这些，应该是政治家们好好体会，充分考虑的。[14]

杂草不需要做任何人工的处理，就能扎根繁殖、成长茂盛。这是自然界的现象，是大自然的造化。后藤朝太郎把自生自灭的杂草的植物特性，运用到中国民众性格分析上，用以比喻中国民众天然的生存底气和无意识的发展能力。他把这些归结为中国民众的天然趋势。他说，这种趋势是人力所无法阻挡的，也没有必要阻挡。朝太郎希望，让没有政治属性的无数平头百姓、无名小辈，按照他们自己的意愿自然发展，这样做是最好的。

对中国民众而言，是杀是砍都是徒劳的。杂草丛生型的强大生命力，会使其再生和成长。正所谓“野火烧不尽，春风吹又生”。日本人与中国人打交道，如果没选择好方法的话，事情就不会朝着日本所希望的方向发展。这是朝太郎在抗日战争初期说的话。很显然，这是给日本统治者的一个善意的建议，其中也包含着朝太郎对中国民众的深层探知和恰当评价。在《中国的下层民众》这本书里，他还为热爱和平的中国民众代言：

> 中国四亿人民都是热爱和平的人。其中不乏能言善辩，讲民族意识、国家兴隆之人，但从总体上来看，都是无罪的和平之民。其中，虽有能言善辩的志士揭竿而起，但当功成名就之时，依然是爱好和平的老好人。他们憧憬晴耕雨读的生活，希望悠然度过余生。恐怕这是人最应该选择的、听命于自然的人生道路吧。通达这种人生观并经受考验，这在中国社会的各个阶层，已然成为一种传统，这是人尽皆知的。[15]

后藤朝太郎观察敏锐、判断准确。平凡的百姓们是无辜的、热爱和平的。有罪的应该是官僚、政治家、军阀以及日本之类的外来统治者，他们用军队、枪炮，即所谓的武力、暴力、强权压制剥削民众，混淆民众的自治意识。往昔动乱年代，有拯救庶民百姓的帝王将相和朝廷。现在，又有拯救民众和国家的英雄豪杰，他们倡导民族独立，国家自立，不惜流血保卫和平。可一旦天下太平了，他们就恢复到原来的姿态，过起悠闲自得的生活。国破山河在，朝廷灭亡百姓还在。即使中华民国被日本打垮，中国的下层民众仍然会在历史的长河中获得永生。

历史上，中国曾经几度亡国，但民族精神从未衰亡过。它优越的历史文化和庞大的人口数量，不断地吸收消化着外来统治民族。现在的中国民众也是如此，无论遇到什么困境，他们都不失望、不气馁，都会不顾一切地超越国际潮流，胸中燃烧着希望阔步前进，依照千古不变的趋势和原则发展延续下去。这种淳朴的气质和坚强的国民性，支撑着这个偌大的社会。这种不屈不挠的民族精神，夯实了中国永不灭亡的基础。

中国通后藤朝太郎否定蒋介石南京政权的政治作用，他用戴着有色眼镜的目光，怀疑地看待中华民国的国家形态，鄙视那一时期军阀混战的社会局面。然而，朝太郎总结了中国人的人生观和价值观，充分认识到了中国国民性格的实质性问题。他站在历史的角度，充分肯定了中国民众顽强的生命力、朴实的经济生活，特别是高度评价了白手起家的生活热情和生存精神。朝太郎敬佩中国民众坚强的国民性格，并赞美了中国民族坚强不屈的精神。

后藤朝太郎的“中国民众认识”紧密联系着其“中国社会认识”，他从中国人的一分子分析到整个中国社会，再由整个社会涉及中国的整个国家，即形成了由小及大的渐进路线，而后，又从整体论述返回原本的一分子。朝太郎的“中国民众认识”，具有一种自下而上，然后循环回归型的思想构造。他的思想认识是，于松散中见规律，于繁杂中见逻辑。

第三节　中国认识的思想内涵

1. 要点归纳

中国通后藤朝太郎是一位天性风雅、性情淡泊的日本知识分子，从大正中期到昭和初期（1920年～1945年），他以中国趣味而闻名于世。到目前为止，有关他的中国认识，尤其是中国社会和民众认识部分，尚未被当做深入研究的对象。或许是因为涉及他的论述甚少的缘故，对其评价才不太让人满意的吧。朝太郎在其许多著作中，论述了民国时期中国的民众、社会和国家等问题，形成了他自己独特风格的中国认识。

笔者在本章的前两节里，系统地介绍了后藤朝太郎的中国认识，并且详细地分析了其“社会认识”和“民众认识”。现将后藤朝太郎中国认识的要点，做如下的归纳。然后，进一步详细阐述其深刻的思想内涵。

首先，关于其“中国社会认识”。后藤朝太郎认定：在古代中国，王朝国家衰亡后，庶民百姓还在，他们的生活繁衍生息没有断流；在现代中国，即便中华民国倾覆了，但锦绣河山还在，社会依然自然运转，人民的生活还在继续。朝太郎以日本为参照物，没把中国看成一个成熟统一的近代国民国家，而只当做一个松散庞大的社会集团，或者说是过去皇朝国家的延续，即所谓中国“有民众与社会，而无国家”。

进而，后藤朝太郎以亲切友好的眼光，看待中国的历史、文化与民族。他有尊重中国客观现实的一面，承认中国的固有领土和独立主权，并非极端地坚持“中国非国家论”。因为他心里很清楚，中国不断地受到日本的欺压，1919年的五四运动以后，中国人的民族意识已经开始萌动。否认既存中国，这在道理上是讲不通的。朝太郎常常是借古喻今，从历史的角度说明现实情况，论及日本的对华政策，对日本的不端行为，心中抱有疑问，暗藏不满意识。同时，朝太郎更惧怕中国民族的自然同化力，暗示日本人应该适可而止，不要一味地涉足其间。否则，日本民族会被其吞噬，化为中国民族发展进程中的原材料。

其次，关于其“中国民众认识”。后藤朝太郎充分肯定中国民众的经济生活，特别是老百姓们的生活热情。他发现了中国人身上的人情味和坚实性，高度地评价了他们的优秀品质，强调指出了他们顽强的生存精神。朝太郎的看法与观点，比较脱离政治，大有崇尚土著文化的倾向，表现出“返朴归真、宁静淡泊”的心理意识。

后藤朝太郎对西方近代主义和科学文明很是反感，他竭力否定日本西洋化的生活方式，希望回到东洋传统主义和朴素生活伦理中。他在中国人面前，为人低调随和，没有日本文化背景下的优越意识，更没有当时日本人身上普遍存在的蔑视中国的感情成分。这使得他比较准确地把握到中国民众的心理意识，了解到中国人的国民性格特征。朝太郎的这种“中国民众认识”的基本思想，也投影到了他初期的“中日关系论”上。

2. 思想内涵

1920年前后，在日本知识界和社会上，出现了几种偏颇的中国认识。如矢野仁一的“中国非国家论”、内藤湖南的“中国无政治论”以及稻叶君山的“中国人顽固不化愚昧落后论”[16]，等等。另外，一部分崇拜欧美的知识分子，完全没有尊重传统中国的意识，更是冷眼蔑视现实的中国，从而走向“摒弃中国、脱亚入欧”的道路。

再有，大正时期的天才小说家芥川龙之介，在文化界很有声望。就是这位芥川龙之介，自幼爱好中国的历史文化，迷恋于古代中国的典籍故事，形成了浪漫的中国趣味。他曾以报社特派员的身份来到中国采访，当他接触中国的现实社会时，不自觉地暗自懊悔失望，由“中国趣味”转变成“中国厌恶”。他感到，自己对中国的希冀和理想在现实中彻底破灭了[17]。

后藤朝太郎的中国认识，与那几种偏颇的中国认识有很大的区别。他丝毫没有无视中国领土主权的意思，更不会蔑视中国民众和蓄意歪曲中国的现实。并且，与欧美派相反的是，朝太郎始终保持对华亲近的姿态，坚决对抗欧化思潮，构建起自己的“温存中国、复兴亚洲”的思想框架。再则，从最后的结果来看，他跟芥川龙之介的中国趣味和认识，也是大相径庭的。即，朝太郎到晚年依然是一位中国文化的忠实爱好者。

此前，三石善吉先生曾经断定说：“概念化的中国，是明治大正时期形成的一种文人趣味，后藤朝太郎一步也未从这个藩篱中摆脱出来，他完全让自己构建的幻想给束缚住了”；朝太郎的中国认识，是“粗浅的中国观”；朝太郎这样的“中国通是在日本侵略中国的过程中孕育出来的畸形儿”。朝太郎的中国观察，没能脱离“文人趣味的藩篱”，还被“概念化的中国”所限制，这一点诚如三石先生所言。但笔者觉得，朝太郎的中国认识并不“粗浅”，也不宜把他看做是特定时代的、某种政治行为之下的“畸形儿”。

之所以这么讲，是因为后藤朝太郎正确地认识到了邻邦中国的存在意义，感悟到了中国社会的文化积淀，发现了中国民众的优秀品格和顽强的生存精神。中日甲午战争后的日本国民感情，受蔑视中国的时代风潮影响很大。但朝太郎的中国社会论和民众论，表现不出那种蔑视感情，他更没有与“日本浪人”同流合污，变质为日本侵略中国的工具，而是始终保持着纯粹文化人的本色。

所以，即使同样都是中国通，也未必都会成为日本帝国主义的走狗和马前卒。

不错，后藤朝太郎坦率地承认，中国人是日本人的对手。但他还以为，这个对手很有长处，日本应该寻求与中国这个对手和平相处的方法。在当时那种中日非友好、非平等的年代里，在同时代的中国通（包括“半吊子中国通”）知识分子当中，他的中国认识里的许多看法或观点，是很有特色又很有价值的。笔者认为，朝太郎的思想内涵具有一定的进步意义，其研究探索精神和求真务实态度，也是很值得注意的。

剖析中国通后藤朝太郎的思想内容，可以得知，他的中国认识是由双重认识结构组成的。他在表面上阐述中国人民重视社会、国家观念淡薄、现实利己主义意识强烈，但实际上却处处强调中华民族的历史文化底蕴、民众的实事求是精神。也就是说，朝太郎的介绍分析不只是局限在中国社会的表象上，也深刻地论述出了中华民族内在的坚实精神。这种中国认识，成为朝太郎的基本思想，贯穿于他一生的中国研究和中国认识之中。

然而，后藤朝太郎过分拘泥于自己定型化的中国趣味之中而不能自拔，他的思想观念过于陈旧，缺乏开拓创新精神。过分评价传统事物和前近代风格的民众，忽视发展变化着的现实中国。他总是心猿意马，眼里观察着现实中国，而心里想的却是传统的中国，很少提及中国将来的发展前景。朝太郎热情评价的是传统的中国和植根于其中的传统民众，而非正在进步中的现实中国。尤其是，他未能上升到民族主义的高度来认识中国人民已经觉醒、民族独立意识正在增强的现实问题。应该指出，这一点可谓是后藤朝太郎中国认识的一大致命缺陷。

日本的历史和社会文化孕育了日本式的性格，这种日本式的性格，也具有外壳和内壳的两层结构性。纵观大正元年至昭和十年（1912 年～1935 年）期间的日本人的中国认识，我们可以认为，他们外表虽尊敬中国，内里却轻视中国，这种倾向是十分明显的。在日本人心目中，虽然承认、评价甚至崇拜中国的传统文化、古典精华，但却对近代国民国家形成期中国的落后感到非常的失望。也就是说，日本人的中国观里面也存在着两重性的问题。随着对中国通知识分子研究的深入，这种两重性的问题应该被重视起来。

生活在时代潮流漩涡中的中国通后藤朝太郎，如何能够求得表里如一？他的行动，怎样才能超越中日间的壁垒？他的思想意识，能否从风云突变的中日关系的藩篱中挣脱出来？对这一问题的分析研究，不但具有学术意义，而且还具有重要的现实意义。

本章围绕后藤朝太郎的“中国认识”进行了分析研究。在后面的第三章和第四章中，笔者将重点考察从“日本出兵山东”至“日本战败前夜”这一期间的后藤朝太郎的思想状况，系统地整理分析其“中日关系论”的起始发展变化过程，进一步深入研究其思想内涵。

注释：

[1]梅棹忠夫、江上波夫主编：《世界历史大事典》第 7 卷。日本：教育出版中心，1986 年 1 月 25 日，第 236 页。参见芳贺登关于“国家”一词的解释。

[2]李明论文：《日本的“中国论”的检证、1920 年～1930 年的中国非国论》。日本：中京大学，《中京大学社会科学研究》第 18 号，1988 年 11 月。

[3]后藤朝太郎著：《今日中国的社会情况与文化》。日本：文明协会，

1927年（昭和二年）6月15日，第2～3页。

[4]参见后藤朝太郎著：《今日中国的社会情况与文化》，第13页。

[5]后藤朝太郎著：《理解大中国》。日本：高阳书院，1938年（昭和十三年）9月，第117页。

[6]村田雄二郎论文：《中国近代革命与儒教社会的消长》。日本：平凡社，沟口雄三等编《中国这一立足点》，1995年6月，第282页。

[7]后藤朝太郎著：《大陆的黎明》。日本：高山书院，1941年（昭和十六年）10月，第74页。

[8]后藤朝太郎著：《大陆的黎明》，第74～78页。

[9]后藤朝太郎著：《了解中国》。日本：雄风馆书房，1938年（昭和十三年）6月，第157页。

[10]后藤朝太郎著：《了解中国》，第156～157页。

[11]宫崎市定著：《东洋的历史》第12卷。日本：人物往来社，1967年（昭和四十二年）8月，第202页。参见“蒋介石政权的全盛、新生活运动”一节。

[12]后藤朝太郎著：《哲人中国》。日本：千仓书房，1930年（昭和五年）11月5日，第11页。

[13]后藤朝太郎著：《中国的下层民众》。日本：高山书院，1939年（昭和十四年）10月5日，第76页。

[14]后藤朝太郎著：《中国的下层民众》，第78页。

[15]后藤朝太郎著：《中国的下层民众》，第272页。

[16]参见李明论文：《日本的“中国论”的检证》。

[17]矢作武论文：《芥川龙之介与中国文化（一）》（日本：笠间选书，古典和近代作家会编《谷崎润一郎》，1979年[昭和五十四年]，第174～177页）。以及关口安义著《特派员芥川龙之介、他在中国看到了什么》（日本：每日新闻社，1997年2月10日）。

（霍虹编译、刘家鑫改写）

第三章　后藤朝太郎的中日关系论（一）

——从日本出兵山东到九一八事变

第一节　问题提起

中国通后藤朝太郎是一位自由主义型的知识分子。从大正初年到昭和十二年中期（1912年～1937年），他频繁地来中国旅行，并以旅行游记的形式写下了许多介绍中国的著作。后藤朝太郎最初的专业，是中国文字学和音韵学的研究。后来，他越来越多地关心中国的历史文化、风土人情、国家与社会、民众经济生活和国民性格等。中日两国进入风云变幻的时代以后，朝太郎也开始关注起日益恶化的中日关系。他在自己的著作中记录下许多这方面的状况，大胆地阐述着自己的看法，形成了自己的观点。

当日本帝国主义甚嚣尘上之时，日本浪人和一部分中国通的言行，大都倒向了统治者一边。在那种霸权主义思想成为主流的年代，许多日本知识分子，赞成日本势力向中国大陆扩张、征服中国乃至亚洲。这种政治形势与社会风气，对后藤朝太郎也产生了一定的影响，他的思想也曾有过与当权者意向一致的时候。但在那种主流思潮之外，后藤朝太郎倡导和平与中庸。他依然对中国抱有浓厚的兴趣，尊崇中国的传统思想文化。在他的思想上，政治色彩很淡薄，基本上保持了纯粹中国趣味型文人的姿态。他批评过日本军国主义行使武力的行径，还主张实行文化政策，并殷切地希望中日间早日结束战争状态，再次回到平等互惠与和平共存的轨道上来。其想法和建议很幼稚、浪漫，但他的和平主义愿望很值得关注。

正如笔者在本书的第一章中所介绍的那样，三石善吉先生在《后藤朝太郎与井上红梅》一文[1]中，对后藤朝太郎做过先行研究。三石先生指出，后藤朝太郎“能够批评日本政府的对华政策，劝戒日本国民不要有蔑视中国的感情”。三石先生还特别强调了他“对抗权力的态度”。但所谓的“能够批评”到底是怎么一回事？其“对抗权力的态度”又是什么具体内容呢？再有，关于其“中日关系论”的全貌，也未能做出详细的说明。因此，在日本出兵山东至日本战败投降的十几年间，朝太郎是如何考虑中日间紧张关系的？抗日战争全面爆发后，他的思想究竟发生了哪些方面的变化？他又是怎样探索中日关系应有模式的呢？对以上几个方面的问题，笔者将进行详细的探索，试图解开这些个谜团。

笔者在本章及下一章中，将在三石先生的先行研究的基础上，进一步深入细致地搜寻和探讨后藤朝太郎针对时局所作的发言。例如，1928年的“济南事件”之际，他是如何看待日本政府出兵山东之政策的？1931年的九一八事变之后，他保持相对沉默，著作明显减少，其原因何在？另外，日本以1937年的七七事变为契机，发动了全面的侵华战争。面对那种瞬息万变的国际政治形势，他的思想认识又有哪些变化呢？

笔者根据当时的局势和思想界的动向，以后藤朝太郎的著作为第一手资料，来解释说明他是怎样对抗统治者，又是如何论述非常时期中日间各种问题的。笔者将按时间顺序，系统地整理后藤朝太郎的“中日关系论”，找出其起始、发展、变化的脉络，抓住其思想的性格特征。

第二节　中日地位平等观

1. 批判出兵政策

1927年（昭和二年）6月，就在中国国民政府军北上之前，日本政府明目张胆地实施了第一次出兵山东，暴露了其想要阻止中国军队北伐的意图。但是翌年，即1928年1月7日，下野后复职的蒋介石又开始了第二次北伐。对此，日本政府再次出兵济南，是为第二次出兵山东。这次，日军与中方正面交火，制造了“济南惨案”，这是日本第二次武装干涉中国统一。在同年的5月，日本又增派了兵员。日本的动机在于，要把中国的“满洲”（东北三省）从中国本土中分离出去，确保日本在东北地区的特殊权益，进而推行所谓的“大陆政策”，将中国变为日本的殖民地。

对于田中义一内阁的侵华政策，不仅中国舆论天怒人怨，就连日本国内的有识之士中，也有不少人站出来高声反对。例如，在日本第一次出兵山东之际，东京的《朝日新闻》就很明确地谴责了田中内阁的出兵行动，认为日本以保护当地日本侨民为由，其目的却在于阻止中国政府军的北伐[2]。

针对田中内阁出兵山东，制造“济南惨案”的行径，中国通后藤朝太郎非常直率地进行了批判。例如，他在1929年（昭和四年）5月出版的《中国纵谈、沉睡的雄狮》一书[3]中，用“拒绝赞颂日本出兵”这一小标题，辛辣地讽刺了日本当局的虚伪性，谴责了其胡乱出兵的政策。朝太郎首先从欧美列强的对华错误做法开始评述。他这样说道：

> 列强以自己精锐的兵力来进攻中国是不成问题的。中国在兵力上，是不可能胜过列强的。可以说取胜的可能性很小。但是，以遍布于中国全国的宣传效果来对抗，充分造成中国全国的舆论，发动全体民众，那就不好办啦。列强凭借兵力取得的暂时胜利，过后必将被舆论宣传给压倒。这一点，乃是日本必须要重点考虑的。

后藤朝太郎认为，列强看见中国士兵手里拿着武器，将其视为武装力量，但他们轻视中国的兵力，从不相信这个国家的军队能打胜仗。然而，列强却忽略了中国民众的舆论宣传能力。他认识到这种“宣传能力”，即民众的爱国热情和力量，能够取得最后的胜利。孙中山先生提倡的“联俄、联共、扶助农工”的三大政策中，就有“扶助农工”一项。以毛泽东为首的早期共产党人中的有识之士，也最重视工人农民在新民主主义革命中的作用。作为一个日本知识分子，后藤朝太郎也充分认识到了中国民众中潜在的巨大力量。

后藤朝太郎确信，中国民众比那些军阀的军队更能尽全力保护自己的国家社会。他更相信，凭借民众的力量和民心所向，“中国民族一定能够取得最后的胜利”。他高度评价了中国民众在国民革命和反帝运动中所起的作用。这种对“民众的力量”和“民心所向”的重视，是他特有的先见之明。接着，他以中国当时的社会现状为前提，就日本出兵山东的目的、出兵会带来怎样的后果、中日间应有的关系等问题，继续进行了评述：

> ……公平地来看，在日本的民国人也会感到危机迫近。如果中国政府出兵日本，日本人又会作何感想？或是美国人陷入危机，美国政府派遣军队，那到底又会出现什么结果呢！中国现在的社会形势动荡不安，南军逼近济南，天津北平一带也危机重重，还要顾及满蒙。也许这是日本为应急而采取的措施，但表面上却声称是要保护在华日本侨民。
>
> ……即使是北军方面，在济南也不会有日本居留地，欲加之罪，何患无辞。惹得人家对日本进行舆论攻击。而且南方对此也非议颇多。我听说，有些评论者还居然说什么日本也必须要打上一仗，让中国人尝尝武力的滋味。不如此，长江沿岸的日本人都要受欺负，我们已经忍无可忍了。打一仗反而能增进友好，总是忍辱自重，将毫无意义。我在长江一带的时候一再听说“必须要大打出手，才能保护在华侨民，稳固扩张的根基”。

田中内阁第一次出兵山东之际，日本受到了币原喜重郎“对华内政不干涉主义”外交方针的影响，故而还未酿成大的灾祸。而日本陆军当局担心日本在满洲的权益受损，对币原的“软弱外交”非常不满，要求实行强硬的对华政策。

当时在日本国内，针对是否应该出兵山东的问题，社会舆论发生了分裂[4]。比如说，社会主义者和民权运动家们，跟图谋在中国统一之前解决满蒙悬案的“田中积极外交”大唱反调，发起了“对华不干涉运动”。《无产者新闻》也大声疾呼，反对侵略满蒙和出兵山东，提倡建立苏中日朝四国被压迫民众的、国际反帝统一战线。社会民众党的宫崎龙介[5]、吉野作造和民政党的中野正刚等人，主张应该承认蒋介石统一中国，在此前提下，中方不否定日本在满蒙的权益，双方通过协商解决问题[6]。

后藤朝太郎的观点与东京《朝日新闻》上的说法相当一致，他所说的“表面上却声称是要保护在华日本侨民”，是对日本政府出兵山东政策的批判。他揭露了日本武力干涉中国内政的实质，他认为那并不是“南军逼近济南，天津北平一带也危机重重，还要顾及满蒙”时日本“所采取的措施”，也不仅仅在于“保护在留侨民”，而是在于日本要“稳固扩张的根基”。他戳穿了日本帝国主义侵略扩张的真实意图，揭露了一部分日本人的好战心理，还讽刺了社会上随声附和者们的愚昧无知。“打一仗反而能增进友好”，这句话是他对好战者的嘲笑。朝太郎的发言体现了其诚实正直的性格，透露了中国通知识分子的幽默。

接着，中国通后藤朝太郎预见到，“包括长江流域两亿人口在内的那片富饶的土地，是日本最大的贸易对象，而日本却使其陷入病态。不仅如此，今后两国再有来往时，肯定不会再一帆风顺”。所谓的“病态”，说的是以下几种情况：一是日本的行为激发了中国人的民族主义情绪和青年学生的爱国热情；二是促使中国民众掀起抵制日货运动，排斥日本企业进入中国市场，导致日本在华财团经营不振；三是会给中日两国的外交关系带来麻烦。他深刻地认识到，日本出兵山东严重地伤害了中国人民的感情，从而会给日本各个方面造成损失。

后藤朝太郎一直担心所有的中国人都认为“日本是军国主义国家”，他不想“给人一种印象，那就是由于日本帝国的贸然出兵，激发了中国舆论的反对”。他提醒日本当局，要重视中国的国民性和民心所向，还要顾及中国的舆论宣传力量，对其他动向也不能等闲视之。他真不希望给中国人留下这样的印象：日本军国主义是有野心的，它无视中国主权，侵占领土，屠杀人民，言行可耻，心理卑鄙。他忧虑到，日本的出兵在国际社会将有损于日本的形象，让日本人丢尽面子。后藤朝太郎重视中国国民感情，主张国家间政治地位的平等。

2. 中日地位平等观

20 世纪 20 年代后半期，即使是在日本政府策动出兵山东之际，也有人敢于指责当局的错误倾向，这是在"大正民本主义"社会思潮的影响下所出现的普遍现象。当时的日本民众强烈抗议政府出兵山东。就连天皇裕仁，也对关东军制造的震惊中外的"皇姑屯事件"（炸死张作霖）表示疑问，并对田中义一强烈不满。因为顶不住来自国内外社会的压力，便勒令其辞去首相职务。在当时的日本社会上，人们可以自主随意地表达反对军国主义的言论。其原因是，反战、反军国主义的时代潮流遍及世界各地，民族主义情绪日益高涨、如火如荼[7]。世界潮流与时代精神，使日本国内政治环境比较宽松，社会舆论导向也比较正常。

中国通后藤朝太郎曾经反对日本当局的侵华政策，还有自己的一套对华政策主张。例如，他在《中国纵谈、沉睡的雄狮》一书中，以"误国的日本人"[8]为小标题，强调指出了中日两国关系的重要性。他说："中国与日本，哪怕双方像雄狮与兔子一样有天壤之别、相差悬殊，那也是一荣俱荣、一损俱损的关系。"他反复地倡导，中日两国"休戚相关，唇齿相依"，是好邻居、好伙伴，必须要同心同德，共同努力。

中国民主革命的先行者孙中山先生，曾向日本提出过“大亚细亚主义”的良好愿望。他殷切希望亚洲各国团结起来，组成平等的联盟，谋求共同的权益。例如，1924 年秋冬之际，为中国统一问题，孙中山决定亲自北上和谈。11 月 28 日，所乘轮船途经日本，停泊在日本神户港。他在神户高等女子学校，以“大亚细亚主义”为论题发表了演讲，呼吁中日两国要成为中流砥柱，为亚洲的和平贡献力量。尤其是，孙中山希望日本能够排除西方国家式的功利与强权，把讲究仁义道德的东洋王道作为目标。他希望亚洲各国平等团结，共同争取政治独立和经济自主。对这种良好愿望和提议，日本政府方面未做出任何回应。

更值得遗憾的是，孙中山先生的大亚细亚主义思想，后来反而被日本政府所利用。日本走上侵略中国和亚洲的帝国主义道路以后，在战争期间，近卫内阁鼓吹“东亚新秩序”，军部内阁还设想了“大东亚共荣圈建设”方案，这些都是篡改歪曲大亚细亚主义思想的例子[9]。

日本的革命浪人宫崎滔天，曾做过“亚细亚联合体”构想。他的这种构想，是以中国为中心的中、日、朝三国的联盟。在此联盟中，各国的地位相互平等，并以合作共存为目标[10]。这种“平等共存”的理想，是“自由民权派”大亚细亚主义者们最具代表性的政策主张。而后藤朝太郎此时的对华政策主张，与孙中山的思想理念和宫崎滔天的宏伟目标十分地相似。可以说，后藤朝太郎在这种观点的基础上，积极倡导中日两国政治上的平等和经济上的互助。

后藤朝太郎反复述说，为防止中国人对日感情的破灭，首先必须要“正确地理解中国”，尊重中国人。中日两国的国民是“老朋友”，平等交往是很重要的。像这种“老朋友”的关系，应该亲如一家人。他甚至认为，日本人“不应该把民国国土称为外国，当作外国来对待”。尤其是，日本人“不能表现出日清战争后出现的那种骄傲情绪”。他劝诫日本人，不要站在日本本位的立场上，不问青红皂白地蔑视中国、侮辱中国人。

在这里，后藤朝太郎想要表达的是，中日两国国民要充分承认对方，尊重对方的国格和人格，彼此放弃相互敌视的行动。要像同国内人打交道一样，进行人际交往和文化交流。日本人特别要注意的是，不应该因国家实力和国际地位的差异，而流露出中日间不平等的地位意识。他认为，被称为发达国家的日本并无骄傲之处，被称为落后国家的中国也不逊色于日本，双方各有不同，又各有千秋。中日两国要努力维持现状，以相互合作、平等互惠为目标，共同发展、共同进步。

中日甲午战争和日俄战争以后，日本迅速崛起。第一次世界大战中侥幸取胜之后，日本发展成为“一等国”。日本人在时代潮流的影响下，头脑中逐渐形成了中日间的等级差别观念。他们总是高看自己，低估对方，把日本当做主人，把中国看成仆人。而后藤朝太郎，就是想要打破这种不公平的地位观念。在当时的日本，蔑视中国已经成为了一种普遍的社会风气，并根深蒂固地烙印在了日本人的头脑中。朝太郎从正面敲打着日本人的脑壳，希望日本人马上清醒，不要再白日做梦。

以上情况表明，中国通后藤朝太郎良心未泯，作为知识分子的理智良知还在。他的这种思想意识，并不是那么清晰和明确的。但是，在中日关系日益紧张的年代里，他的看法或观点，毕竟还是非常稀罕少见的。

第三节　沉默与批判

1. 一改常态

中国通后藤朝太郎批判了日本政府的对华军事干涉政策，劝诫日本国民不应带有“一等国”观念而蔑视中国，呼吁维持中日之间的和平与平等。但是，现实跟他的愿望恰恰相反。在这一时期，日本以出兵山东为起点，形成了对华政策的基本轮廓，做好了进一步侵略中国的准备。三年之后，日本军国主义分子滋生事端，使日本从军事干涉中国统一，急剧演变为全面占领中国东北三省。这一变幻莫测的情势，是后藤朝太郎未能看透的。

进入 20 世纪 30 年代后，日本政府依然坚持“积极的大陆政策”，其陆军决策层不单要确保既得利益，而且还要把全东北三省的主权、领土、居民都纳入它的统治范围之内。1931 年（昭和六年）9 月 18 日深夜，日本关东军擅自行动，偷袭了沈阳的中国军队驻地（北大营），蓄意挑起了臭名昭著的九一八事变。到 19 日晚间，日军控制了“满洲铁道”沿线，并迅速向东北全面进军，占领了东北地区的主要城市。这，成为长达 15 年的中国人民抗日战争的导火索。

九一八事变发生后，中国政府向“国际联盟”和“不战条约缔结国组织”起诉，要求日本撤兵。日本军部的主要目的，是完全占领东北三省。其外交当局屈服于军方的压力，并追随军部的行动。其政府内阁的态度起初是模棱两可，随后也承认了军部行动的“合法性”。有名无实的国际联盟，更是制止不了日本的侵略扩张主义行径。

当时，日本民众以欢快的心情迎接了九一八事变的到来，知识界的舆论也出现了分歧，既有人认识到了事态的严重性，也有人认为那是为了维护日本的权益，不得已而为之的。在日本政府内部，关于是继续出兵还是撤兵，也分裂成为赞成和反对的两派势力[11]。后藤朝太郎一直反对日本行使武力，九一八事变更是他所始料不及的。这一时期，他的著作和评论明显减少，保持了相对的沉默，似乎在隔岸观火。

九一八事变发生后的头两年里，后藤朝太郎没怎么出版著作，好像有意识地避开评论中国问题，也不涉及日本的对华政策等要害问题。自 1931 年（昭和六年）9 月到 12 月之间，文化评论方面的著作只有 2 册，1932 年（昭和七年）全年只有 1 册，而且都是旅行介绍、文字学之类的书籍。可以感觉到，在这一段时期里，他很消沉。但他有时也控制不住自己的情绪，针对动荡不安的时局发表了自己的看法，毫不隐瞒地阐述着自己的见解。这里有一些例子，可以证明这一点。比如说，他在《中国及满洲旅行指南》一书[12]中这样写道：

以满洲事变为转折点，现在正值满蒙新国家的建设之际。从长远来看，这对东亚的和平建设和人类的幸福而言，并不值得庆贺。但是，旧时的满洲也有无视国际法等种种不合理的地方，同时也有许多事情可以促使日本反省。既然看到了新的国家建设，至少说明日本打破了旧习，致力于新天地的基础建设。那些个议论，始终都是以重视国际法为基础的，力求保障法律规定的特殊权益。但是，一旦要以行使武力来决定大局，那么就要好好地合计合计啦。就此，国民应该感谢军事行动，衷心地感谢那些牺牲在满洲的将士，他们谱写了无数催人泪下的故事。然而，反过来想一想，尽管在满洲的土地上建立起了新的国家，但它的主体仍是与中国人同族的满洲人，除此之外别无他人。

中国通后藤朝太郎在此呈现出了相互矛盾的心理状态。他一方面表示赞成“满洲建国”，劝诱日本人到“满洲”去。另一方面，他又不愿看到日本军队行使武力，还质疑日本凭借军事行动建立起来的伪满洲国，怀疑其在国际政治伦理上的正当性，不相信其在国际法上的合法性。

另外，朝太郎还提出了一个根本性的问题，即对日本来说，这样的“新国家”是真的那么重要吗？在日本武力威胁利诱之下如此这般地建立起来的“满洲新国家”，尽管对日本有好处，但那些与本土中国人同属于中华民族体系的满洲人会怎么想呢？最后，他暗示了一个至关重大的问题，说这极有可能会成为一个导火索，引发出不堪设想的后果。

2. 打破沉默

九一八事变发生后头两年，后藤朝太郎的著作明显减少，他好像在袖手旁观。但奇怪的是，从1933年（昭和八年）开始，他的著作又明显增多。他在一部分著作的叙述内容中，或在序言的地方，终于打破了沉默，又开始批判日本军部的不端行为。我们从这些点点滴滴的记载中，可以看到朝太郎的批判精神，总结出他思想意识变化的痕迹。比如说，朝太郎在其《有问题的中国》一书的“序言”[13]中，提出了这样的问题：

中国是个什么样的地方，中国将如何变化，日本要在中国谋求什么，怎样对待中国等。关于“有问题的中国”，应该考虑的事情太多啦，应该做的筹备工作也无限度。但日本只考虑一些对自己有益的事，如签订日中停战协定、确立日满中共荣、强调大亚洲联盟。而一般国民的舆论也过于粗心大意，对岸的中国不可能就那么轻易地服输。

后藤朝太郎不相信“日中停战协定”、“确立日满中共荣”、“强调大亚洲联盟”等论调的可靠性。他知道日本政府的行径，是在冒天下之大不韪、公然违反国际法准则。他直截了当地提出了疑问，质疑其可能性与合理合法性。再比如，在出版这本著作的两个月后，他又出版了《中国的体臭》一书。他在“寄自船中、代序”[14]中，写下了这样的评论：

日本派遣军队凭借机关枪取胜大陆，洋洋得意地说，要把头戴钢盔的形象做成画报。但这并不代表日本人看到了中国的全貌。……这不是昭和时代日本人的真本事。或者给人们演习投掷空袭炸弹，或者让人看士兵陷入孤立无援的窘境后，意志如何地坚强。这并不意味着国家已经到了非常时期。我一向都不认为，这种状况是现在的一般性常识。日本忙于国防虽是好事，但除此之外，要以人为本位，还要以东亚和平为本位。明事理识大体，营造出和睦的气氛，训练成温和的态度，这也是非常重要的。中国虽有自己的国情，但它从未被凭借武力的国防，或会议决定的经济部署所征服。

在后藤朝太郎看来，“派遣军队、凭借机关枪取胜”和“头戴钢盔的形象”，这些日本人的能耐，是不值得称赞的。还有“演习投掷空袭炸弹”等炫耀武力的事，也不值得喝彩。他更想说的是，日本虽“忙于国防”对外扩张，但最后必须要回归到“以人为本位，以东亚和平为本位”的轨道上来。尤其是，中国绝不会因为日本的武力干涉和经济制裁，就停止实施国家政治。

朝太郎还补充道，日本人一方面讨厌、不理解中国，把中国当做敌国来对待，另一方面，又光是希望贸易方面顺利发展，片面追求经济利益。这就好比缘木求鱼，是根本不可能的。他毫不留情地批评了日本当局的浅薄和小人得志，还尖锐地指出了日本人唯利是图、目光短浅的弱点。总之，后藤朝太郎的论点是反对动用武力，批判侵略扩张主义行径，他倡导的是“和平、非战”主张。

九一八事变之前，日本社会上还有一定的言论自由。例如，1928 年时，日本政府三次出兵山东，制造了“济南惨案”。针对这个问题的社会评论，正好赶上了这一幸运时期。但是，九一八事变之后，社会舆论开始受到官方的严格限制，日本的共产主义运动遭到镇压，著名的无产阶级文学家小林多喜二还被秘密警察杀害，等等[15]。而且，不仅共产主义思想，甚至以往被官方所允许的自由主义学说和言论，也都被当做“反国家、卖国言论”受到了强权政治的压制。到了 1933 年的时候，社会舆论与思想潮流，普遍地屈服于军警的淫威。在那样一种腥风血雨的形势下，后藤朝太郎还敢如此讲话，真可谓有胆有识、不畏强权。

在 1930 年至 1931 年，日本出现了两种完全对立的解决“满蒙”问题构想。一种是，以日本关东军作战主任参谋石原莞尔为代表，坚持“大日本主义”，鼓吹 “满蒙占有论”。另外一种是，以《东洋经济新报》主编石桥湛山为主角，提倡“小日本主义”，主张“满蒙放弃论”。

石原莞尔认为，世界最后决战时，在掌控西方文明的美国与掌控东方文明的日本之间，某一方要成为世界的中心。围绕着这个问题，不久将发生“人类最后一场争夺主导权的世界大战”。为打好这场战争，日本必须迅速获得东方文明的掌控权。为此，解决满蒙问题就成了首要目标，而满蒙问题，必须是以满蒙划归为日本领土的方式来解决。

与此相反，石桥湛山则认为，中国民族主义的发展和建立统一国家的要求，已经成为势不可挡的时代潮流，用武力迫使中国屈服是不可能的，也是不被允许的。他还主张，中国恢复主权的要求、与日本曾经要求修改不平等条约是一样的道理。是理所当然的，也是正当的。日本解决满蒙问题的前提条件，就是要以诚恳的态度接受中国的要求。

当日本舆论界都在支持九一八事变的时候，石桥湛山却尖锐地批判了这次事变，这在日本社会是唯一的例外。以石桥湛山为代表的《东洋经济新报》，基于小日本主义，一贯主张“满蒙放弃论”，大胆地发表了言论。但是，当时绝大多数人赞成石原莞尔的“满蒙占有论”，而石桥湛山的“满蒙放弃论”则孤掌难鸣[16]。

那么，处于这一时期的后藤朝太郎，又是如何思考的，他在“满蒙统一化论争”中的观点又是怎样的呢？通过以上的资料证实，朝太郎与石桥湛山一样，可以说是少数派中的一个。他的言论与媒体的论调大不相同，他批判了具有国家权威的“满蒙占有论”，比较接近少数派的“满蒙放弃论”。

九一八事变后，后藤朝太郎的著作明显地减少。但是，他既保持了相对的沉默，又就一系列重大的国策，陈述了自己独特的见解。虽然这些言论分散在许多著作中，但经细心查验一番，还是可以解析辨别出来的。他在字里行间，表达了对日本军部行径的不满情绪。后藤朝太郎认为，军队和机关枪，舞枪弄棒，这在国际社会上不会给日本带来什么荣誉，反而会给昭和时代的日本人招来耻辱。使用武力，也没有给日本带来经济上的繁荣，反而对和平共存有害无益。

总之，后藤朝太郎评论九一八事变和“满洲建国”，其思想有时也表现得含糊其词，模棱两可，露出了其观点的前后矛盾。但到这一时期为止，他对日本，尤其是针对军部政府明目张胆的侵略扩张主义行径，还是批评大于称赞。他对中国，仍然是一往情深袒护有加。后藤朝太郎在沉默之余，谴责日本帝国主义的狼子野心，批评了日本军部的违法行为。他坚持了反对日本出兵山东时的一贯立场，并且其批判的力度有增无减。

九一八事变发生的六年之后，又爆发了七七事变。那么，自那以后的后藤朝太郎，其“中日关系论”思想出现了什么样的进展？或者说发生了什么样的转变？在日本“举国一致”疯狂对外侵略扩张的潮流面前，他又是如何应对的呢？笔者将在下一章里，继续追溯他的精神轨迹，并揭示出其“中日关系论”的思想实质。

注释：

[1]三石善吉论文：《后藤朝太郎与井上红梅》。日本：朝日新闻社，竹内好、桥川文三编《近代日本与中国》下卷。1974年8月。

[2]张群著、古屋奎二译：《日华、风云变幻的七十年、张群外交秘录》。日本：产经出版，1980年（昭和五十五年）8月30日，第38页。

[3]后藤朝太郎著：《中国纵谈、沉睡的雄狮》。日本：万里阁书房，1929年（昭和四年）5月20日，第373页。

[4]古屋哲夫著：《日中战争》。日本：岩波新书，1985 年 5 月 20 日，第 66 页；张群著：《日华、风云变幻的七十年、张群外交秘录》，第 38～39 页。

[5]酒井正文论文：《宫崎龙介与中国、以战争前期为中心》。日本：中部女子短期大学，《社会文化研究所研究年报》，1986 年。

[6]古田光等编：《近代日本社会思想史》第 2 卷。日本：有斐阁，1971 年（昭和四十六年）7 月 25 日，第 66 页。

[7]入江昭著：《日中关系、这一百年》。日本：岩波书店，1995 年 4 月 24 日，第 63，65 页。

[8]参见后藤朝太郎著：《中国纵谈、沉睡的雄狮》，第 27 页。

[9]有关“大亚细亚主义”问题的详情，请参见：①张群著《日华、风云变幻的七十年、张群外交秘录》（第 14 页），②平野义太郎著《大亚细亚主义的历史基础》（日本：河出书房，1945 年[昭和二十年]6 月），③竹内好编《亚细亚主义》（日本：筑摩书房，1963 年[昭和三十八年]8 月），④赵军著《大亚细亚主义与中国》（日本：亚纪书房，1997 年 3 月 31 日，第 189 页）。

[10]宫崎滔天著：《三十三年之梦》。日本：文艺春秋社，1943 年（昭和十八年）10 月 25 日。

[11]古屋哲夫著：《日中战争》，第 61 页。

[12]后藤朝太郎著：《中国及满洲旅行指南》。日本：春阳堂，1932 年（昭和七年）5 月 15 日，第 508 页。

[13]后藤朝太郎著：《有问题的中国》。日本：立命馆出版部，1933 年（昭和八年）7 月 12 日。

[14]后藤朝太郎著：《中国的体臭》。日本：汎文社，1933 年（昭和八年）9 月 15 日。

[15]江口圭一著：《两次世界大战》。日本：小学馆，《大系、日本的历史》（14），1993 年 8 月 20 日，第 260 页。

[16]参见江口圭一著：《两次世界大战》，第 233、256 页。

（杨海鹰编译、刘家鑫改写）

第四章 后藤朝太郎的中日关系论（二）

——从七七事变到日本战败前夜

第一节 思想性变化

1. 初期变化

中国通后藤朝太郎曾经谴责日本政府田中义一内阁出兵山东，还批判了日本军方挑起九一八事变。作为一位舆论界人士，他置身于变幻莫测的中日两国之间，漂浮在历史潮流的风口浪尖上。在那以后，他那种敢于批评政治时局的精神是否还在？抑或是，他的思想发生了某些变化？笔者希望继续追寻一下后藤朝太郎的思想轨迹。

九一八事变以来，全中国人民不仅坚决反对日本帝国主义的侵略行径，还对蒋介石的不抵抗政策表示了强烈的不满和愤慨。1936 年 12 月 12 日，张学良和杨虎城两位将军发动了震惊中外的西安事变，拘禁了蒋介石。中国共产党方面派周恩来到西安与蒋介石谈判。周恩来、张学良等人说服蒋介石，就“停止内战、一致抗日”等问题，在原则上达成了谅解与共识。这次事变的和平解决，成为了国共两党停止 1927 年以来的内战，迈向第二次国共合作的转折点。后藤朝太郎在其著作中，也提起过西安事变，但未作任何评论，他对中国共产党抱有怀疑的态度[1]。

日本帝国主义的侵华政策，促使中国的抗日状况发生了转变。一方面，国民党政府对自己的反对派势力——共产党作出了让步，将其编入国民革命军。而另一方面，在延安的毛泽东、共产党及其领导的军队为了民族大义，搁置了以往的政治目标，把“抗日救国”上升为主要目标，与以往的敌人——蒋介石、国民党政府达成妥协，一致对外，共同抗战。为保证抗日救国运动的顺利进行，共产党人委曲求全，将红色根据地转变为中华民国地方特区政府。以国共两党为首，全国各党派、各军事集团和各界人士，在原则上取得了共识，建立起抗日民族统一战线。尽管这条战线基础脆弱，但至少在形式上，全中国军民在抗日的旗帜下团结起来了[2]。

九一八事变发生后的第六年，即 1937 年（昭和十二年）7 月 7 日的半夜时分，在北平西南郊外卢沟桥附近的荒地上，正在进行“军事演习”的日本“中国驻屯军”寻衅滋事，炮轰并进攻中国军队驻地。蓄意挑起了七七事变。这一事变，引发了中日两国间长达 8 年之久的全面战争。日本政府近卫文麿内阁随后追认了军部的行动，并增兵天津进攻上海。随着事态的发展，蒋介石在庐山会议上发表了“最后之关头”的演讲，首次向全国公开明确地发出了团结抗日的号召。在中国共产党坚定不移的抗日精神影响下，全国抗日救国的形势高涨起来。

面对近卫内阁确立的战争体制及增兵的做法，后藤朝太郎没有表示反对，反而表现得模棱两可、犹豫不决。他在一定程度上，削弱了批判当局胡乱动武的力度。他以往曾经批判日本出兵山东，谴责日本侵略东北三省，而现在的态度却转变为默认日本随意进攻中国。并且，他还开始思索中日间怎样融合为一体，如何搞好两国的合作联盟，努力寻找双方达成妥协的策略。例如，1937 年 10 月，他从硝烟弥漫、战火纷飞的上海回国后，在东京的家中，写了《邻邦中国》一书。在这本书的《序言》[3]中，他是这样说的：

> 日本为了将来永远的和平与幸福，有时从日本的大乘佛教式的人道主义出发，而惩罚走入歧途的国家，这也是迫不得已才采取的、拨开云雾的一种方法手段。我坚信，这会让他国的良民大众内心欢喜。更进一步地说，相邻关系的日中两国，不可能永远把大动干戈作为能事。我十分希望中国能够早日领悟出日本的真正用意和目的。

以上这段话，反映了他思想状况的变化。后藤朝太郎这时随波逐流，称日本的侵略扩张政策为“将来永远的幸福”、“大乘佛教式的人道主义”，把受到侵略的中国说成是“走入了歧途”的国家。他辩解道，日本用武力手段惩罚中国，也是迫不得已的一种方法。朝太郎责难中国的领导层，并谎称中国民众内心欢迎日本的侵华政策。他造谣惑众，随意撒慌。他的这种观点，简直就是一种谬论。

这说明，朝太郎已经开始蜕化变质，站到了近卫内阁“惩罚狂暴中国”政策的立场上去了。他还主张，中国应早日理解日本的“真正用意和目的”。然而，他很清楚，眼下的日本与中国民众的“自治愿望”发生了冲撞。那么，该如何解决好这一问题呢？后藤朝太郎拿起笔来，开了这么一个书生气十足的处方笺：

中国四亿的良民都渴望着自治，希望自己掌握自己的命运。中国的居民，比我们想象的更踏实地生活，辛勤地度过每一天。我们一直极力强调说，识大体的中国民众在许多方面应该向日本学习。但同时，日本也有必要好好地认识、研究他们国家的风俗、民情、兴趣。而且，日中两国应融为一体，致力于树立悠悠的东洋和平天地。[4]

中国通后藤朝太郎认为，中国民众“自治”的实质，是抵制来自任何势力的束缚，不论是国民政府还是日本。中国人应改变一下那种顽固的本性，有必要在一定程度上忍耐与屈服。他自认为，日本人是中国人必须要学习的榜样。还奉劝日本人也应有耐性，要充分考虑中国人的风土人情和兴趣爱好，体谅他们的心情。后藤朝太郎如此说，其真正的目的是“日中两国应融为一体，致力于树立悠悠的东洋和平天地”。这是他打出来的一面一相情愿的理想主义旗帜。日本人的对华态度过于性急和强硬，后藤朝太郎想要从中调节、缓和一下紧张的气氛。

2. 本质性转变

七七事变以后，日本帝国主义的军队先是占领了中国的沿海港口城市，然后将罪恶的魔爪伸向内陆地区，尤其是攻占了南京、徐州、武汉。但此后，却无力征服整个中国，使侵略战争陷入僵局。1938年（昭和十三年）11月，近卫内阁发表了“东亚新秩序”声明。1940年（昭和十五年）夏天，军部内阁又推出了“大东亚共荣圈”构想。为响应这种提议，日本知识界蠢蠢欲动，在社会上产生了“亚细亚连带论”的政治理念和“东亚协同体论”的观点。其目的在于试图打破战争的僵局，想让日本的政治伦理与中国的民族主义达成和解。这是日本知识阶层煞费苦心想出的办法。虽然它紧紧地依附于日本统治阶级，但仍然是徒劳无功的[5]。

“东亚新秩序”声明与“大东亚共荣圈”构想，是以霸权主义政策理论为基础的政治思想。“亚细亚连带”理念和“东亚协同体论”观点，则是强权政治管制下的祈求和平的社会思想。两者都是来源于明治十年（1877 年）以来的“兴亚论”思想。如果分析一下此时后藤朝太郎的言行的话，就可以看出，他同时受到了这两种思想的影响。例如，1939 年（昭和十四年）8 月，后藤朝太郎出版了《中国的风俗民情》一书，他在“满洲中国民情的表里”一节[6]中这样写道：

> 日中事变（七七事变）后，日本国民作为亚洲的领导者，其最大的责任，在于今后如何实现亚洲全土的和平与幸福，并确保其付诸实施。在武力战争中取胜的日本，当然可以向抗日容共的国民政府提出相应合适的条件。……

在这里，日本成为了“亚洲的领导者”，并担负着实现和确保“亚洲全土的和平与幸福”之重任。接下来，后藤朝太郎还鼓噪说，蒋介石国民政府同意了“抗日民族统一战线”和“第二次国共合作”，采取“抗日容共”政策，他们一向不被近卫内阁所承认，但近卫内阁应该向其堂堂正正地提出要求。这样的说法，完全是在粉饰日本的侵略行为，奉承日本为亚洲的“解放者”、“守护神”。日本帝国主义任意践踏他国主权，对他国发号施令，实施殖民统治，而后藤朝太郎的论调等同于把日本的强盗行为正当化了。到此，后藤朝太郎的说法完全变了味儿，其政治观点发生了本质性的变化。

我们可以看出，抗日战争爆发后，后藤朝太郎的这些思想观点，其“中国认识”、“中日关系论”，与他最初的“中日地位平等观、批判侵略扩张”的精神大相径庭。在当时的知识分子阶层中，广泛盛行“亚细亚连带”理念与“东亚协同体论”。很显然，后藤朝太郎受到了这些理念和观点的很大影响。他随波逐流，见风使舵，不顾节操，转换立场，开始支持起“中日联合、东亚连带、亚细亚全土联盟”等政策口号。而这些口号，都是日本帝国主义为掩人耳目而编织的遮羞布，也是欺骗世人的鬼把戏。

抗战初期，日本依靠强大的武力，发动了全面侵华战争。中国国力衰弱，军事上连连失利。南京国民政府被迫撤退到武汉，最后又迁徙到了重庆。日本军队获得了一个又一个的胜利。许多日本人抱有统治中国的幻想，他们感到无比的喜悦和欢欣。

那么，作为一名日本知识分子，后藤朝太郎又是怎样看待这一现实的呢？正如本书第一章所叙述的那样，七七事变爆发后，后藤朝太郎在上海江浙一带旅行，他恰好赶上了硝烟弥漫的交战场面，亲身体验了中日两国战争难民的生活。以此为契机，他的言论开始产生了微妙的变化。随着时局的变迁，到此阶段，朝太郎的思想又出现了明显的转变。

抗日战争开始之后，后藤朝太郎被秘密警察盯梢，大学授课讲义被审查，还被宪兵逮捕，曾经被拘禁于巢鸭拘留所，受到过当局的种种迫害。日本军国主义政权，限制了这位自由主义知识分子的言论、行动乃至人身自由。事实上，他成了当局的一个被管制的对象。我们可以猜测，他思想上的彷徨和变化，必定与当时的政治背景密切相关。如果这样解释的话，也就不难理解，作为一介书生，朝太郎也是迫不得已才转换论调和立场的。

日本侵华战争及太平洋战争时期，在“国家总动员法”体制下，日本民众和知识分子都倾向于清一色的“国粹主义、民族主义”，舆论界进入了荒芜的不毛时代。许多人因文章、报纸出版物审查而引祸上身，遭受了当局的迫害。从一些军旅报告文学、战争文学中可以看出，一部分左派及中间派的知识分子，屈服于国家战时一元化政策的淫威，他们丧失了思想上自我表现的自由和独立思考的能力。

另外，在那一非常时期，不少人在对待国内问题的时候，主张“民权主义”，而在对待国际问题的场合，马上就转换为“国权主义”。这样的主观因素，也是值得注意的[7]。从这一点上看来，朝太郎也难逃那种历史的宿命，我们这样推断，也应该是说得通的。

七七事变后，后藤朝太郎出版了许多著作。但这一时期，他的作品风格与颇具风采的以前相比，发生了很大变化。在怎样看待中国人民的抗日，如何认识日本帝国主义的侵略扩张等问题上，他有些犹豫、踌躇、彷徨。当时，日本的政治家和社会各界人士们，受到军部的控制和束缚，逐渐地向右翼转化。在此过程中，后藤朝太郎也跟从前的自己之间产生了一个活断层。他受到了国家政权和社会思潮的毒害，认识不清时局，错误地理解形势。

这一时期的后藤朝太郎，默认日本政府的侵略中国政策，其思想意识已经“转向”，一步一步地走到体制扶翼的立场上去了。他以中日间“调解大使”的姿态，竭力宣传着自家版的中日关系论。他既客观地认识着时局，又表现出与政治形势和社会思潮相妥协的态度。虽然身处战争年代，但作为一个中国通知识分子，应该有自己的理智和良知，理应守住自己的道德的底线。朝太郎言行上的变化，意味着其意志的薄弱和思想的败北。

第二节 祈求和平再来

1. 文化政策论

七七事变后，中国通后藤朝太郎的思想发生了显著的变化，他开始倒向“举国一致”的社会风潮，追随“大东亚圣战”的政治形势。在此之前，他一面表示理解中国民众的抗日情绪，一面又无视蒋介石国民政府的合法地位，还否定中国共产党和抗日民族统一战线。他以在野知识分子的身份，抱着中日间和平再来的梦想，开始探索中日合为一体的道路，提出了自家版的中庸调和政策方案。

这一时期的后藤朝太郎，很在意中国民众的意向，他总是希望促使日本官方考虑应该如何对待中国民众。朝太郎认为与其行使武力，倒不如在“文化”上多动脑筋。他提出日本应该大力实施“文化政策”，希望广泛开展“文化工作”。这一点也是他一贯坚持的主张。1938 年 6 月，朝太郎出版了《了解中国》一书。他在“事变后的文化工作”一节[8]中，这样写道：

> 事变后的文化工作之类的事情，引不起日本人的兴趣与热情。而西方人却在这上面做出了很大的努力。当然，战后的安抚重建工作并非易事，并且诸事繁忙。但不是光有重建工作就行了，更关键的是战后的文化工作。

后藤朝太郎主张的“文化工作”是说，日本人与中国人没有打过交道，更没有一起生活过，不懂得中国人的本性与习惯，因而不能用日本式的思维与方法来接触中国人，不能要求对方像自己一样。他一直认为，与中国人交往的第一要诀，是心与心的交流，将心比心的平等交流至关重要。表面上的战后重建工作是很重要的，但更重要的是要有“东亚经纶的思想”，需要日本政治家的“英明果断”，需要确立“东亚的百年大计”。眼下的当务之急，是要考虑确定有益于中国民众的最现实有效的方针政策。

后藤朝太郎分析了中日两国人民的不同状况，提出了一些具体的方案。比如：在社会事业方面，要稳定物价，建设住宅和生活设施；在经济方面，要实施减税，保证产业和交通运输；在军事方面，要加强防御力量。他认为，做事只要适合中国人的风俗、习惯、心情就好，生活必需品物美价廉就好。日本必须脚踏实地，推进实实在在的方针政策，才能满足中国人的需求，从而达到安定人心、稳定战后社会的目的。

日本要尽力善待中国人。这是后藤朝太郎的中日关系论，特别是“祈求和平再来”思想意识的基本点之一。他的这种思想，是七七事变前的“中日地位平等”观念的一种延续，其“文化政策论”也是从这种观念中派生出来的。除战后重建工作之外，为了达到中日合为一体的目的，朝太郎比较具体地表述了一套安定人心、稳定社会、发展经济的政策方案。很显然，他是想以发展社会事业、战后重建和军事合作等表面现象，来掩盖日本企图霸占统治中国的真相，为日本破坏国际关系准则、背离国际政治伦理的丑恶行径，施加障眼法，混淆是非、蒙蔽世人。

另外，作为这种“文化政策论”的连带装置，后藤朝太郎又表示出了反对军部武力征服政策的意念。1941 年（昭和十六年）10 月，朝太郎出版了《大陆的黎明》一书，他在“劝戒官逼民反之行为”一节[9]中，批评了日本军部以武力战争为中心的做法，强调主张应当以和平为手段，达成与中国人的融合。在这一时期，朝太郎疑虑日本军部的武力侵略，对其在中国的暴行表示不满。他告诫日本人，要防止中日关系、两国国民感情的恶化。后藤朝太郎十分明显地想要阻止日本军队盲目冒进的做法。比如，他说道：

> 日本人张口闭口武器武器，除了使用武器之外，没工夫多考虑为民着想的方针政策。在这种时候，一定要牢记，无论武力进展的多么顺利，在大陆国策上也一定是一大误算，这是再明了不过的了。我真诚地向有良心的江湖之士，呼吁他们的良知。

在书中，后藤朝太郎尽量避免使用“膨胀、扩张、侵略、掠夺”等词汇。可以看出，他一方面称赞日本帝国主义的“大东亚共荣圈”建设事业和日本民族的“八纮一宇”[10]精神，另一方面，又不赞成日本军部整日标榜“武器、武器”，他很明确地表示反对“唯武器论”。他认为：“无论武力进展的多么顺利，在大陆国策上也一定是一大误算。”

他既看不起军部那帮人的做法，蔑视他们为“江湖之士”，又想把他们当做有理性、有良知的现代文明人，想唤醒这些人悬崖勒马、亡羊补牢。因为他估计到，日本过度地行使武力，必将刺激中国人的爱国心，造成更高的抗日浪潮，最后弄得“官”逼民反，不可收拾。

日本帝国主义者们过于相信自己的综合国力，梦想凭借新式武器装备和陆海军的强大战斗力把中国逼入绝境，妄图征服国民政府和中国民众，迫使衰弱的中国屈从于日本，成为其保护国或者殖民地。他们认为，日本天皇应该成为东亚的皇帝。他们在中国大陆传播“皇道”精神，鼓吹“王道乐土”，掩人耳目、蛊惑人心。日本当局热衷于武力镇压反日运动[11]。当时的一部分知识分子，虽未反对当局的“王道乐土建设”和“东亚百年大计”，但对军部“武力优先”的做法持有异议。通过后藤朝太郎的著作，我们可以看出，他也是这部分人中的一分子。

2. 和平幻想

中国通后藤朝太郎积极倡导“文化政策论”，明确反对“唯武器论”。同时，他也在努力扮演着中日间“调和大使”的角色，向中国人特别是知识分子和青年学生们提出了希望，劝说他们向日本妥协投降，妄想以此打开交战时期中日关系的僵局。例如，他在上述《大陆的黎明》一书的“给中国青年提的一点要求”一节[12]中，是这样叙述的：

> ……事变前，曾经有一位中国北方的青年，就收回租界问题，曾经跟我这样说过：“只要待在租界内，就可以保障自己的生命财产安全。但是，受外国法律保护的滋味，倒不如整天提心吊胆的好。我们都希望在自己国家法律的保护下，在自己国家的氛围中度日，这就是我们中国青年人的愿望。”
>
> 那些土豪们在专心致志地保护自己的生命财产安全。我说要尊重他们的心情，特别是要体恤功成名就者的心境。对

于我的说法，青年人很不以为然。看一下老头们的思想意识，就可以发现年轻人的想法完全不同，两者之间有一道很大的鸿沟。

后藤朝太郎没能看到，面对日本军国主义的侵略行径，中国的青年们，乃至全中国人民，早在七七事变之前，就业已奋起抵抗了。后藤朝太郎故意隐藏事情的全貌，只举出其中的枝叶末节，想要模糊事实的真相，蒙蔽世人的眼睛。总之，朝太郎向中国青年发出呼吁说，中日两国应该结成一体，以日本为东亚的盟主。他“给中国青年提的一点要求”，其实质是想劝诫中国的青年们放弃抵抗日本的侵略扩张，向日本帝国主义妥协投降，摈弃民族气节，卖国求荣，协助日本的“大东亚共荣圈建设”[13]。

战争一爆发，只要身在国中之国，的确可以保证生命财产安全，这是那些持有家产的地主、资本家，所谓“功成名就者”们的心愿。但是，这不单单是“功成名就者”或“老头儿”与“青年人”之间想法差异有多大的问题，它牵涉到了中国人思想意识的问题。九一八事变以后，全中国人民对日本的侵略扩张行径表示了极大的愤怒和抗议。

当时，日本的有识之士石桥湛山就警示世人说，这不光是外部因素所致，而是因为中国已经进入了近代共和制时代，中国国民刚刚萌生的爱国心在起作用。中国的事实，正像石桥所说的那样。后藤朝太郎与石桥湛山不同，他从一开始就连自己国家的民族主义问题都没有意识到，因此，他很轻率地就忽略了中国人民的民族主义问题。

这一时期的后藤朝太郎，还热心地摸索了新的中日关系模式。例如，他在《大陆的黎明》一书的“中国会怎么样”一节[14]中，大肆称赞“汪主席的罪己精神”，倡导“努力实现全中国的和平”，推崇其“无为而治”的观点，吹捧汪精卫对实现“和平”所做的努力。他写道：

> 邻国中华民国，今天在南京国民政府的大礼堂里，洋溢着怎样的氛围呢？在“新中国的历史”来临之前，汪精卫等人是怎样进行殊死搏斗的？再有，还都之后，在去年，即昭和十五年（1940年）4月26日，他在其“罪己精神”里，又做了哪些反省、指出了哪些责任呢？
>
> 南京的上空闪烁着忠孝仁爱、信义和平的大字，汪氏的心中激起了以互让互谅为基础的反省热情。做为诚意合作的必要条件，是相互之间必须增进双方的责任感。回顾这一年来民国的国内形势和国际形势，证明“在中国进行和平反共建国之事业，这实际上是中国独立生存的唯一途径。随着战祸的长期化，重庆的将士军心叛离，青年迷惘，生产骤减，物价飞涨，民众的生活每况愈下”。

汪精卫等人屈服于日本的威逼诱惑，在南京成立了伪国民政府。后藤朝太郎否定蒋介石政权的合法性，寄希望于亲日的汪精卫傀儡政权。他竭力吹捧汪精卫的“曲线救国”精神，把汪精卫在南京就任伪职的行为叫做“还都”，并把汪精卫的发言赞赏为“罪己精神”。他杜撰了傀儡政权下的“忠孝仁爱、信义和平”的伪善说教，强调了“以互让互谅为基础的反省热情”、“诚意合作的必要条件”、“增进双方的责任感”的必要性。他甚至还得出了这样荒谬的论断：“在中国进行和平反共建国之事业，这实际上是中国独立生存的唯一途径。”

抗战时期，日本军队在中国占领地，疯狂掠夺物产资源，控制产品制造，限制物资流通，还对中国国统区和解放区实施军事、经济封锁政策。因此出现了“生产骤减、物价飞涨、民众的生活每况愈下”的状况。后藤朝太郎借用头号汉奸汪精卫的发言，陈述了战争时期中国方面的困难状况。但政局的稳定是经济发展和民众生活的前提，这是人尽皆知的一般性常识。他无视这一常识，想把战祸的责任推给陪都重庆的国民政府。

后藤朝太郎说“将士们军心叛离、青年迷惘”，这纯粹是想颠倒黑白混淆视听。他否定蒋介石政权的合法地位，肯定汪精卫的傀儡政权，他为一部分汉奸的投降行为进行开脱和辩解，向亲日的汪伪政权大致赞词。他梦想后者与日本之间达成协议，从而实现再次和平。但显而易见的是，日本当局的和平宣传带有很大的欺骗性。朝太郎理应知道这一点，可是，他不能捅破这层窗户纸，直截了当地道出个中原委。在战争时期的高压政策下，自由主义的思想和言论成了被管制的对象，有这种倾向的知识分子们，都失去了学术研究和独立思考的自主权，他们只得追随占统治地位的军国主义政治思想，除此之外别无选择。

中国通后藤朝太郎“祈求和平再来”的愿望，是由四种要素来支撑的：一是呼吁日本当局重视在中国的文化工作，二是反对日本军部过度行使武力，三是要求抗日的中国人民屈从于日本侵略者的统治，四是在汪伪政权下实现和平。朝太郎在黑暗中不断地进行着思想性的探索，他终于完成了逻辑上漏洞百出的和平设计方案。虽然那些都是徒劳的空想，但他还是津津有味地构思着自己的“和平论”，真心地盼望和平得以实现。

第三节 中日关系论的思想实质

1. 要点归纳

本书以两章的篇幅，系统地整理了后藤朝太郎的“中日关系论”思想。时间跨度是从1927年日本出兵山东到1945年日本战败投降这一段，其中包括了九一八事变和七七事变等几个重大历史事件，并以其为中心点进行了论述。本节的任务是，结合日本当局的对华政策、日本思想界的动向和中国的抗日形势，摸清后藤朝太郎“中日关系论”的发生、发展、变化的规律，归纳其主要特点，总结其思想实质。

第一，后藤朝太郎反对日本政府出兵山东的政策，谴责日本制造的“济南惨案”。他明确指出，日本出兵的理由是“保护侨民”，但这仅仅是个借口，其真正的目的是想要阻止中国的统一，永远占据东北三省，并将其变为日本的殖民地。他如实地点到了日本的要害。

第二，九一八事变的发生，让后藤朝太郎感到十分震惊，他在保持了一段时间的沉默之后，又开始发表反对意见，批评“江湖之士”（日本军部）的武力行为，他的态度与此前相比显得更加坚定。也就是说，从日本出兵山东到九一八事变这一时期，他言论观点一致，没有发生任何变化。

第三，七七事变发生后，中国通后藤朝太郎一改以前的言论和态度，开始默认日本的侵略扩张主义政策，为日本的军事行动寻找歌功颂德的借口。而后，他反对中国人民的抗日民族统一战线，支持日本政府的“东亚新秩序”论和“大东亚共荣圈”构想。这说明，他屈服于军国主义的高压政策，承认了其“综合国力战”体制。朝太郎原来是一个自由主义型的中国通知识分子，可是，其言论观点的“转向”意味着其思想意识的变化，他已然从中间派的角色向右派转化，从侵略扩张主义的批判者转变为赞同者。

第四，从抗日战争的全面爆发到日本即将战败投降，后藤朝太郎鼓吹“文化政策论”，宣扬“文化工作”的重要性。他反对“唯武器论”，不赞成日本武力征服中国。他想采取某种方法，停止战争，维持现状，进行对话。他劝说中国人放弃抵抗，归降日本。特别是，他想让中国的年轻人理解日本的“苦衷”，配合日本在中国建立“王道乐土”。他还大肆吹捧汪精卫，幻想在傀儡政权下，再次达成中日两国间的和平，实现“平等互惠、共存共荣”。这种朝太郎式的平息侵略战争的政策方案，自相矛盾自欺欺人，无异于一个肥皂泡。

抗日战争时期，有官方色彩的和平派人物，如西义显、土井章、犬养健等人，曾经为中日停战付出过一定程度的努力，但最终他们的努力徒劳无功，设想变为泡影，他们的“和平主义”思想在战时的日本政界未能占据主流，均以失败而告终[15]。从客观上讲，日本的对华军事占领，其本身就已经在侵略者和被侵略者之间，破坏了实现和平的基础。

后藤朝太郎提出的和平方案，明显地脱离实际。他的理想在残酷的现实面前，就如同海市蜃楼的空中楼阁一般，看上去很美妙，却虚幻缥缈，华而不实。作为一介普通知识分子，朝太郎的“和平论”也成为一场空谈，没有给日本军国主义政治带来任何有益的影响。

尽管如此，后藤朝太郎“祈求和平再来”的言行，还是应该值得注意的。他对再次实现和平的探索精神，也值得进一步地分析研究。尤其是，其中的文化政策主张和反对武力的立场，是后藤朝太郎中日关系论的一大特征。即使是在太平洋战争爆发后，在他的著作中，这一特征也是随处可见的。

太平洋战争爆发后，后藤朝太郎将著作的重心转移到了语言文字学和风土人情介绍方面。可以感觉到，他的“中国读物”内容，与以前那种风格相比，失去了许多光彩。他在有意识地避而不谈政治时事，绕开对中日关系问题的评论。根据《日本著作者人名总目录》的记载，1942 年（昭和十七年）他出版著作 4 部、1943 年（昭和十八年）3 部、1944 年（昭和十九年）1 部。三年之内，朝太郎共计出版了 8 本书。

在其中的《南洋的华侨》一书[16]里，当触及日本当局对南洋的政策时，后藤朝太郎还是强调要充分理解华侨的生活习惯和文化传统，进行心与心的交流。目前，在笔者所收录的范围内，时间最晚的著作是《中国汲古录、民俗与文字的关系》[17]。他在该书“序言”里面，依然强调要通过文化政策来发展中日关系这一观点。其间，他的思想没有出现太大的变化，基本上是延续了抗日战争以来的中日关系观。但是，他近乎顽固地倡导人与人之间的平等交流，一贯地坚持着所谓的文化政策主张，这乃是他的一种个性。

2. 思想实质

抗日战争前与抗战期间，日本的对华政策可分为三个方面：第一是政治分化，试图阻止中国的北伐，警惕中国的统一和强大，出兵山东就是一个典型的例子；第二是经济侵略，为日本的工业产品不断地扩大中国市场，占领中国的领土并大肆掠夺物产资源来促进日本社会的发展，最终把中国变成日本的殖民地；第三是文化渗透，广泛开展收集情报活动。在那一特定的历史时期里，各种日本浪人和一部分中国通，在中国各地调查地理、资源和民情，为日本帝国主义侵略扩张充当马前卒[18]。

形形色色的日本浪人和一部分中国通人物，通过在中国的活动，对日本政府制定侵略政策发挥了一定的作用，这是不可否认的事实。但是，同为中国通的后藤朝太郎，却是个例外。后藤朝太郎写了大量的有关中国历史地理、风土民情、社会问题的著作，可他从未给日本当局或军方提供过什么秘密情报，也没有因此而追随国家权力。他的那些著作，纯粹是出于中国趣味才结集出版的。他的主要目的是，想让日本人了解中国、理解中国人并与之交往。他公开提出自己的意见和方案，呼吁日本政府改变对华政策。

后藤朝太郎曾经是日本国家政策的谴责者，也是军部暴力行为的批判者。而且，他还提出了很多建设性意见，如战后重建工作、改善人民生活、开展社会事业、重视文化工作以及反对行使武力，等等。还有，军部政权运作的停战讲和与和平宣传，具有很大的欺骗性和高压胁迫性。而朝太郎式的和平祈求，与日本军部的所为有着本质上的区别。虽然他的观点和方法论脱离现实，带有很强的幻想性，呈现出相互矛盾的两面性，但他煞费苦心，真诚地祈求实现和平，保持了知识分子的理智和良知。尽管时局在变，但后藤朝太郎对中国人民的基本态度没有改变。或许正是因为这一点，他的灵魂在一定程度上才得到了拯救。

中国通后藤朝太郎是个既无法全面肯定，又不能全面否定的历史人物。可以说，他在某些方面，还是个具有积极意义的知识分子。作为一个自由主义型的中国通知识分子，在国际政治观、尤其是在中日关系论问题上，他有思想非常幼稚、很不成熟的一面。他曾经迫不得已，默认了日本帝国主义对华占领的事实，但他重视人与人的交流、放弃对抗、谋求和平等观点，以及灵活的对华态度，是值得关注的。尤其是，他的重视文化交流，反对武力征服的观点，更是蕴涵了一种非战的思想意识。关于这一点，笔者将在本书的终章里，进行深入的分析研究。

注释：

[1]关于“西安事变”、“抗日民族统一战线”、“中国共产党”等话题，后藤朝太郎在其著作里涉及的不多。但看得出来，他对共产党未抱好感，甚至还有鄙视之意。为避免偏离本书的主线，关于这一问题，留待资料充足以后，再做进一步详细的考察、论证和评述。

[2]池田诚编著：《抗日战争与中国民众》。日本：法律文化社，1987年5月30日，第119页。

[3]后藤朝太郎著：《邻邦中国》“序”。日本：今日问题社，1937年（昭和十二年）10月18日，第1页。

[4]参见后藤朝太郎著：《邻邦中国》“序”，第3页。

[5]桥川文三、松本三之介编：《近代日本政治思想史》第2卷。日本：有斐阁，1978年（昭和五十三年）3月20日，第357页。

[6]后藤朝太郎著：《中国的风俗民情》。日本：满蒙学校出版部，1938年（昭和十三年）9月1日，第1页。

[7]鹤见俊辅著：《战争时期日本的精神史（1931～1945）》。日本：岩波书店1991年10月15日。

[8]后藤朝太郎著：《了解中国》。日本：雄风馆书房，1938年（昭和十三年）6月13日，第9页。

[9]后藤朝太郎著：《大陆的黎明》。日本：高山书院，1941 年（昭和十六年）10 月 18 日，第 39 页。

[10]“八纮一字”：“八纮”的本意是指四方（东西南北）和四角（东北、西北、西南、东南），或由八方、天涯而来的“天下”之意。第二次世界大战中，日本帝国主义政府不知天高地厚，将“大东亚共荣圈”当作国家主义的标语，鼓吹“八纮一字”，梦想把亚洲、甚至于整个天下都统一到他日本这一家的屋檐之下（参见金田一春彦、池田弥三郎编：《学研、国语大辞典》，日本：学习研究社，1992 年 2 月 10 日）。

[11]赵军著：《大亚细亚主义与中国》。日本：亚纪书房，1997 年 3 月 31 日，第 85，291 页。

[12]后藤朝太郎著：《大陆的黎明》，第 82 页。

[13]后藤朝太郎著：《大陆的黎明》，第 86～93 页。

[14]后藤朝太郎著：《大陆的黎明》，第 5 页。

[15]参见户部良一著《和平使者、日中事变和平工作的群像》（日本：论创社，1991 年 8 月 10 日），以及栗本弘论文《土井章与日中和平工作》（日本：大东文化大学，《东洋研究》第 56 集，1980 年）。

[16]后藤朝太郎著：《南洋的华侨》。日本：高山书院，1942 年（昭和十七年）5 月 25 日。

[17]后藤朝太郎著：《中国汲古录、民俗与文字的关系》。日本：黄河书院，1944 年（昭和十九年）。

[18]张群著、古屋奎二译：《日华、风云变幻的七十年、张群外交秘录》。日本：产经出版，1980 年（昭和五十五年）8 月 30 日，第 92 页。

（杨海鹰编译、刘家鑫改写）

第五章　长野朗其人

第一节　先行研究介绍

日本的中国通长野朗，1888 年生于日本福冈县高田町，1975 年于东京去世。他是战前日本陆军士官学校第 21 届毕业生，常年在陆军中服役。后来，他为了潜心研究中国问题，以大尉的身份辞去军职，转为预备役。

在中日关系动荡不定的年代，由军人变为文人的长野朗，活跃于大正与昭和时代的言论舞台上。他挥舞健笔，完成了介绍评论中国和中日关系的论文五十余篇、著作八十余部[1]。长野朗的作品，涉及范围广，内容繁多。其中包括了中国的历史与文化、民族与国家。尤其是，他论述了民国时期中国的国家、社会、民众，还有中日两国之间许多悬而未决的问题。他在著作中阐述了自己独特的观点和见解，拿出了一些具体的解决方案。

关于长野朗这一历史人物，笔者在本书的“序章”中已经做过简单介绍。本章将对该人物的生平与著作及其思想言行进行分析研究。我认为，该项研究有助于阐明当时处于中间层的日本知识分子的思想状况。据我来看，在目前的近现代史研究领域里，有关长野朗的研究很少，抑或还是一个被遗漏的角落。除本书以外，几乎没有关于长野朗的专项研究。幸而，在《朝日、人物事典》[2]和《战争时期的言论》[3]这两部辞书中，可以看到长野朗的名字，其中还登载了有关他的情况介绍和著作论文目录。

渡边新先生在《朝日、人物事典》中，把长野朗定义为“农本主义者”。渡边先生在词条中，简略地介绍了长野朗的经历，主要说明了长野朗参加政党活动和农民运动以及宣传自治学方面的内容。的确，战后的长野朗，主要集中研究农民运动和自治学等问题。然而，日本战败之前，长野朗与中国的关系、战争时期的言行、研究中国的成果和中日关系论等重要侧面，渡边先生没有提及。可以说，这几个重要问题被人们所忽略了。

另外，福岛铸郎先生等在《战争时期的言论》中，把长野朗定位为“国家主义者”。长野朗有“国家主义”的一面，但这也未必是一个十分准确恰当的定位。长野朗思想的真实情况暂且不说，即使是长野朗这同一个人，随着时间的流逝及时代的潮流，他的思想性格和特征都有可能发生变化。在学术界，有关长野朗的介绍很少，对其思想的研究亦是如此，我想通过此项研究，全面彻底地展示出国权主义型中国通长野朗的风貌。

长野朗是如何与中国发生关联的，他又是如何看待中国的国家、社会和民众的呢？长野朗是怎样思考中日间诸多问题，他又提出了哪些观点和方案呢？这些都是有意义的课题，留待我们去考察。要想了解长野朗其人及其思想情况，就必须先要弄清楚以上几个问题。在有关长野朗研究的论著十分匮乏的情况下，笔者以他的著作为主要参考资料，来分析其“中国观”的思想内容，解释其“中日问题观”的思想内涵。

本章，首先用长野朗遗著《自治论》里的《长野朗年谱》及其一部分著作来介绍长野朗的生平、主要作品、与中国的关系。其次，通过《真崎甚三郎日记》[4]等其他历史人物的著作，找出长野朗在抗日战争时期的言行，追踪他在战争年代的历史行迹，分析探明长野朗与日本上层人物接触的情况，揭示出他忠于国事的思想实质。

第二节 生平、著作、与中国的关系

我们通过《长野朗年谱》的介绍，可以大体了解他一生的经历。长野朗于 1888 年（明治二十一年）4 月 3 日出生在福冈县三池郡二川村（即现在的高田町）。其父亲长野寅次郎是一位医生，长野朗是家中的长子。1906 年（明治三十九年）春，长野朗从久留米市明善中学毕业，同年年末进入陆军士官学校学习。他与石原莞尔[5]同学，俩人住同一间寝室，彼此又是上下铺，十分投缘，相互关系很好。当时任教的军事教官中，就有陆军大将真崎甚三郎[6]。

1909 年（明治四十二年），长野朗作为陆军士官学校第 21 届毕业生，加入步兵第 48 联队，不久升职为步兵少尉。1912 年（明治四十五年、大正元年），受命于中国湖北省汉口市（现在的武汉市）日本租界地的警备工作，在汉口派遣队工作了一年。1913 年（大正二年）升任步兵中尉，回到第 48 联队。转年（1914 年）7 月，第一次世界大战爆发。同年 9 月，他参加了日本军队攻打青岛德军海防要塞的战斗。

1919 年（大正八年），长野朗以自费留学生的身份来到中国，在北京居住一年，学习汉语。之后，1920年（大正九年）又回到原部队，同年晋级为步兵大尉。当年夏天再度来中国，担任天津日本驻屯军随从。1921年（大正十年），再次回到原部队。但这次，他根据个人意愿，申请辞去军职，正式离开了部队，回到家乡。但他仍被官方编入预备役。

关于辞职的原由，长野朗在其回忆录《我的昭和史》[7]中，这样写道：

> 大正十年10月，我以大尉身份辞去军职。我本来就不适合当军人。那时候，是由于父亲去世，家境困难，我才加入军队的。而我在北京留学期间认识到，要想专心致志地研究中国问题，在军队中服役是无法实现的。

不久，长野朗到了东京，成为政友会属下的中央新闻社的记者，然后举家移居到东京。1923年（大正十二年），他作为天津日本驻屯军非正式职员，参加了"兵要地志"的调查工作。第二年，他又成为"东方通信社"的职员。直奉战争爆发后，长野朗以特派员（战地记者）的身份来中国，奔赴战场实地采访。

1926年（大正十五年），长野朗离开东方通信社，创建了中国问题研究所，专心研究中国问题。与此同时，他还在国民新闻社担任客座记者，在拓殖大学兼任讲师。本书前几章论述过的中国通后藤朝太郎，当时也在拓殖大学工作。后藤朝太郎比长野朗年长7岁，两人在学问上是前辈和后辈，在工作单位是同事关系。可以想象，他们两人理应在有关中国的事情上，一起合作共事。

1927年（昭和二年），长野朗通过朋友介绍，拜访了自治学的专家权藤成卿[8]，这成为长野朗和自治学的邂逅。从此以后，他又多次拜访权藤成卿。从1928年到1937年期间，他在大川周明[9]任董事长的东亚经济联盟调查局当兼职理事，参与了农村报纸的发行，并与志同道合者一起设立了自治农民协议会。农民自治运动奏效，国会通过了禁止扣押农民粮食的法案，因此，他把自治农民协议会改组为自治研究会。在此期间，他迁居到权藤成卿家附近的东京市目黑区中根町。长野朗从军队中退役后，积极从事农民运动。这说明，他转变了政治立场，由统治阶级的工具变成了被统治阶级的公仆。

九一八事变发生的那年，即1931年（昭和六年），长野朗出版了13部有关中国东北问题的系列著作，显示出了饱满的创作热情。这以后的一段时期，他的著述活动曾处于停滞状态。随着1937年（昭和十二年）七七事变的发生，长野朗有关中国东北与日本、中国民族与列强的著作逐一问世[10]。1944年（昭和十九年），日本法西斯在太平洋战争中节节失利，日本当局调整国内政策，开始由城市向农村疏散人口。1944年3月，他也被疏散到茨城县久慈郡袋田村，开始了农耕生活。

1945年（昭和二十年）8月15日，日本战败投降，“二战”正式结束。长野朗组成自治农民党，立志于自治学的实践活动。1947年（昭和二十二年），根据美国的占领政策，他作为职业军人，受到被开除公职的处分，自治农民党随之自动解散。1952年（昭和二十七年），开除公职令被解除，长野朗从袋田村回到了东京市内的家里。

战后的长野朗，主要从事农民问题的研究，为农民的启蒙和自治学的普及，花费了大量的心血。他在自家住宅开设自治学讲座，全身心地投入到培养接班人的工作中，他发誓为实现“天下为公”和“大同之世”而奋斗。同时，他还不断地写作和出版书籍，提倡自治学和自治革命。1975年（昭和五十年）6月21日，长野朗在家中安然辞世，享年87岁。

在时代的变迁中，长野朗形成了自己的思想性格。综合考虑多种因素，我认为，可以将其人生划分为四个阶段：第一阶段是1901年到1921年（明治三十四年～大正十年），这是他从少年到成为职业军人的时期；第二阶段是1922年到1926年（大正十一年～大正十五年），长野朗出版了《应该拯救中国吗》[11]等大量书籍，这期间他从军人转变为中国通文人，并担任报社记者，是国权主义性格较强的时期；第三阶段是1926年到1945年（大正十五年～昭和二十年），这是他研究中国问题，学习和实践自治学的时期，这期间他从国权主义者逐渐向农本主义者转变；第四阶段是1945年到1975年（昭和二十年～昭和五十年）去世，这是在战后民主主义制度下，长野朗投身于农民的启蒙，宣扬自治思想，真正定型为农本主义者的时期。

中国通长野朗生前写下了大量介绍中国，尤其是东北三省的丛书，他跟后藤朝太郎一样，也是个多产的著作家。通过《长野朗年谱与主要著书目录》，我们可以了解到他出版著作的情况。根据其《主要著书目录》的标示，长野朗一生写下了42部著作。而实际上，如果包括系列丛书和选集，他的著作数目远远不止这些。

长野朗的著作，大体可以分为以下三种内容：第一种是关于中国东北问题方面的；第二种是关于中国历史、汉民族发展历程和中日关系方面的；第三种是战后的研究成果，即农民运动和自治学方面的。其中前两种书籍，主要是日本战败之前完成的，占长野朗作品的一大半。如前所述，后藤朝太郎的著作主要介绍了中国的历史与文化、民众与社会，后藤的文章过于散乱冗长浅显。与之不同的是，长野朗主要关心政治、经济、国际关系，特别是集中在日本侵略中国、扩张势力范围等问题上。长野朗的文章重点突出，历史见地深刻，具有很强的理论性和逻辑性。

后藤朝太郎在战争即将结束之前，遇交通事故去世，至今死因不明，疑点重重。他留下了许多未完的工作，让人倍感遗憾。而长野朗则健康长寿，一直生活到战后70年代中期。他从事自治学研究，讲授自己的思想成果，还参加农民运动，为大众谋求权益。随着战后民主改革的进程，他坚持著书活动，其“中国观”和“中日问题观”也产生了一些变化。

根据长野朗次子长野莱策先生的统计，他父亲一生中，共写下了 62 部作品[12]。但根据我的调查结果显示，长野朗的作品至少有 85 部之多。这主要是对大正时期和昭和前期著作的一个笼统的统计数字[13]。另外，还有《我的昭和史》和《回忆录、个人史》这两部尚未出版的回忆录。在长野莱策先生的慷慨帮助下，笔者有幸得到了一部《我的昭和史》复印本。在这本回忆录中，可以明显地看出，长野朗非常关心和重视中国和中日关系问题。这是一份了解中国通长野朗思想性格的好材料。然而，这份材料写于战后，是长野朗在民主主义思想影响下写出的作品，且没有公开出版发行。因此，其真实性和可靠性等方面尚存疑惑。目前，使用这份史料是否妥当，还有待于进一步斟酌。

通过长野朗生平事迹的介绍，我们大致可以了解长野朗与中国的关系。他青年时代曾作为职业军人驻扎在武汉，“一战”中参加过青岛战役，后留学北京，驻守天津，还在中国的华北和东北地区搞调研。这些经历，使他成了一个“中国通”。但这仅仅是个表面现象而已。用长野朗自己的话来说：

> 我的记者生活持续了一年多。因天津驻屯军里朋友的举荐，我又回到原来的驻屯军，搞了一年的调研工作。我总感到自己受中国影响太大，已经难以自拔。[14]

那个时代，在一般情况下，大多数日本人由于工作原因到过中国，可是一旦回到日本后，就会和中国失去联系。长野朗由于职业关系到过中国，然后返回日本。然而，他虽然辞去了军职，但仍对中国有着浓厚的兴趣，关心中日之间的诸多问题。而且，他对中国的兴趣超过了一般性的范围，他密切地关注中国、深入地研究中国。其结果是，形成了他个人的“中国认识论”与“中日两国应有的理想状态构想”。关于这一点，我们可以从诸多方面举出例子，进行论证。

根据长野莱策先生的讲述，长野朗在北京留学期间，往往不是跟日本人在一起，而是经常跟中国的青年学生一起做些事情。在军阀混战的时候，他最喜欢到战场上去看打仗，这似乎成了他最大的乐趣。即使在日本国内，他也经常穿着“中式服装”走在街上，时常被警察误认为是个中国人。在这一点上，他和后藤朝太郎颇有几分相似之处。另外，他虽然当过大尉军官，但他每天都在为天下国家、亚洲和国际形势而忧虑不已。正如他自己所说的“天下兴亡，匹夫有责”。在他的身上，确实有那么一股子古代中国文人志士忧国忧民的气质。

长野朗一生当中，至少写下了 85 部著作，但至今不见有关他的人生和思想的研究论文或专著。也就是说，在近现代史研究领域里，暂时还找不到对这个历史人物的评论和评价。关于中国通后藤朝太郎，已有三石善吉与桂川光正等人的先行研究，而关于中国通长野朗的研究，却是一个前人从未涉足的崭新领域。长野朗是个预备役军人，他的思想倾向右翼，是国权主义者的一个典型。但他具有较强的学者风范和文人气质，未与日本浪人同流合污。即便在中国通知识分子当中，也是个另类人物。笔者认为，长野朗的言行很值得分析探讨，他的思想，尤其是“中国观”和“中日问题观”具有很高的研究价值。

第三节 抗日战争时期的长野朗

1. 问题提起

中国通长野朗在其回忆录《我的昭和史》中，多次提到了抗日战争时期的著名右翼政治家近卫文麿、皇族高松宫宣仁亲王。尤其是，他还披露了跟预备役陆军大将真崎甚三郎过从甚密的事实。近卫文麿写有《最后的御前会议、近卫文麿公手记》一文[15]，高松宫宣仁留有《高松宫日记》[16]，真崎甚三郎则留有《真崎甚三郎日记》（以下简称《真崎日记》）。而长野朗的名字，频繁地出现在该《真崎日记》里面。

长野朗和真崎甚三郎的关系，可以追溯到陆军士官学校的年代。应该说军校时代，长野朗是一名学生，而真崎则是他的老师或长官。长野朗在《我的昭和史》的第四卷中也讲到：

> 我在当军人的时候，就已经对真崎大将有所了解。而后来，是从日中事变（七七事变）发生的那段时期开始，才正

式在一起无拘无束地交流。

在战后整理的一些传记中，有《昭和史的证言、真崎甚三郎其人与思想》[17]这本书，长野朗为该书作了“序言”。该书主要以真崎被罢免教育总监、到日本二二六事件前后为中心，强调以东条英机为首的“统制派”才是挑起太平洋战争的罪魁祸首，而真崎等“皇道派”人物不过是权力斗争的牺牲品[18]。真崎甚三郎是长野朗崇拜的偶像，长野朗在该书“序言”中的字里行间，对其师褒奖有加，鸣其不平。然而，笔者在这里有必要申明一点，本研究的主要任务是，全面考察一下抗日战争期间长野朗的言行和思想，而有关真崎甚三郎其人及思想，不是本项研究的主要目的，仅仅是在有必要时稍加涉及而已。

通过《真崎日记》可以看出，在从太平洋战争爆发一直到日本战败投降的这一段时期内，长野朗以在野人士的身份，频繁拜访当时日本政界的要人，并且针对日本的内政外交问题，向他们提出过许多建议和政策方案。他对日本挑起的对外侵略战争的前途、国内农民的困苦生活和国体（天皇制）的维持深感忧虑。他真是不辞辛苦，献计献策。那么，长野朗与这些政界要人有着怎样的关系？他这么做的目的又是为了什么呢？

在这一节里，笔者将《真崎日记》和《高松宫日记》作为第一手资料，将长野朗的回忆录《我的昭和史》作为旁证资料，努力追踪长野朗的历史形迹，揭示出他为日本的前途而东奔西走的事实，详细分析研究中国通长野朗的思想实质。

2. 历史形迹

《真崎甚三郎日记》（第1～6卷），是从20世纪30年代初期的1932年1月到1945年12月间（昭和七年～昭和二十年）断断续续写下的。每卷末尾处设有“主要出场人物”一栏。除第2卷之外，各卷的“主要出场人物”栏目里都有长野朗的名字。在《真崎日记》第1卷中，对长野朗做了简单的说明：“预备役陆军大尉，自治研究会干事，自治农民协议会干事。”通过《真崎日记》，不仅可以了解长野朗和真崎甚三郎私交密切、来往频繁的情况，而且还能窥测到长野朗和更上层的人物，如高松宫宣仁和近卫文麿等重臣的接触。《真崎日记》虽是间接的证明材料，但在某种程度上，可以了解到长野朗对国内外形势的观察和思考。

首先，在《真崎日记》第3卷里有这样的记录：

> 1938年（昭和十三年）10月24日，长野、三浦10点来访。长野君说他昨天回到东京。他只说看到了战场的实际情况，无任何新的建议。实际调查结果是，即使日本打下广东和民国的其他地方，日本也很难维持统治。另外，上海的贸易越发难做，英国人越来越傲慢。中国在改良游击战法，致力于收揽民心，进行持久战。其他，在上海的日本人之间多有搞赤化宣传者，有损于军队的威信。再有，军队本身也做了不少让人戳脊梁骨的坏事。总之，万事一团糟。[19]

这是长野朗在七七事变后，从中国战场考察结束回到东京，向真崎报告实地调查结果的情形。主要讲的是，中国人民决不屈服于日本的残暴统治，他们在顽强地坚持持久战和游击战，中国占领地的统治秩序很难维持下去；由于欧美人的反日情绪和排日活动，日本在华经济利益不断受损；在华日本人当中，也有人反对日本帝国主义，批判日本对外侵略扩张的言行；还有日本军队的战争犯罪丑闻。总之，形势不容乐观。

在《真崎日记》第4卷中有这么一条记录："1939年（昭和十四年）1月16日，三浦、长野君早晨8点钟会见首相，汇报中国北方的情况。并且，也来将此情况向我作了汇报。"[20]1939年1月份时的日本首相是平沼麒一郎[21]。三浦，即三浦义一，曾任日本右翼团体国策社的社长，他同时也在大亚义盟商谈所工作。可以看出，这是长野朗与这位朋友一起，向平沼首相汇报中国战场实际情况的情形。随后，也向真崎汇报了相同的内容。

在同年的日记中，还有着这样的记录：

> 4月19日，长野11点来访。带来一本中国人写的评论日本战略的书，其中的许多观点很恰当。该君也对现行内阁表示不满，并提供了一些特殊情况。比如：回国士兵们都只是默默地干活、不开口说话。这倒让我吃了一惊。我委托他再详细调查一下具体情况。[22]

这一段说的是，长野朗给真崎带来一本中国研究人员写的、有关日本战略方面的论著，真崎也对该论著深有同感。长野朗不满于平沼内阁的无能，并谈到所谓"凯旋"回国的士兵们，都对战争与政治闭口不言，他们失去了往日的精神，只是在工作中打发时光。对此，真崎感到很不可思议，想要了解个究竟。

这之后，又有着如下的记录：政界形势朝云暮雨，前线的104师团官兵因自动放下武器退出战场，或剖腹自杀，或受到军事法庭的审判。正所谓士气涣散，意志消沉。而与此相反，直到1939年（昭和十四年）的下半年还一直犹豫不定的中国民众，从今年（1940年）开始已经完全倒向中国政府一方[23]。另外，1940年

（昭和十五年）的年初，长野朗拜访真崎，汇报了日本全国农民思想意识恶化的情况。他强调说，这种情况超乎预料，令人难以置信，如果一直持续下去的话，那么，首先东北地区会发生动乱；出现粮食短缺现象的主要原因，是战时紧缩政策所导致的[24]。从长野朗的汇报中，透露出了日本国民对战争的厌恶之情。

同样的记载，也出现在《真崎日记》的第5卷当中。比如，在太平洋战争即将爆发的1941年（昭和十六年）11月9日的日记中，有这样的内容：

> 长野11点来访。他听说，在5日的御前会议上决定向南方用兵。内阁成员当中有人以为不可，传说会发生政变，警视厅内部也有人闹事。我不太相信。长野又说，现内阁方面声称他们有责任避免战争扩大化，但国民认定他们还会发动战争的。这两头相互矛盾，所以才会有人传说要发生政变。在重臣会议上，宇垣，东条分为两派，各有四五名支持者在那里争论不休。另外，上海方面也出了不少事。在重庆政权的策划下，法币暴跌，给南京政府以重大打击。不仅如此，还有清乡工作的失败（中国伪军的掠夺扰民），南京政府的内讧（汪夫人的原因）等。上海的资本家们纷纷逃走，只有生活困难户留下。今后的治安秩序，会更加难以维持。[25]

1941年11月9日的时候，执政的是东条英机内阁[26]。以东条英机为首的强硬派为了解决战争的困境，在御前会议上坚决主战，强行决定了偷袭美国珍珠港、进攻东南亚各国的“南进”政策。但是，内阁成员中宇垣一成等人提出不同意见，希望维持目前的局面[27]。东条内阁表面上对外声称要避免和英美开战，而实际上却在暗地里积极备战。老百姓们隐隐约约地感到，不久将会爆发一场新的战争。长野朗汇报的内容，反映出民众的疑问和不安的心情。他认为目前的形势很糟糕，中国占领地的情况无论是经济还是政治，都不会变得像日本所预想的那样好，而是会陷入越来越难以控制的境地。

再有，在《真崎日记》的第6卷中，留有这样的记载：

> 1943年（昭和十八年）年8月3日，长野8点来访，带来了他起草的对华政策方案。另外，说是日召等人聚集在福冈的吉田茂那里，隐田之神正秘密地接近平沼。都是一些居心叵测之人。[28]

这意思是说，1943年8月初，长野朗把自己起草的对华政策方案带给真崎看，并把他所侦察到的政界周边的动向告知真崎。日召，即井上日召，日本民间法西斯分子，右翼恐怖组织"血盟团"的首领。吉田茂，政治家，战后任日本首相（是否该人，有待于深入调查核实）。隐田之神，当为某人的绰号，具体指何人，迄今不明。平沼，即前首相平沼麒一郎。真崎以为，这些人都野心勃勃蠢蠢欲动。他对这些人等，既蔑视又警惕。

另外，在同年8月24日的日记中，还有这样的记录：

> 长野8点来访。他说前几天曾拜访过近卫公，就内外情势，尤其是中国问题作了说明。公也对战局很悲观，说是德国不久也会倒台，30日的重臣会议与以往的情形不太一样。[29]

这句话的内容是说，长野朗参见了近卫文麿，谈论了国内和国际的形势。近卫文麿深知意大利法西斯覆没后，德国法西斯也会很快走向灭亡，他对中国问题和整个战局持悲观态度。近卫文麿感觉到，日本政界已经着了慌，就连7月末天皇召开的重臣会议的气氛都不对劲了。

根据《最后的御前会议、近卫文麿公手记》可以看出，近卫文麿对战争的前途非常悲观，他已经预见到日本将会失败，希望早日结束这场战争。在此，我们应该稍微回顾一下历史的过程。当初在1941年10月中旬时，近卫文麿等人在能否避免发动“大东亚战争”、跟中国讲和、与美国谈判等问题上，与时任陆军大臣的东条英机意见相左，导致第三次近卫内阁总辞职。《真崎日记》和《我的昭和史》的记载，也都印证了这个事实。

《真崎日记》的第6卷里，还记载着如下的内容：

> 1943年（昭和十八年）9月29日，长野9点来访。说是巡视了九州地区。他说东京9月25日大米储蓄已空，普通老百姓多已自暴自弃。在久留米地区的青壮年干部会议，竟有三分之一强的人缺席，勉强出席的人也不发言。中国方面，美国将设备运抵西北部地区的机场，还往甘肃的油田投入机械设备，建设炼油厂。同君还说，他要晋见高松宫殿下，将各种情况向殿下报告。[30]

这是1943年9月份时，长野朗奔走于国事的情况。长野朗巡视了日本全国各地，他如实地向真崎汇报说，东京粮食严重短缺，业已告罄。民众对战争的前途已经失去了信心。中国得到同盟国的援助，陆续建设军事工业设施，开发抗战资源。他认为这些对日本非常不利。他想把自己收集到的国内外的重要情况，直接汇报给高松宫宣仁。

这本日记的第 6 卷里，还传达了这样的信息：

1944 年（昭和十九年）2 月 23 日，长野 9 点来访，说是在河原田的建议下，前天到汤河原拜访了近卫公。公在长野开口之前，就说在总长更迭问题上，海军内部产生了动摇，内阁也有可能因此而倒台。长野努力说明陆海军的步调不一致问题，以及农民的情况。同君还说，舰队已经进入了横须贺军港。[31]

长野朗通过朋友河原田稼吉的介绍，见到了近卫文麿，并向近卫文麿提供了一些政策方针的草案。近卫文麿判断说，最高长官的更迭导致海军方面出现反对意见，此事也有可能导致内阁总辞职。下面的文章显示，长野朗似乎在积极地劝说近卫文麿，希望他在国难当头之时应该有所作为。但近卫文麿露出难色，他认为陆军非常地专横跋扈，以自己在野的身份，要想改变时局还为时尚早[32]。长野朗顺便向近卫文麿力陈了陆海军之间的矛盾和农民的贫困状况。

在那之后，直到战争结束，长野朗还多次觐见过高松宫宣仁，他把国内形势和中国、苏联等国的情况和盘托出。他还去轻井泽[33]多次拜访近卫文麿，就如何处理中国问题提出了自己的方案[34]。战争结束后，长野朗仍然坚持向上层反映农民的实际情况。比如，茨城县地区民众埋怨天皇，嘲笑现政权的内阁成员构成不妥当，等等。可以看出，他不仅十分关心农村的情况，还为了维持日本国体的问题而焦虑不安[35]。

在长野朗回忆录《我的昭和史》的第 4 卷中，有如下的记载：

……真崎先生很赞成我的对华政策方案，也同意我给高

> 松官所献的策略方案，并劝我为将来计，应该把情况记录下来。而我生性懒惰，什么也没有记载下来，现在想起来觉得很可惜。

长野朗的话基本属实，因为其说法基本上能够从《真崎日记》的记载中得到验证。

长野朗在其回忆录的第4卷里，还做了这样的解释：

> 日中事变后，昭和十三年的正月，我通过友人河原田稼吉先生转达了我提出的“日本应该立即从中国大陆无条件撤兵”的意见，但没有起到任何作用，这是让我心里很别扭的一件事。（河原田稼吉与近卫公关系很好，他在战争时期担任内务府大臣、文部大臣。河原田稼吉的父亲是近卫家的老管家，人们都把稼吉称为近卫公的义兄。）

长野朗说，七七事变后的1938年正月，由长野朗提出了“日本应该立即从中国大陆无条件撤兵”的意见，这一说法是否属实，目前找不到其他的旁证资料，暂时还无法确认。但他是通过河原田稼吉认识近卫文麿的，而且在那之后，还经常去拜见近卫文麿。这一情况，可以在《真崎日记》中得到证实。

仅据该回忆录的第5卷记载，战争结束前后，长野朗觐见高松宫宣仁的次数多达“7次”。实际见面的次数，目前还确认不了。但见过几面这一事实，可以从《高松宫日记》中大致能够得到证实[36]。比如：在《高松宫日记》的第7卷里，1944年（昭和十九年）的“三月份活动安排”中，有“31日，星期五，长野朗氏，1900”的记载。也就是说，按计划，3月31日那天傍晚的7时（19:00）许，高松宫宣仁接见了长野朗。

而且，在同页的“脚注 3”上，关于长野朗这个人物，有着这样的注解：“退役大尉（陆军士官21），农本主义者，兴亚院非正式职员。”另外，在3月31日的“来访人员名单”中，长野朗的名字又出现了一次。这说明，一位皇族亲王和一位退伍军人，两人会面，还真有此事。

长野朗在回忆录中所记载的、他多次分别拜见真崎甚三郎、近卫文磨、高松宫宣仁等人的事情是真实可靠的。在《真崎甚三郎日记》里，有关长野朗为国事而奔走忙碌的情况记载得不少，但有关其思想方面的内容，却记录得很简单。同样，在《高松宫日记》里，有关长野朗提供的政策草案的具体内容，也没有任何记载。

总的看来，无论是《真崎甚三郎日记》还是《高松宫日记》，都是战争时期军事管制之下的产物。不难想象，为了防止万一，不让军警当局抓住任何把柄，下台的著名政治家、没有实权的皇族成员、官场失意的预备役大将，也必须要有意识地避免具体记录来访者的真实思想情况。

3. 思想实质

中国通长野朗的名字在《真崎甚三郎日记》的第4、5、6卷中频频出现。时间是从1939年1月到1945年12月（昭和十四年～昭和二十年）之间。在这一时期，长野朗主要注重以下三个方面的问题：第一是中日关系问题，他非常忧虑陷入泥潭的中国战局，积极呼吁尽快调整对华政策；第二是日本国内社会的状况，他反复强调农村问题，希望政府拿出新的办法来，逐步解决粮食不足的问题，消除农民的贫困；第三是政界和陆海军的问题，他在私下里密切注视着政界和军队的动向。长野朗把尽可能得到的信息和实地考察的结果，汇报给真崎甚三郎、近卫文麿乃至高松宫宣仁，想让他们设法促使当局进行改正和调整。

长野朗非常崇拜真崎，并且还偏袒“皇道派”。基于这种心理意识，他一向认为真崎甚三郎所率领的皇道派被肃清后，以东条英机为首的“统制派”大搞军事独裁统治，给日本带来了无法挽回的损失和恶劣的后果。该《真崎日记》，并没有明确地标示出长野朗站在反战派一边。而且，长野朗是怎样分析国内外的信息，如何看待实地考察结果的，他提供的政策方案的具体内容又是什么，日记中均未涉及太多。迄今为止，除了长野朗的回忆录《我的昭和史》以外，还没有发现与此问题有关的其他证明资料。因此，长野朗究竟是否属于和平派，是否明确地反对日本发动的侵华战争和太平洋战争，目前还很难肯定。

但通过《真崎日记》这部史料，至少可以断定，在这一时期，长野朗作为一名在野的忧国忧民之士，对战争的前途、农民的困苦和国体的维持深感忧虑，他怀着焦虑不安的心情为国事而东奔西走，倾注了自己的全部精力。长野朗没有编造谎言，用虚假的信息和结果欺上瞒下。中国方面坚持持久战和游击战的实际情况、“皇军”士兵的厌战情绪、农民的贫困生活状况、政界与军界的不稳定因素等，他都毫无保留地把所有的真实情况反映给了政权周边的国家重臣和有名望的人士。

抗日战争时期的中国通长野朗，虽然与军部势力之间保持了相当的距离，却经常跟政权周边的人物频繁接触，也拜见过比较温和的当局者。他采取了“进言”的形式，试图影响那些重臣和关键人物。长野朗主观上为日本的前途着想，期盼战争早日结束。

与其说他是为了和平事业而工作的，倒不如说他是在为日本的国家利益而不遗余力。他的思想性格具有较强的国权主义特色，但这种国权主义是保守型的，它与精神上极右的侵略扩张主义有着很大的区别。他具有客观分析形势的能力，能够冷静地考虑战争的前途，坦率地承认日本必败的现实。他努力克服愚昧，不盲目地趋炎附势、追随社会潮流，而是提出了自己独特的观点。

遗憾的是，战败前的日本政界信息闭塞，军阀政客们听不进有益的逆耳忠言。他们谁都无力让日本摆脱情绪性精神主义的束缚，选择尽快自行结束战争。他们或昏庸腐朽，或头脑发热，认识不清日本所走的道路，终将导致彻底的惨败。长野朗作为一介在野知识分子，其能量是极其有限的。很难说他的努力真的起到了决定性的作用。不光是长野朗，在当时为了日本的国家前途而献计献策的人不在少数，他们都希望找到一条让日本走向光明的道路。像长野朗这样的人们，或许对战争末期日本天皇颁布投降诏书起到了一定的推动作用吧。

本章介绍了中国通长野朗的生平、主要作品及其与中国的关系。并且，通过他在抗日战争时期的言行，追踪了他在战争年代的历史行迹，说明他与当时日本的上层人物们接触的情况，揭示出他忠于国事的思想实质。在下一章中，笔者将以长野朗的著作为第一手资料，探讨他的“中国社会民众观”和“中国国家观”等问题，解释其中国观的思想特征。

注释：

[1]参见长野朗遗著《自治论》（日本：自治论刊行会发行，日土人村建设研究院，1979年[昭和五十四年]12月15日），以及本书后的“附录二　长野朗著作目录”。

[2]朝日新闻社编：《朝日、人物事典》。日本：朝日新闻社，1990年12月10日，第1164页。

[3]福岛铸郎、大久保久雄编：《战争时期的言论》下卷。日本：日外奥寿雪兹株式会社，《系列丛书、大东亚战争下的记录》（2），1982年3月10日，第564页。在该书的“文献目录”里，有长野朗的论文题目48项。这是从七七事变到日本战败的八年间、长野朗所写论文的目录。

[4]伊藤隆等编：《真崎甚三郎日记》（六卷本）。日本：山川出版社，《近代日本史料选书》，1987年1月10日。

[5]抗日战争爆发后，长野朗的思想认识发生了变化，虽有其主观原因，但在客观上，多少也受到了石原莞尔这位老同学的影响。

[6]抗日战争时期，尤其是太平洋战争爆发后，长野朗与真崎甚三郎关系密切，经常向其汇报各种情况。二人的思想认识，有不少相同之处。

[7]长野朗遗著：《我的昭和史》第一章，第38页。长野朗的回忆录《我的昭和史》（五卷本），未见出版，其子长野莱策兄弟将其手稿制成打印稿。这本回忆录《我的昭和史》是战后的作品，作为旁证资料具有一定的参考价值，可以适当使用。但该回忆录在其完成日期、章节划分及其原始材料的可靠性等方面，亟待重新确认和证实。因此，本研究的原则是，不把它单独地作为直接的证明资料来使用，它与《真崎甚三郎日记》两相吻合，彼此又能相互印证的内容，方才使用。

[8]长野朗对权藤成卿佩服致至，拜其为师。战后的长野朗之所以致力于研究自治学，主要是受此人的影响。参见上述《朝日、人物事典》，第701页。

[9]大川周明为极端的国家主义者、法西斯分子。而长野朗的思想属于国权主义性质。在最初的意识形态上，这两人有某些相似的地方，但后来却“失之毫厘、差之千里”。

[10]这些描写介绍中国问题的书籍，在当时往往被称作“满洲读物”或“中国读物”。

[11]长野朗著：《应该拯救中国吗》。天津：日华印刷所，1923年（大正十二年）。

[12]长野莱策先生是长野朗的次子，他出生于1919年（大正八年）。

5 岁时，他和父母曾住在天津。在抗日战争期间，他被征兵，当陆军军医，在中国的广东待过 5 年时间。笔者于 1997 年 12 月初，为了调查研究资料，曾专程去东京拜访过他。长野莱策夫妇热情地接待了我，将珍藏多年的长野朗著作给我看，给予我很多的指导。当时，长野莱策还把长野朗的《自治论》和《东亚旋涡里的民族战争》（长野朗自费出版，1960 年[昭和三十五年]10 月 10 日）这两部书赠送给我。后来，长野莱策先生还把长野朗回忆录《我的昭和史》的复印本邮寄给我。这本回忆录，是未公开发表的。关于详细情况，请参见笔者的调查报告《后藤朝太郎、长野朗子孙访问记及其著作目录》（日本：新潟大学环日本海学会，《环日本海论丛》第 14 号，1998 年 1 月）。

[13]参见本书后的“附录二　长野朗著作目录”。

[14]长野朗遗著：《我的昭和史》第一章，第 40 页。

[15]《最后的御前会议、近卫文麿公手记》。日本：时局月报社发行，长谷川国雄编辑：《自由国民》杂志专刊，第 19 卷，第 2 号，1946 年（昭和二十一年）2 月 15 日。

[16]细川护贞等编：《高松宫日記》。日本：中央公论社，1997 年 7 月 25 日。

[17]山口富永著：《昭和史的证言、真崎甚三郎其人与思想》。日本：政界公论社，1970 年（昭和四十五年）。

[18]参见山口富永著《昭和史的证言、真崎甚三郎其人与思想》、第 1 卷的“解题”部分。

[19]《真崎日记》第 3 卷，第 416 页。

[20]《真崎日记》第 4 卷，第 32 页。

[21]安田元久编：《日本历代表》。日本：社会思想社，《年表要说、日本的历史》现代教养文库 553，1966 年（昭和四十一年）4 月 30 日，第 15 页。

[22]《真崎日记》第 4 卷，第 102 页。

[23]《真崎日记》第 4 卷，第 121 页。

[24]《真崎日记》第 4 卷，第 290 页。

[25]《真崎日记》第 5 卷，第 192 页。

[26]安田元久编：《日本历代表》，第 15 页。

[27]户川猪佐武著:《昭和的宰相、东条英机与军部独裁》第3卷。日本:讲谈社,1982年(昭和五十七年)4月25日,第168页。

[28]《真崎日记》第6卷,第49页。

[29]《真崎日记》第6卷,第59页。

[30]《真崎日记》第6卷,第77页。

[31]《真崎日记》第6卷,第147页。

[32]户川猪佐武著:《昭和的宰相、东条英机与军部独裁》第3卷,第221页。

[33]轻井泽:日本长野县东部某郡,旧旅馆街,多别墅。西北部有浅间山环绕,为国际性高原避暑胜地。高原型蔬菜栽培的发祥地,现今人口约1万5千左右。

[34]《真崎日记》第6卷,第284页。

[35]《真崎日记》第6卷,第453,469页。

[36]细川护贞等编:《高松宫日記》〈第7卷〉,第314页。

(黄燕编译、刘家鑫改写)

第六章　长野朗的中国观

第一节　中国社会民众观

1. 中国社会认识

九一八事变前后的中国通长野朗，具有较强的“国权主义”性格。抗日战争爆发后的长野朗，逐渐地变化成为保守的“农本主义”者。特别是太平洋战争时期，他非常关注日本的国内问题，认真地思考解决问题的方案。比如，政界的不稳定、陆军的专横跋扈、农民的困苦生活，等等。另外，最让他担忧的，是日本国家的前途和对外侵略战争的后果。

关于长野朗的“中日问题观”，笔者将在本书的第七章和第八章中，进行详细论述。作为其前提，首先应该分析一下他是如何观察中国的社会与民众，又是如何看待中国的发展与变化的。也就是说，必须阐明中国通长野朗的“中国观”的思想内涵。

长野朗的中国观，主要分为“中国社会民众观”和“中国国家进步论”两大部分内容。笔者在本节中，先要阐述其中的第一个内容，那就是长野朗的“中国社会民众观”。而他的中国社会民众观，又是由“中国社会认识”、“中国民众认识”、“政府与民众”和“历史与现实”这四个成分构成的。下面，首先让我们来考察一下他的中国社会认识。长野朗在其《动乱中国的真相》一书[1]中，认为中国的社会基础即是社稷，他从“社稷”一词的概念入手，来分析中国社会的现象和特点，展开了自己的中国社会认识。请看下面文章的内容：

> 中国人的政治组织的基础观念是社稷。社是土地之神，而稷则是食物，是中国人自古以来的主食高粱。由此，“社稷”一词，指的是在固定地域内、以确保人民的衣食住为主的自治。中国的建国，是以人民的生活稳定为基础的。这样的自治体，逐渐做大，最后成为国家天下。其起点在于先各自治理自己，然后聚集起来，搞相邻部落联合自治，最终形成国家。正所谓，修身齐家治国平天下。因而，中国人不承认像今天这样的国家，中国人承认的是社稷国家，是保障人民生活的自治性集团。……

中国通长野朗继续讲到，中国人依据社稷观念[2]而建立的政体，在上古时代就完整地保持沿袭着。直到周朝，逐渐发生演变，以封建制来统治天下。后来，部落的事务员与负责部落间联络事务的人员，成为政治权利的拥有者，变为统治阶级。经过秦汉两代，形成了官僚统治阶级，君临天下，欺压人民。因此，人民以自治来反抗。从历代来看，由于官僚统治阶级政治腐败和统治残酷，迫使人民造反起义。去除陈旧和腐败，迎来崭新和善良。这就是中国历史上的易姓革命。这种对中国人的社稷观念的解释，成为长野朗认识中国社会的出发点。

长野朗的意思是说，中国建国的政治基础是社会，社会的根基是人民。人民需要的是宽松的生存环境和基本生活资料，政治家应该确保人民的衣食住行，这也是他们必须做的工作。只有这个目标得以实现，才可以说建立了名副其实的国家。古代的“江山社稷”，其根本是建立在“国计民生”基础之上的。今天的政治组织，也必须把“天下国家”的统治意识和“经世济民”的政治理念结合起来，理应以老百姓的经济生活作为政府行政的主要目标之一。

长野朗认为，“中国人不承认像今天这样的国家，中国人承认的是社稷国家，是保障人民生活的自治性集团”。民国时期的中国，在某种程度上还没有达到近代国民国家的形态。国民政府对外不能保住疆土，对内不能维护人民的生命财产安全和切身利益。人民不承认北洋军阀政府，也不认可南京国民政府统治者的人格，怀疑国家政权的正当合法性。这样一来，国家政权就得不到人民大众的理解和支持，这个国家就是个有名无实、徒具虚名的国家。国家形态仅仅停留在一般化的“社会”范畴上，人民就只有采取自治的形式谋求生存。长野朗基于以上的认识，初步得出了一个结论，那就是“中国人无近代国家观念”。

2. 中国民众认识

中国通长野朗的“中国民众认识”，主要集中在对农民的观察和认识上。他的中国民众认识的形成，既建立在对中国历史的研究上，又依托着对社会民众现状的观察。在民国时期，中国的根本问题是农民问题，而农民问题的核心内容，是反抗封建势力和新旧军阀的压迫。长野朗观察了农民的革命斗争，分析了压迫者与被压迫者的关系。比如，他在《中国农民运动观》一书[3]的“自序”中，就农民运动问题，作了这样的阐述：

> ……中国是个农业国家，国民的大部分是农民。因而，中国历代的革命是农民革命。农民生活穷困，社会就会出现动乱，农民生活安定就能达到大治。如果农民得不到解救，中国革命就不可能成功。国民革命仅仅止步于推翻清朝，新的第二次国民革命爆发了，但那是以财阀为基础的革命。因此，农民陷入了更深的困苦之中。于是，又爆发了以农民为主的第三次革命。中国中南部地区有共产党领导的农民军，中国北部地区又有由自卫团组织发展起来的红枪会、大刀会，还有以农民反抗的另一种形式而出现的土匪团伙的猖獗。这些势力互相交错，相互作用。……蒋、张、冯、阎等起到的作用微乎其微，如同海面上的波浪一般，而农民运动却如同海潮般地汹涌澎湃。

孙中山先生领导辛亥革命，推翻清朝的反动统治，埋葬两千多年的封建制度，建立了共和制的国家。此后，他确立了国民党在中国，尤其是在南方的统治地位。为了统一中国，他还决定誓师北伐。北伐的伟业成就于国共合作，革命胜利的果实落入新军阀蒋介石之手。长野朗看到，清末民初的中国，政局不稳，经济不振。国家的政治和经济出现问题，给民众的经济活动和生活带来困难。农民的贫困，引发社会动乱；社会的动乱，又影响到社会的健康发展，给政府的行政管理造成麻烦。这样一来，就形成了一种恶性循环。

北伐战争后，全国的统治权掌握在国民党人手里。虽然如此，南京政权也没有稳定住动荡的局势，更没有把农民从生活困苦中解救出来。他们的蜕化变质和腐败堕落，加深了中国社会问题的复杂化。共产党人总结经验，接受教训，以解决农民问题为目的，组织领导了土地革命运动。农民们也占山为王或秘密结社，自发地开展打土豪反恶霸活动，积极地进行反对旧势力的斗争。新军阀之间，或战争或联合，但他们谁都不能认清中国革命的本质。长野朗认为，新军阀的“作用微乎其微，如同海面上的波浪一般”，而农民的力量则“如同海潮般地汹涌澎湃”。他正确地抓住了中国革命的本质性问题，即不管谁当统治者，都要首先解决好农民问题，以农民的生活福利为重。

中国通长野朗还在其他的著作里，反复地强调了这一观点。比如说，他在《中国农民运动观》一书[4]的开头，论述了同一个主题。他以为，无论在哪个国家，导致革命的主要原因，是人民的生活贫困。人民的贫穷，造成了社会的混乱不稳。而混乱不稳最容易引发社会革命，这是古今中外历史上、无一例外的一个规律。中国自古以来是农业国家，全国人口的绝大多数是农民。农民生活不安定，乃是历代中国革命的起因。长野朗强调指出：“农民一离开农村，社会就会出现混乱。一回到了农村，天下就会变得稳定安宁。这是一个始终不变的规律”。他的这种农民认识，基于其自治论思想。同时，他抱着对农民的同情心，站在农民的立场上，直率地抨击了国民党的政治，这是他“中国民众认识”的一个亮点。

3. 政府与民众

中国通长野朗分析了中国的社会与民众之后，更进一步地分析了民国时期的政府与民众之间的关系。他认为，在中国古代，老百姓把世代的朝廷称为汉家或宋家。同样，现在的政府被中国人说成是“以国为家”，认为政府做法是错误的。因为他们把中国这个国家，当做蒋介石一家的私有财产，或者是袁世凯、张作霖的。中央或反中央，正统或非正统，这个问题往往容易引发争论。从人民的眼光来看，这一切都是与社稷观念背道而驰的，是窃国之徒，是蒋家与冯家，或者与阎家的斗争。民国以来的议会政治和国民党的党治等，一切都只不过是以往官僚政治的变形产物。他直截了当地批判了国民党政府的黑暗统治。

那么，长野朗为什么把民国以来的议会政治或国民党的党治，称做官僚政治的变形物呢？其理由恐怕是来自对中国的血缘裙带关系，特别是对同宗同族或同乡人关系的认识。在《动乱中国的真相》一书的“血缘的力量”一节[5]里，长野朗敏锐地指出了这一点。比如，他是这样阐述的：

> 打听一下最近的消息，就可以看清现今的国民政府。国民政府以蒋介石为主席，其他要职均由同族人或同乡人所占据。也就是说，在国民政府当中，最重要的是掌握资金的地方。而这些方面都被他的亲戚所掌管。财政部长是他妻子的哥哥宋子文，其次高利润的铁道部门，其部长是孙科，孙科是孙文之子，孙文的妻子是宋子文的姐姐，与蒋介石夫人是姐妹。宋子文的三个姐妹中的另一个，又是工商部长孔祥熙的夫人。另外，蒋介石的同宗亲戚，也有不少人在国民政府中担任要职。于是，主张民权主义的国民党政治就出现了问题。人民的政权由国民党来代表，党治蜕化为蒋介石一家的政治，民治变化为家族政治。这是血缘裙带关系所导致的恶果。如果不从根本上整顿的话，中国的革命多半会因此而生出事端来。

众所周知，1927 年以后，中国表面上是冠冕堂皇的“中华民国”，全国皆一统在南京国民政府的号令之下。但实际上，政治和经济乃至军事方面，都是由蒋、宋、孔、陈这“四大家族”所控制。蒋介石利用黄浦军校时期形成的师生关系，和北伐战争以来的结拜兄弟们，特别是依靠血缘裙带关系，控制军队和政府的中枢，统治着中国。这样的政权，旧时代的封建性色彩极其浓厚。它的组织素质，不利于近代民主共和制国民国家的建立与发展。长野朗以为，中国的民主革命，很有可能会因此而夭折。

在中国封建社会里，表面上讲要“唯才是举、任人唯贤、举贤不避亲”。而实际上，每一个朝代的统治者和官吏，都在搞“任人唯亲”，信奉“朝里有人好当官”。他们竭力培植自己的子弟学生，以宗族势力亲信党羽来巩固自己的统治地位。蒋介石的国民党政权，虽然口头上标榜孙中山的“三民主义”，表面上宣扬“忠孝礼义、仁义道德”，而实际上，他们最重视亲疏关系，处处在为自家谋取私利，把自己变成了新的官僚、地主、资本家。长野朗笔锋犀利，毫不留情地揭露了国民党“一党独裁、一家天下”的病根所在。他对中国政治舞台观察的力度，不比中国评论家的差。

政治联姻、异姓结拜、同族子弟、师徒关系，如此等等，中国自古以来，往往是靠这些血缘和地缘的力量来创立和维持政权。血缘地缘主义，对建立国家能起到不可估量的作用。但同时，这又跟原来纯朴的社稷观念两相矛盾。“裙带关系”和“国家社稷”，这两者在一定的历史条件下，有时产生因果关系，有时彼此又相互消长。

民国时期，在中国民众的头脑中，普遍存在“重视社会、轻视国家”的观念。这种现象，也可以说是对官方血缘裙带关系的一种逆反心理之表现。重视裙带关系的做法，不是一个近代国民国家应有的情形，不应该再体现在当今的政治上。要想挽救中国政治的堕落，必须从根本上加以改变才行。否则，它将祸国殃民，贻害无穷。只有民众和社会，才是国家政治的根本。后来的中国革命的事实证明，长野朗的预言是非常正确的。

4. 历史与现实

笔者觉得，长野朗对中国的观察，还是比较符合事实的。在公元前的中国，曾经出现过春秋与战国时代。自周朝开始分封天下，八百年间实行封建制度。中原有朝廷，朝廷之下有国家。在名义上，天下的一切是属于朝廷的。然而，这只是一个空洞的概念。实际上，国家领地不受周天子统治，而是在诸侯的管辖之下。

秦始皇扫灭六国一统天下，实行中央集权制度。两汉高祖时，虽说分封了同姓王，但汉随秦典，中央集权的基本统治形态没有改变。三国魏晋南北朝时，天下动荡，皇权不稳。自隋文帝开始，又打开了大一统的政治局面。唐太宗时，既开疆拓土、励精图治，又继承隋制、加强皇权。历经宋元明清几个朝代，在近三千年的历史进程中，逐步形成了“普天之下莫非王土，率土之滨莫非王臣”的统治理念。意思是说，天下的子民土地和一草一木都是属于皇帝的，管理这些的人员是皇帝的臣工。

这种王道的政治思想和组织形态，自从它登上了历史舞台以后，皇帝不再是以前那种徒有虚名的天子，朝廷也不再是空洞概念的朝廷。名副其实的天子，对天下的国家、土地和子民，都具有了实际所有权和统治权。而王公大臣，仅存某些具体领域的管理权，还要向皇帝负责。就这样，逐步地实现了朝廷与国家合二为一的政治目标，完成了皇权与国家权力一元化的历史任务。问鼎中原、面南称帝的人可以得到整个天下。就连农民起义的领袖人物们也不例外。这种历史现象持续了两千多年，一直到清帝国覆亡。

辛亥革命推翻了封建皇权，建立了民主共和制度。革命的结果是，把被皇帝据为己有的国家，从皇帝手中夺了回来，交还给了人民大众。然而，这种剥夺与返还，仅仅是个乌托邦式的概念（理想主义）。这之后的中国，人民与国家这两者之间要达到紧密结合的程度，其历程还很遥远。虽说封建皇权的重压被消除了，但人民又得面对新的社会现实。旧民主主义革命，并没有解决任何实质性的问题。民国的统治权，掌握在新的官僚和军阀的手中。他们代表着地主资产阶级的利益，不去顾及民众的权益。

时代在前进，社会在变革，但政治的进展却很缓慢。那个时期，国家政治解决不了像衣食住行这样的人民生存的根本问题。民众能够依存的，不是国家而是社会，即在当时的社会历史条件的作用下所形成的特殊的“民众社会”。这种民众社会，以血缘地缘关系为主。然而，正是这种血缘地缘关系的因素，阻止了中国向大一统的近代国民国家迈进的步伐。长野朗对历史上的中国政治了如指掌，更对现实世界的中国政治洞若观火。

民国时期的政治情势和社会形态，给了长野朗一个这样的印象，那就是，在中国人的心里边有家人、亲友、乡亲，他们的脑子里只有社会观念，而缺乏国家观念，在精神上处于无政府状态。在此基础上，他推论到“中国有社会而没有国家”。自由主义型的中国通后藤朝太郎，也提出过同样的论调，认为“中国人无国家观念”。如果考虑中国民国时期现实的话，日本知识分子具有相同的观点也不足为怪。但必须指出，他们过分拘泥于明治以来的对华传统认识，已然形成了一种习惯性的论法。那么，长野朗是否能从这种习惯性和传统性的桎梏中解脱出来呢？这对于他来说，需要相当大的勇气和努力。

最初，长野朗认为“中国如同一盘散沙，不是近代性的官民一体的国家”，他持有一种悲观的“中国社会民众观”，因此提出了“中国人无国家观念论”。但他的“中国社会和民众认识”，与其“中国国家认识”紧密相连。如果我们再进一步研究一下长野朗思想的演变过程的话，就可以了解到这样的事实。即，他的“中国国家认识”不是一味悲观失望的，而是随着时代的变迁，其对华认识也经历了一个发展变化的过程。能否承认中国的发展变化，是解密日本近代知识分子中国观的一个试金石，它是能否摆脱传统思想旧习的一个标志。中国通长野朗大胆地踏进了这个“黄牌警告”的禁区，勇敢地进行了挑战。

第二节　中国国家观

1. 中国进步论

以 1919 年的五四运动为起点，中国知识分子的觉悟迅速提高，他们接受和传播新的革命思想，新兴政治团体也在谋求建立真正的国民国家。中国人民的民族主义思想逐渐萌芽，他们掀起了抵制日货运动、反帝运动和工农运动。这是在帝国主义列强的压迫下，尤其是在日本帝国主义的政治侵略和经济掠夺的刺激下而产生的反作用。

那么，对于这个问题，中国通长野郎是如何看待的呢？笔者将就这一问题展开深入细致的分析研究。长野朗在“中国人无国家观念论”的基础上，形成了中国社会民众观。然而，在后来的历史过程中，他观察到了中国的发展变化和未来前途，他毅然决然地一改以前的观点，承认了中国正在成长发展进步的事实，提出了“中国进步论”的新看法。

早在1927年，长野朗就已开始注意到了中国在思想文化层面上的进步。对于中国人的民族独立自主意识、国家思想和民族解放运动，长野朗不仅承认这个事实，而且表示出祝贺的心情。他在著作《中国的反帝国主义运动》[6]的“自序”中，这样写道：

> 中国的两大国民运动，其中之一是打倒军阀的呼声，另一个是国家解放运动。……一般都说，中国人没有国家观念，但中国不是永远一成不变的。即使是个婴儿，过了10年之后，也会变成10岁的。拿日本的明治维新前和现今比较会如何呢？的确，中国人心中的国家思想刚生萌芽，而这个萌芽最近生长很快，它比其他的任何东西，都要强烈地支配着中国人的头脑。在中国，如果逆这种潮流而动，那将是一事无成的。无论是政治还是外交，社会运动还是工人运动，或多或少都受其影响。……今天的中国不是数年前的中国，即使是去年的中国与今年的中国相比，也能看出它的区别。民族运动，年年呈现增强之势。中国的独立自由是迟早的事情。我们祝贺邻国能够走上解放的道路，这是大家争相传诵的大好事。

中国通长野朗在《中国的反帝国主义运动》一书[7]中，还从多个角度，以事实论证了中国国家思想与反帝运动之间的关联性。他举例具体说明了反列强文化侵略、反经济侵略、反政治侵略，要求废除不平等条约等事情。他十分同情满目疮痍的中国，引用历史的原委分析现状。在结论部分，他这样说道：

> 无论情况如何变化，可以肯定的是，强加给中国的不平等条约，将逐渐被取消。国家主义逐渐发展，排除列强的侵略，在各个方面都将取得进步，中国正在走上一条自由解放之路。[8]

这意思是说，中国社会发展进步的政治基础是驱除列强势力，其思想基础是民族独立意识和国家观念。而国家观念的产生和增强，又是至关重要的。

从 1927 年南京国民政府成立到 1937 年抗日战争爆发的十年间，蒋介石发下狠心，妄想彻底消灭为劳苦大众谋幸福的共产党，打击压迫其他民主正义势力。与此同时，他们还进行社会改革，某些发展经济的政策也有些成效。头脑清醒的长野朗，也看到了这些变化。1937 年，他出版了著作《战苑中国的习俗》[9]。在书中，他用“中国在进步”的小标题，明确地提出了“中国进步论”的观点。下面的一段内容，最能说明这一点：

> 中国不拘泥于表面上的持续浑浊状态，他们在实质上取得了很大的进步。从而不能以昨天的中国，来定义今天的中国。在日本人当中，有些人用日清战争（中日甲午战争）时中国的状态，来评论现在的中国，这是一个很大的错误。即便是个婴儿，经过 20 年的成长发育，也会变成 20 岁的成人。现在的中国，决不是从前的中国，它与两三年前有着很大的

不同。特别是最近的中国，其进步非常明显，充满了清新的气象。

中国通长野朗认为，中国在政治上，已经从中日甲午战争时候的满清帝国朝廷，过渡成为中央集权的国民党领导的国民政府。并且，已经从1912年的新生民国，变成了1927年的青年民国。日本人不能以过去的旧眼光来看待现在的中国，特别是不能忽视其“进步非常明显，充满了清新的气象”。他从多方面举例介绍中国的变化，用以证明其“中国进步论”的观点。

长野朗首先指出，以前的官员总是以一点小事为借口不去上班，去赌博，去吸鸦片。而现在的官员与以前大不相同，他们工作认真负责。政府官员们都在机关里干8个小时，生活态度也很认真。长野朗举出事例说，就连中国普通老百姓的表情也和以前不一样了，他们的脸上充满了活力，眼神里充满了希望[10]。

长野朗十分关注中国社会的发展变化。他指出，中国民众的觉悟明显有所提高，他们已经意识到，只有社会进步了，国家才会有希望。他从衣食住行、日常生活和风俗习惯等方面，来举例说明这一切。他说现在的中国人，一改原有的铺张浪费、喜好虚荣的风气，变得勤俭节约、注重实用。确立实施一夫一妻制，将旧时代娶妾的做法视为民间不良风俗，定为违反公共道德规范的不端行为。他认为这是人们的理性回归自然的表现。民间教育事业在迅速发展，也收到很大的成效：大力开展平民教育，扫除文盲；提倡职业教育，利国利民。长野朗注意到，原来大多数青年学生主要关心政治和经济，而现在都重视起科学技术等应用科学来[11]。

长野朗积极地评价国民政府建立的经济秩序，承认其卓有成效的发展变化。他通过国家经济建设的成果，看到了南京政权统治的有效性。比如，他在《战苑中国的习俗》一书中，还留有这样记录：

> 国民政府也耗费大量精力发展产业。但由于经费的关系，尚未出现明显的效果。然而，其进步应该得到充分的肯定。中国有广阔的土地和富饶的资源，一旦产业发展了，对国际经济会产生很大的影响。[12]

中国通长野朗用实地调查的结果和统计数字等，即实证科学的方法来证明自己的观点。中国在农业方面，对棉花和生丝进行品种改良和技术革新。在河北、山东等自然环境较差的地方，修建水利灌溉工程。在工业方面，从主要的通商港口逐渐向内陆转移。在新兴工业地带，也制定了发展规划，旨在培养自己的经济能力，从外国资本中独立出来。发展重点从原有的以轻工业为主，逐渐转换为以重工业为中心。中国人还逐渐接受了股份公司的概念。政府大力修筑汽车道路，铺设新的铁路线，开辟新的航空线。

总而言之，当时的国民政府为增强国力，有目的地进行产业开发和培养民力，还确定了五年经济发展计划，今后的中国还会有许多的东西值得关注[13]。长野朗看到，中国从民众的精神面貌到整个社会的面貌都发生了显著的变化。他承认，在南京国民政府领导下，中国的经济建设取得了一定的成就。他还肯定了中国在社会、工业、农业和建筑业等各方面所取得的进步。

1927 年时，他讲过“即使是婴儿，过了 10 年之后，也会变成 10 岁的”。到 1937 年的时候，他又讲“即使是个婴儿，经过 20 年的成长发育，也会变成 20 岁的成人”。一前一后相隔十年，他的两次说法意义相同。这表明，长野朗的“中国进步论”具有一种连续性和持久性。尽管时隔多年，但他对中国发展变化的观察却是一脉相通的。

长野朗还一贯主张，不能逆中国人的国家思想、民族独立的潮流而动。他暗地里指责日本人的不明事理，想促使日本政府重新考虑对华政策。他看出中国迟早要获得国家独立和民族解放，以乐观主义的态度看待中国的前景。他的预测具有一定的前瞻性，其思想认识水平有所提高。

2. 国家观念增强论

在很长一段时期内，长野朗坚持认为“中国人重视社会、国家观念淡薄”。然而，他的这种观点也不是一成不变的，他会随着时代的前进而发生变化。1942 年（昭和十七年），长野朗出版了《中国三十年》[14]一书。他一改已往的看法，指出了这样的事实：中国人的“近代国民国家观念”已经萌芽，民族主义思想正在兴起，拯救民族危亡的呼声越发高涨。譬如，他在这本书的“国家思想的兴起”一节里，这样写道：

> 国民革命明显地带有民族主义思想的色彩，这主要是由于大正八年（1919 年）左右兴起的国家思想。原来的中国民众，其国家观念非常淡薄，中国的天下只是一个社会。中央的汉族文化所能影响的区域称为中华，而化外不及之地被称之为夷蛮戎狄。于是，他们以汉族同化四方，拥有了广袤辽阔的土地和四亿百姓。他们对其他民族所实施的侵略方式，是民族性的土著式的发展，宛如河水逐渐向四周渗透一样，是以极其和平的方式来进行的。因而，人民不会考虑国家的

独立，不知道除了中国以外还有其他国家，认为国家是属于诸侯的，朝廷也视其他国家为夷蛮戎狄。据说，刚开始开放广东进行通商时，便让英国的使节与夷蛮戎狄一样，向皇帝行三磕九拜之礼，英国的使节十分愤怒。

这种悠远的大中华梦想，被鸦片战争给击碎，被义和团事件所打破。孙文提出三民主义，大力宣传国家思想。这一思想，从大正八年的排日运动时起，得以在民众中流行。如果没有外国这个对象的话，国家思想是无法成立的。以日本为对象展开的对外运动，促使了中国国家思想的萌芽。接着就发生了以列国为对象的反对帝国主义运动，并且运动的目的愈加明朗化。大中华的梦想被无情地打破，看到中国可怜的现实，国家危亡的呼声四起。排日运动在全国展开，经过长时间的反复，中国的国家思想逐渐成长起来。

正像长野朗所说的那样，古代中国曾经以洛阳盆地为中心，把周围的非中原民族称为“东夷、南蛮、西戎、北狄”。这就是与中华概念相对应的、最初时的四夷概念[15]。进入清代以后，这个概念进一步延伸扩大化。中华优越的思想意识，原本是以中原地区为中心，将东方，即中国山东半岛的东部和朝鲜半岛、日本列岛视为东夷，将南方各国视为南蛮，把西域各国看做西戎，把蒙古和东北各民族当做北狄。以汉民族为主体的朝廷雄居中原，鹰巡四周虎视天下。

自古以来，中国就是以这种地理性的世界观为基础，构建了政治性的统治态势，静观周围各国的动向。中国历朝历代的统治者，在这样的政治格局下，构想着精神性的意识形态，以宗主国的身份地位，号令周边威加四夷。但是，汉唐时代的景观风范去日已久，有清一代的康乾盛世也渐行渐远。多年的大中华思想意识被鸦片战争的惨败给无情地打破了。此后的中国人，在半个多世纪内，多次领受到血的教训，终于从“沉睡的雄狮”状态中猛醒过来，逐渐形成了民族国家的观念。

然而，大正时期以来的日本统治者，并没有充分认识到这一点。他们制定国家政策时，竟然向中国人民提出了二十一条要求。这样一来，就更加唤醒了整个中华民族，使中国人民产生了强烈的民族意识。正是在日本帝国主义不断侵略扩张的刺激之下，中国人民才真正地醒悟过来。也就是说，如果没有日本这个对手的存在，中国人的国家观念和民族主义思想意识，还不会这么蓬勃发展。长野朗敏锐地观察到了中国的清新气象，并兴致勃勃地加以解释说明。他认为这是件好事，应当承认这个事实。

笔者认为，当初在 1927 年时，长野朗就曾有过“中国人的国家思想已经萌芽”的看法。到了 1942 年时，他进一步肯定地认为“中国人的国家思想正在增强”。可见，在 15 年期间，他的基本观点一直没有改变，而且他的中国认识还有所提高。他评论了中国的政治经济和社会文化，指出了中国人素质的提高和国家面貌的变化。他十几年来的观点，具有同一性和连续性。随着时代的前进，长野朗更加深化了这种中国认识。

然而，到了 1942 年的时候，日本帝国主义不但在中国战场上早已陷入了人民战争的汪洋大海之中，而且以英、美、荷兰为敌手的太平洋战场也险象环生，陷入了无可挽回的境地。长野朗所讲的中国的独立和自由，指的是从欧美白人的统治下的解放，而不包括从日本的军事占领下解放出来这一点。他在论述帝国主义列强侵占中国这一问题时，没有把日本排进列强的行列之中。这是长野朗中国认识方法论中的又一个显著特点。

不管怎么说，作为国权主义型的中国通长野朗，刷新了其“中国人重视社会、而无国家观念”的论点，客观地承认了中国民族主义思想兴起的事实。也就是说，他将自己原来的“中国人无国家观念论”让位给了“中国进步论”和“国家观念增强论”。而他的中国国家观的核心内容，就是由这两个论点构建而成的。他的中国认识具有双重的性格，它会随着时局变化，而产生某种程度的演进。

另外，长野朗把“中国”这一研究对象明确地划分为：历史上的中国、清末民国初的中国和当前的中国。可以说，他的中国论，既有历史背景的铺陈渲染，又有现实社会的真情实感。自由主义型的中国通后藤朝太郎，忽视中国的变化，不承认中国的进步。相比之下，长野朗还是比较具有敏锐的观察能力和先见之明的。

第三节　中国观的思想内涵

1. 要点归纳

中国通长野朗是一位态度严肃、治学严谨的日本知识分子，从大正中期直到昭和初期（1920 年～1945 年），他以中国研究而享誉日本社会。长野朗在其许多著作中，论述了民国时期中国的民众、社会和国家等问题，形成了他自己颇具特色的中国观。但是，到目前为止，有关他的“中国观”，即“中国社会民众观”和“中国国家观”部分，尚未被当做深入研究的对象。有关他的思想言行的评论，简直有如凤毛麟角。

笔者在本章的第一节和第二节里，系统性地介绍了长野朗的中国观，重点考察了其社会民众观和国家观，特别是详细地分析评价了其“中国进步论”与“国家观念增强论”。现将其中国观的要点，做如下的归纳。然后，详细总结一下其思想特点。

首先，长野朗尖锐地指出了民国时期不正常的社会现象。有史以来，一直到清朝逊国为止，中国的民众在政治文化意念上被称为“臣民”，在经济生活意念上被称为“庶民”。自民国初期开始，他们才被改称为“国民”或“人民”。国家意识形态由封建主义变为资本主义，国家政体也从封建制过渡到共和制。新一代的政治团体登上统治地位，并宣布中国获得了新生，人民成了国家的主人。但这只是形式上的宣传敷衍，并未见到实处。北京政权代表军阀政客的利益，后来的南京国民党政权代表地主资产阶级的利益。统治阶级和民众依然没有建立起信赖关系，相互之间处于隔阂状态。人民依靠社会自治生存，国家和社会出现分离现象。

其次，长野朗抓住了中国革命的本质性问题。即，得民心者兴，失民心者亡。中国革命的根本问题是农民问题，特别是如何解决好农民的吃饭穿衣问题。常言道，“民以食为天”。也就是说，比政治稳定更为重要的，是百姓的经济生活。谁把这一点作为最高的目标，并努力满足农民的基本需求，谁就能君临大地，统率万民，成为堂堂正正的统治者。历史上的统治者姑且不论，当前的统治者——国民政府，没有充分认识到这个再简单不过的基本道理，不具备应付新时代发展的政治理念，其统治方式和方法也很滞后。显而易见，长野朗毫不留情地指出中国统治者的三个致命弱点，挖掘出了北京政权时期和南京国民政府时期统治者的病根。

然而，国家经济建设和工业发展的成果，标志着社会的变化。近代国民国家观念的产生、民族独立意识的萌发和反帝运动的进展，这些都意味着思想的转变与文化的更新。长野朗敏锐地掌握了这些情况，从诸多方面注视着中国的进步。他觉得，这些都证明了一个事实，即中国作为近代国民国家，已经真正地诞生、成长起来。这个时期的长野朗，已经从旧的中国社会民众观向崭新的一面转变，他放弃了中国人无国家观念论，重新树立了以中国进步论为核心内容的中国国家观。

再则，在民国时期的中国，盛行血缘地缘关系、裙带关系、封建家长制、家天下，政治腐败导致社会萎靡不振。这些原因，造成了中国人的无国家观念。然而，中国的进步和民众意识的更新，其原动力又源于中国政府的经济政策。当然不只这些，还有其他的因素在起作用。长野朗准确地认识到，清末民初以来，中国一直面临着列强的政治侵略和经济掠夺。但自 1919 年的五四运动以来，中国人开始觉醒，民族主义精神萌芽，独立自主意识增强，要求民族自决的呼声高涨。他把这一点也算做了主要原因。

纵观长野朗的中国观，可以看出，其“社会民众观”与“国家观”这两者是其中国认识的两个阶段，还形成了一个变化的过程。但这也不是十分绝对的，这两者之间本来不存在任何必然的因果关系，它们也有相互交叉的情况。笔者想要强调的是，长野朗具有很强的时代认知能力，也表现出实事求是的姿态。相形之下，同时期的后藤朝太郎等其他中国通，未必像他那么心明眼亮、干脆爽快。

2. 思想内涵

长野朗的中国认识，最初是否定中国政治的。他对政党势力没有好感，对工人运动尤其是农民运动则表示出了一定程度的理解。通过他的言行，我们可以经常感觉到，他厌恶执政者，同情民众。长野朗关注工人农民的切身利益，怀疑国民党的政权和共产党的力量。他错误地认为，可以搞工人运动和反帝运动，但政府与共产党不应该插手，共产党的活动妨碍了正常的运动。最初的时候，长野朗不认为中国是一个国家，而只认为是一个松散的社会联合体，中国民众没有国家观念。在当时，许多日本的中国通都这么看待中国，他也犯了大家都有的一个通病。

然而，长野朗也在逐渐地改变着自己的看法。随着西方思想和资本不断东渐，科学技术大量涌入，新兴产业迅速发展，中国取得了显著进步。在国民政府统治下的许多中国民众，受到政治革命因素的影响，改变了陈旧的江山社稷观念。他们早已不再是封建王朝时候的庶民，而成为近代国民国家的人民。一般的日本知识分子没有看到这一点，或者即便是看到了，也不想承认这个事实。而长野朗则充分认识到中国正在进步中，并坦率地肯定了中国变革的实际效果。他的态度是实事求是的，论证方法是科学的，他付出了巨大的努力，也具有勇敢无畏的精神。

纵观长野朗中国观的走向，是否可以做出这样一种推断和结论：从 20 世纪 20 年代到 30 年代初，他虽重视中国的工农运动和反帝运动，但还没有走出中国民众无国家观念论的藩篱。而从 30 年代中后期到 40 年代，他看出了中国在形成近代国家方面所取得的进步，并充分肯定了中国社会的发展和中国人思想层次的提高。

他大声呼吁，作为外国的日本，必须要看到中国的发展和人民的变化，必须要肯定国民革命的成果。他为日本人敲响了警钟，提醒日本人要注意，不能再重复错误的认识。

笔者以为，有关长野朗这个历史人物，对其评价和批判，两者都不是那么简单的。仅从对他的印象来看，其思想性格表现为右翼型，呈典型的国权主义特征。但通过以上的实例证明，即使是同一个长野朗，随着时代的前进和社会的进步，在中国认识的问题上，他的思想意识和性格特征也会逐渐产生大的变化。我觉得，长野朗的中国认识出现过许多谬误与偏见，但他也实事求是地研究中国的历史，冷静地分析中国的国家与社会，客观地看待中国的民众。他的这种姿态，还是应该得到适当评价的。

长野朗生活的时代，中日关系日益紧张，国际局势变幻无常，日本国内政治经济困难重重，中日两国之间存在着诸多悬而未决的难题。他是如何思考这些问题的，又拿出了哪些解决问题的具体政策方案？他的思想意识到底是属于哪种性格特征呢？对这几个问题的分析研究，不但具有重要的学术意义，而且还具有一定的现实意义。

笔者在本章中，围绕长野朗的“中国观”进行了分析论证。在后面的第七章和第八章中，笔者将重点考察长野朗的“中日问题观”。将以“满洲占有论、反对抵制日货论、英美离间论、中日合作联盟论”为课题，考察抗日战争前和抗战期间长野朗的思想状况，深入探讨其“中日问题观”的具体内容，进一步总结归纳其思想特点。

注释：

[1]长野朗著：《动乱中国的真相》。日本：千仓书房，1931 年（昭

和六年）10 月 15 日，第 196 页。

[2]长野朗把“社稷”中的“稷”解释为：“稷就是食物，即中国自古以来的主食高粱”。笔者对“稷”即是“高粱”这一解释，有些疑问。曾请教过北京大学历史系的徐勇教授，还查阅了辞典。根据《学研、国语大辞典》（金田一春彦、池田弥三郎编）的解释，在古代中国，土地的神是社，五谷的神是稷。也就是说，社稷就是国家和朝廷的意思。总之，“稷”不仅仅指高粱，也包含“粟”等多种农作物。辞典的解释与徐教授的说法大致相同，长野朗的解释是不太完整的。

[3]长野朗著：《中国农民运动观》。日本：建设社，1933 年（昭和八年）2 月 1 日。

[4]长野朗著：《中国农民运动观》，第 7 页。

[5]长野朗著：《动乱中国的真相》，第 165 页。

[6]长野朗著：《中国的反帝国主义运动》。日本：行地社，文录社，1927 年（昭和二年）4 月 20 日。

[7]参见长野朗著：《中国的反帝国主义运动》之“目录”部分。

[8]长野朗同上书《中国的反帝国主义运动》，第 292 页。

[9]长野朗著：《战苑中国的习俗》现代中国全集，第一卷。日本：坂上书院，1937 年（昭和十二年）10 月 23 日，第 277 页。

[10]长野朗著：《战苑中国的习俗》，第 277 页。

[11]长野朗著：《战苑中国的习俗》，第 278 页。

[12]长野朗著：《战苑中国的习俗》，第 281 页。

[13]长野朗著：《战苑中国的习俗》，第 281～283 页。

[14]长野朗著：《中国三十年》。日本：大和书店，1942 年（昭和十七年）2 月 25 日，第 131 页。

[15]桥本万太郎著：《汉民族与中国社会》民族的世界史（5）。日本：山川出版社，1983 年 12 月 24 日，第 59 页。

（黄燕编译、刘家鑫改写）

第七章　长野朗的中日问题观（一）

——“满洲占有论”与“反对抵制日货论”

第一节　问题提起

从“一战”到“二战”期间，是日本帝国主义迅速发展膨胀的时期。在此期间，有一些日本军人辞去军职变成日本浪人。还有一些日本浪人与军方相勾结，为军方收集情报充当帮凶，成为统治阶级的工具。他们活跃在中日关系的舞台上，为日本帝国主义的侵略扩张效力卖命。

国权主义型的中国通长野朗，就生活在那个形势动荡的年代。他受社会流行思潮的影响，思想上带有一定的右翼色彩。他深感军队内部军衔晋升制度的不公，也为了专心研究中国问题，毅然决然地从军界退了出来[1]，成为了一个中国通。但他并未与日本浪人们同流合污，而是从知识分子的角度出发，关注中国社会的变化和中日关系的发展趋势。

同时期的中国通后藤朝太郎，醉心于中国的历史文化，关注民众的生活情况。而长野朗则对中国的政治、经济等颇感兴趣。他通过阅读、旅行、考察调研等方法，与中国进行近距离的接触。他写下了许多著作，介绍中国的历史与文化、民族与国家、社会与民众，还评论了纷乱的时局。他关注当时中国出现的现象和事件，对工农运动尤其是农民的苦乐表示理解。进入昭和时代（1927年）以后，中日关系日益紧张，两国天空阴晴不定。长野朗将注意力集中到中日两国间的诸多悬案上，埋头思索中日问题的原因和性质，设想中日关系应有的状态。他绞尽脑汁冥思苦想，在其著作中表达了自己的意愿，还提出了许多政策方案。

长野朗在他的论著中，对中国的民众、国家与社会进行了详细的评述。他对中国的民众抱有钦佩之情，非常崇拜中国的传统文化，对新生的中国（当时的中华民国）致以赞美之辞，热切期望中国的发展与进步。在长野朗的中国观里面，包含了不少良好的思想成分[2]，但另一方面，长野朗又是个主张国权的中国通，在他的中日问题观里面，又蕴涵着许多偏激狭隘的思想因素。譬如，他顽固地坚持日本在中国“满洲”（东北三省）的权益，将中国人民抵制日货的责任推给中方，长野朗十分嫉妒中国与英美的合作关系，又不惜牺牲中国的国家主权，梦想建立以日本为霸主的中日合作联盟，等等。

昭和初期，日本田中义一内阁召开“东方会议”，确立了全面侵略中国的政策。此后，中日两国关系不断恶化，乃至后来进入了全面战争状态。在此局势之下，中日两国的积怨越来越深，悬案也越来越多。受变幻莫测的政治局势影响，长野朗的中日问题观也呈现出多极化的特点。而今，我们要想对其中日问题观进行总结，首先应该考虑如下几个基本问题：其一，长野朗是怎样梳理中日间的主要悬案的？其二，他是怎样支持日本的对华政策的，又提出了哪些修正方案？其三，他是如何主张日本在东北三省的主权，并拥护其在中国大陆的经济利益的？其四，他为什么会对英美带有强烈的反感，其基本心理意识是什么？其五，长野朗是怎样构想中日合作与联盟的，其政策主张的思想实质又是什么？

正如本书序章中所介绍的那样，目前，在近现代史研究领域中，有关长野朗的专项研究还没有出现。尤其是关于抗日战争期间长野朗思想意识的研究，更是一个空白点。也就是说，论述评价长野朗问题的第二手资料相当匮乏。即便如此，笔者仍然要"一意孤行、单打独斗"地揭示其思想观点。在本书的第七章和第八章中，笔者将带着上述几个问题，以长野朗的著作（第一手资料）和史实为依据，以相关历史事件为线索，详细地分析论证长野朗的中日问题观。在此基础上，找出其特点和思想内涵。为了搞清长野朗中日问题观的真实情况，必须先从辨析"满洲占有论"入手。

第二节 "满洲占有论"辨析

1. 基本认识

在中国通长野朗的荒谬思想观点中，关于中国东北三省的日本权益问题尤为突出。九一八事变前后，他总共出版了 13 部著作来探讨东北三省的问题。那么，长野朗在这些著作中究竟是如何考虑东北问题的呢？他又是怎样设想东北问题的解决方案的呢？笔者以长野朗的著作为第一手材料，结合有关的历史事件，来深入探讨其思想实质。

进入 20 世纪 20 年代后期，为了统一中国，南京国民政府再次开始北伐。这个时期，先后发生了一连串的恶性事件。如：日本出兵山东造成"济南惨案"，日本关东军蓄意制造"皇姑屯事件"，图谋独占中国东北三省等。围绕着悬而未决的东北问题，中日两国间的对立浮出水面，日本社会上看法不一，意见出现了分歧。其中，具有代表性的有军人石原莞尔的“满洲占有论”[3]、评论家石桥湛山的“满洲放弃论”[4]以及学者长谷川如是闲[5]和中国通后藤朝太郎等人的“满洲事变批判论”[6]等。

这一时期的石原莞尔宣扬“大日本主义”，他认为日本既然占领了东北就应该决定其所属，这对日本的“自存”是很有必要的。与此相反，石桥湛山则坚持“小日本主义”，他主张废除与中国之间的不平等条约，承认中国的民族主义，不以军事手段而以外交、贸易、技术等方法来解决日本的自存问题。长谷川如是闲和后藤朝太郎等人则反对日本行使武力，指出政治问题还是应该采取文化、经济等所谓柔性方法来解决。

近代以来，日本人对中国的东北地区抱有极大的兴趣，并且早就垂涎其优越的地理位置和丰富的物产资源。本书的主人公长野朗，更是看中了东北的重要性。他为日本侵略东北制造借口、创造条件，编造日本与东北地区的关系。例如，他在《满洲问题的真相》一书的“自序”[7]中，就单刀直入地叙述了东北问题的重要性：

> 满洲问题是日本面临的最大、最紧急的问题。如何解决这一问题，关系着日本的生死存亡。然而，满洲问题错综复杂，不仅交织着种种表面因素，而且还潜在着许多国际性因素。因此，对此问题一旦处理不当，就会影响国家的百年大计。……

长野朗指出，经过中日甲午战争和日俄战争，日本民族随着国家实力的增强逐步向亚洲大陆扩张。但从20世纪20年代开始，受内政、外交、特别是列强间势力均衡等因素的影响，出现了日本逐渐从亚洲大陆退却的情况。特别是近年来，可以明显地看到日本人的势力在东北步步衰退。关于这种萧条的状况，长野朗从两个方面分析了其具体原因。他以“日本民族的总退却”[8]为题，对日本人的颓势做了以下叙述：

> 日本的发展处于停顿状态，国内的政治、经济、文化方面均暴露出种种缺陷，社会已经无力进一步发展。与此相反，中国人开始觉醒，其民族解放运动在日益高涨。而且，其经济实力也在逐步增强。加之，英美尤其是美国的势力侵入东亚、牵制日本。
>
> 日本的这种衰退是一种很普遍的现象，在满洲还存在着更特殊的情况。日本经营满洲20年，耗费颇多却所得无几。这固然是因为在发展方法上存在着根本性谬误，但在其他方面也存在着诸多原因，其中主要是在于政治滞后和我国的国民性。……

据长野朗分析，日本人的势力在东北的退却，大体上有国内和国际的两个主要原因。国内的原因，是指日本领导层未能制定好针对东北的基本方针，中国人业已开始了政治上的觉醒和经济上的自立（这是某些心怀叵测的日本人所恐惧的、不愿看到的）。国际的原因，是英美的势力阻碍了日本的发展。但是，长野朗认为其最根本的问题，还是在于日本政治意识的滞后和国民性所使然。在此，他指出了日本政府的领导无方和国民的软弱性，并对日本人的颓势发出了无奈的叹息。

东北三省是个什么样的地方？在东北权益的问题上，日本正面临着怎样的现状和抉择？近期内，在东北会发生什么事情？长野朗在九一八事变发生的约一个月之前，就捕捉到了事态的严重性。他在其著作《在满洲大地上展开的民族战》[9]的“序言”中，援引历史事件的原委进行分析，并预言了中国人移居东北、与日本人侵略东北发生冲突的必然性，抓住了中日之间围绕着东北问题的要害点：

> 在满洲，自古以来就不断地重复着诸多民族的兴衰，从来没有任何一个民族能够永远长久地统治这里。近年来，满洲民族走向衰亡，汉人开始移居满洲，朝鲜人和日本人也开始从东面往这里移居。驱逐了满洲族和蒙古族的汉人，跟日本人在这里打起了一场民族发展的争霸战，而日本人也在想方设法地抑制汉人那汹涌澎湃的发展潮流。这一民族发展争霸战，可以说是在满洲出现的最大的问题。……

长野朗认为，中国汉民族移居东北主要有两大原因：其一是，进入民国之后，中国一直处在动乱之中，这种动乱状态会越来越严重，汉民族向外部的流出也会更加严重，这将形成一种自发性的不断增进对外发展的态势；其二是，中国官方一方面保持对外锁国状态，另一方面又有意识地驱使本国民众向外部发展。经他的观察，广东、福建的移民正在向东南亚和澳大利亚流出，山东、直隶的移民正在向东北及西伯利亚地区扩散。那么，汉民族从本土中心地区向东北移居这一行为，对于日本来说到底具有什么样的意义呢？对此，长野朗毫不客气地下了一个严厉的“定义”[10]：

> 他们的侵略是和平式的经济上的，他们并不奢求上层的管理权。也许正像英国人所说的那样，汉民族只不过是在为白人养牛、挤奶的民族。在需要花费大量金钱的政治、治安等棘手的问题上，他们让外人来做，而自己只占有实际的利益。为此，他们表面上不引人注目，暗地里却在向下层渗透。由此说来，他们是最严重的侵略者。

长野朗否认了西方列强和日本帝国主义侵略东北的事实，他将中国汉族人民在自己领土内的经济活动指责为“和平式的经济上的侵略”，将移居东北的中国汉族人民诬蔑为“最严重的侵略者”。他擅自剥夺中国人民对东北的所有权，妄图将东北变为一块“无主之地”后，再将其交到日本人手中。长野朗完全无视了中国本土与东北之间的历史地理、政治经济以及社会文化上的关联性，他为了让日本人能够轻而易举地获得东北的主权而进行了精心的考虑和盘算。他以偏激的历史观为基础，顽固地坚持着自己对东北的基本认识。

2. “满洲占有论”之谬误

中国通长野朗对东北的基本认识，主要有以下几个环节：首先，东北这块土地不属于任何国家；其次，中国人的进入是侵略行为；第三，由于汉民族的侵略导致了日本人的退却。然而，日本人必须要在东北展开其民族发展事业。至于为什么，长野朗列举了“人类生存的基本需求”这一理由。如长野朗在其《日本国民的生存与满洲》一书[11]的“序言”中，就强调了人类的原始天性和生存本能的观点。他认为衣食住、男女需求和个人生存是第一要义，而其他的都是第二位的。长野朗认为，国家应该满足国民的这一基本需求，即使是侵略主义的领土主权问题，也要为国民的生存问题让路。他是这样说的：

［人类生存的基本需求］这一原则在满洲是如何应用的呢？如果满洲对于日本国民的生存是绝对必要的话，那么，日本当然有权利谋求其在满洲生存的出路。所谓领土侵略，即是像英美俄中那样，在过去曾经占领了有很多异民族的广大土地，占有了非自己生存所必需的东西，并阻止其他国家的进入。他们的帝国主义侵略行径，可以说是强盗中的强盗。满洲是汉民族曾经侵略过的地方，而西伯利亚则是俄罗斯侵略的猎物。所谓侵略，指的不是本国国民因生存需要而自然拓展出来的地方，而是征服、剥削其他民族所得到的地方。

长野朗认为，欧美各国曾经瓜分世界，得到了广袤的土地，建立了很多殖民地，就连中国的汉民族，不也是用非正当手段侵略过东北吗！他为日本辩解说：我们日本民族现在离开东北就会出现生死存亡的问题，所以当然有在东北谋求生存的权利。其他人来东北是侵略行为，而我们的要求则是正义的。长野朗以生物学的视角，用弱肉强食的理论，为日本侵略东北的行径进行辩护，使日本的无限度军事扩张和武装移民得以正当化。他是既反抗白人列强对东方的侵蚀，又排挤中国人的正常活动，还主张了日本的侵略有理。

另外，长野朗在其上述著作的“国民的生活与满洲”一章[12]中还说到，民族的发展展示了国家的历史，一个民族向自己的外围扩张是一种很自然的现象。日本曾经从本州岛的西南部向本州东北部扩张，中国则曾向其周围扩张。他固执己见，认为现在的日本，除了中国东北三省以外，没有移居与发展的余地和机会。对此，他还找出了下面的理由作为论据：

……日本民族从南方不断地北进，才得来了今天的繁荣。日本必须根据以前的传说继续北进。日本民族的祖先出云族，是从满洲来到日本的，满洲是日本民族的故土。无论从民族、地理还是经济方面看，日本人在满洲发展都是很自然的。而且，在满洲也有能够充分容纳日本人的未开垦的土地。日本人具备遵从自然法则，向日本海周围扩张的天命。

长野朗认为，日本民族的祖先生活在出云地区[13]，其祖先出云人，是从东北经过朝鲜半岛来到日本列岛定居的。然而，这样的论点到底从何而来？其论据又是什么呢？他并没有详细地予以说明。笔者查阅了日本的两大古代经典著作《古事记》和《日本书纪》，还翻阅了日本的古籍《出云风土记》[14]，均未找到相应的记载。

日本学者门胁祯二先生，在其研究成果《出云的古代史》[15]一书中提到，古代日本的大和朝廷，在势力强盛之时，曾与出云地区、古代的朝鲜半岛三国，尤其是与新罗的关系密切。后来，由于日本国内各派政治势力相互抗争等原因而中断了往来。门胁先生也并未指出日本人的祖先来自出云地区。他所使用的原始史料，也是以上所提到的三种古籍。

日本的历史是由神话传说而来的，尤其是日本上古的历史，是根据神话传说进行再创作而形成的。事实上，关于出云国繁盛时代、出云人来自何方的情况，就连神话传说和加工过的历史中都没有记载。这样一来，“日本民族的祖先出云族，是从满洲来到日本的，满洲是日本民族的故土”的说法，就值得怀疑了。这种没有根据的观点是完全站不住脚的。

笔者认为，日本人的祖先由亚洲大陆的东北部，越过朝鲜半岛来到日本列岛定居这一说法，就连长野朗本人也是难以确定其出处的。或许这仅仅是他本人的一种揣测而已。尽管如此，他还是坚持认为，现在的日本人移居东北，就如同出云人（所谓的“古代东北人”)的子孙回到祖先们的故乡一样，是件理所当然的事情。长野朗添加了一个全新的并且方便实用的理由，他以“传说”来支撑自己的观点，辅助其东北认识的根基。他编造谎言混淆视听，利用虚幻不实的“历史”，杜撰日本帝国主义占领东北的理由。

七七事变发生后，长野朗依然继续坚持其日本人当然具有东北主权的观点，而且更进一步地站在了捍卫日本权益的立场上。他把中国汉族人民的移居东北和经济活动，诬蔑为“反对共存的利己行为”和“剥削”。同时，他又以一种接受现实的姿态，提出了中日两国势力在东北共存的方案。例如，他在其著作《抗日中国的研究》一书[16]中，就制作了一套中日两国共存于东北的计划。

长野朗的“中日两国共存设想”主要有以下一些内容：首先，他认为东北和朝鲜是东亚各民族的争霸之地，也是日本的生命线，日本当然应该守住它。汉民族必须停止其独占东北的行为和利己的行动，必须朝着中日两国共存的目标，积极地与日本进行协调。其次，他又认为发生九一八事变的责任在于张学良，问题出在中国人一方，中方应该承认这一点。而日本人“注定要向日本海周围扩张”，采取一定的措施是迫不得已的事情，中方必须退让甚至听命于日本。很显然，在长野朗的中日两国共存方案上，打着专横霸道的烙印。他就是在这样的逻辑下，构筑起了他那“满洲占有论”的理论基础。

长野朗的“满洲占有论”主要有以下几个组成部分：第一，他指出了“天然”的理由，即东北三省自古以来就是块“无主之地”，中国汉族人的移居是对东北地区的侵略。只要有实力，无论是谁都可以迁入进去。第二，他强调了现在的理由，即东北三省是日本的“生命线”，东北的得失关系到整个日本的生死存亡，日本必须在东北开辟新的天地。第三，他列举了历史的理由，即东北地区是日本民族祖先的居住地，是日本人的“故乡”。现在的日本人当然有权利回归自己的故乡，日本人进入东北三省并不是那么不可思议的事情。总之，他认为东北三省理所当然地应该成为日本的领土。

以日本国家利益为重的长野朗得出了这样的结论：日本人与中国人争夺东北是不可避免的，为了日本民族在东北的发展，日本政府在政治上应该有所突破。日本必须排除中国人的势力，以武力进行征服和统治。长野朗明确表达了其东北必属日本占有的立场。这，就是其充满谬误的“满洲占有论”的最终目的。他偷天换日，瞒天过海，歪曲事实，颠倒是非，其自私自利的“满洲占有论”，完全是一套歪理邪说和强盗逻辑。

3. 小结

笔者就中国通长野朗的“满洲占有论”进行了分析论证。综上所述，特点有三。

其一，在政治层面上，当时日本社会的一般性舆论是“割舍满洲以求和平”。他们所要表达的意思是，日本不仅要承认中国的民族主义，而且还要承认中国对东北三省的主权，在确保在日本的经济利益不受损失的前提下争取实现和平。但长野朗明确地否认中国对东北的主权，与日本帝国主义的侵略扩张体制同流合污，意欲把中国东北变为日本的殖民地。

其二，相对于政治问题，长野朗更重视经济，他最终关心的是经济问题的解决。在他看来，日本人口众多、国土狭窄，日本人必须移民到中国的东北三省才能得以生存繁衍下去。为了日本的所谓“自存”和“生命线”，他始终坚持日本在中国的权利，竭力维护日本的在华经济利益。他希望以东北三省的人力和物力，为日本的国家利益服务。

其三，长野朗对中国有浓厚的兴趣，但他对汉民族人民抱有偏见。他的“中日两国共存设想”也是偏袒日本的，具有很明显的欺骗性。他不断深入思考东北问题，但他面向中国为日本伸张国权，其思想中蕴涵着炽烈的霸道意识。他对于中国来说是个侵略扩张主义者，对于日本来说是个偏激狭隘的爱国者的典型历史人物。

第三节 “反对抵制日货论”辨析

1. 基本认识

中国通长野朗非常关注中国的抵制日货问题，还异常警惕英美两国支持中国的排日运动，更不赞成国民党和共产党参与领导反日抗日运动。他坚持日本本位主义的思维逻辑，提出了“反对抵制日货论”的观点。那么，长野朗为什么要提出这一观点？他究竟是如何分析抵制日货这一现象的？他又拿出了哪些解决问题的具体方案呢？笔者以长野朗的著作为第一手材料，结合有关的历史事件，来深入探讨其思想实质。

20世纪初期，西方国家之间爆发了第一次世界大战，他们专注于欧洲战事，无暇顾及东方形势。日本政府趁此时机，利用袁世凯图谋称帝的欲望，于1915年向中国北洋政府提出了妄图灭亡中国的“对华二十一条”要求。其后，在1919年的巴黎和会上，日本更是无理拒绝了北洋政府代表顾维钧等人提出的、要求恢复山东半岛主权的提案。

面对日本帝国主义的强盗行径，以北京各高校师生为先锋的中国知识界，自发地举行集会游行，开展抗议活动。抗议活动接连不断，如火如荼地发展起来，引发了中国近现代史上著名的五四运动[17]。在知识分子的影响下，中国民众开始觉醒，他们逐步理解和接受了近代国民国家的概念，萌发了国家独立与民族解放的意识。广大人民群众开始行动起来，反对日本的殖民主义政策，在全国范围内掀起了一场轰轰烈烈的抵制日货运动。这场运动一直持续到了抗日战争时期。

中国通长野朗在这场中国抵制日货运动中，对中国知识分子和民众表示了一定程度的理解。同时，他又带着对中国排日行动的抵触感，采取了断然反对抵制日货的态度。例如，他在其著作《日中共存之路》[18]中，就曾这样写道：

> 以前的日中贸易，在立足点上曾出现过很多错误。日方的错误在于，将贸易业者对华贸易的盈利当做了重点。但实际上，日中贸易应该建立在日中两国共存的理念之下。所谓日中两国共存，并非指日中两国政府的共同利益，而是指日中双方民众的生活保障。而中方的错误则在于排斥日货。贸易应该立足于日中两国民族共存的本义之上，而破坏了这一点，显然是极端错误的。因此，正常的日中贸易，应该建立

在两国互通有无的基础之上。……

在这里，长野朗首先批评了日本方面。他认为日本在对华贸易上目光短浅，见利忘义。他强调指出，对华贸易不仅仅是为了中日两国政府的利益，更为重要的是为了中日两国国民的生活。随后，长野朗又批评了中国方面的排日运动和抵制日货运动。他认为，中方的做法“亵渎了日中两国民族共存”的本义，破坏了“互通有无”的原则，损害了两国国民的共同利益。对于中国人民的抵制日货运动，长野朗从一开始就明确地站到了反对的立场上。他在《民族与国家》一书[19]中，详细地分析了国际上存在的政治排他的共性，也分析了中国抵制日货运动的特性，并且在这样的思想认识的基础上，宣扬其“反对抵制日货论”的观点。

长野朗是这样进行分析的：在主权、领土及民族感情等问题上发生摩擦时，必然会导致政治排他。政治排他主要有两方面的内容：一是文化排斥，二是人民排斥。而后，随之而来的还有经济排斥。经济排斥的主要表现是，在进口和市场方面排斥外国商品。排斥即是指抵制外国货物，停止国际交易活动。而停止国际流通领域里的活动，会给两国民众的生活造成极大的负面影响。而所谓抵制，主要是弱国对强国所采取的行动，其种类繁多，程度上存在诸多差异，影响也不尽相同。长野朗所说的抵制，是指国际上存在的政治及经济排他的共性。

那么，对于中国抵制日货的原因和特性，长野朗又是怎样分析的呢？在《民族与国家》一书[20]中，长野朗做了详细的描述。他写道：中国最初的排外运动，是1905年针对美国而发起的。那个时候，运动的中心是中国的商人团体。在那之后，针对日本的一系列排斥事件，主要是由广东方面的商人团体发起的。然而，从1919年一直持续到1941年的排日运动，最初是以学生为中心，商人几乎是被牵着走的。其主要原因是，在此之前的欧洲大战使中国的思想界发生了变化，知识分子和青年学生首先受到了影响；其次要原因是英美人的排日宣传鼓动，即英美人办的学校指导中国人的学校，英美基督教青年会的干事领导着中国学生会。

长野朗还看到，从1923年到1924年起，受苏俄影响的共青团干部取代了基督教青年会的干事，开始领导学生会和商人团体。起初，主要是从事国货生产和销售的商人积极参与排日运动，大部分商人团体则是被迫展开行动的。随后，全国的商人团体都主动参加到了运动中来。共产党领导反日运动以来，从1925年的五卅运动开始，工会组织就作为排日实行机关登上了历史舞台。而且运动的形势和规模，也从抵制日货逐步发展成了针对整个外国企业的罢工活动。

此后，国民党开始领导排日运动。国民党的党部取代学生会和工会组织掌握了领导权，商人团体变成了实行主体。学生在排日运动中的作用减弱了，工会组织的活动也随着共产党的衰退而潜入地下。然而，1927年的日本出兵山东、1931年的九一八事变、1935年的华北五省自治等问题，使学生再次变成了抗日的急先锋。长野朗摸清了中国抗日运动发展变化的脉络，客观地道出了抵制日货运动的历史原委。对于这种状况，他是这样看的：

> 日中事变前的抵制日货运动发展成了全国性的运动，这是近年来中国国家主义运动的结果。列强对中国的压迫，促使中国人民产生了国家主义的思想观念。欧洲大战后，民族自决的风潮波及到了中国，在这里掀起了一场国家主义运动。国民党的政策也促使这场运动进一步地发展壮大，抗日和国

家统一成了中国国民运动的重点。此外，国民党和共产党把排日团体扩展成为全国性组织。在他们的指导下，全国上下趋于团结。而且，交通和通讯的发达，也使全国联络变得方便容易起来。[21]

长野朗认为，中国抵制日货运动背后的主使者，是英美、国民党及共产党等几股政治势力。而在舞台上亮相的，则是青年学生、商人团体和工人阶级。支撑这样一场抵制日货运动的，是民族自决和国家统一的思想潮流。即抵制日货运动的思想基础，是民族主义和近代国家观念。这些思想意识、政治团体、行动主体，都归结到反日抗日的问题上来，使得抵制日货运动大规模地开展起来。他敏锐地观察到了其前因后果和发展历程。

与长野朗同时代的长谷川如是闲，是当时日本著名的学者和思想家。长谷川经历了明治、大正、昭和三个时代的历史波澜，早就看到了中国民族主义思想的萌芽，察觉出中国知识界和民众的觉醒，认为中国的民族自决和国家独立是大势所趋。他建议日本应该承认中国发展进步的现实，正确对待其社会的根本性变革[22]。可以说，在对待现实中国的问题上，长野朗也达到了与长谷川如是闲相同的思想认识水平。

2. “反对抵制日货论”之理由

长野朗将日益恶化的中日关系与抵制日货运动联系起来思考，正确地判断出抵制日货运动的本质性变化。例如，中国抵制日货运动的主要原因是什么？单纯的抵制日货运动，又是怎样逐渐演变为长期武装抗日的呢？针对这些问题，长野朗在《再看中国》一书[23]中，做了如下的分析：

> 对于满洲事变前后的排日运动，我们应该将其完全区别开来分析。最初，排日运动是在发生“辰丸事件”时被掀起来的。在此后的大正四年（1915年），发生“对华二十一条”问题时又再度出现。但都没有酿成什么大的祸事。然而，始自大正八年（1919年）的排日运动，则具有一定程度的思想背景，其性质也应受到重视。也就是说，自大正八年至今，在这场持续十七八年的运动中，始终贯穿着一种方针和策略。……

中国从抵制日货到长期抗日，或者说从经济战过渡到武装反抗，使日本的状况变得极为严峻。长野朗认为，在排日的问题上存在着多种复杂的远因和近因，其根源是中日两国民族在比肩发展过程中产生的冲突。对华二十一条与五四运动、出兵山东与九一八事变，以及随后发生的华北五省自治等一系列事件，都成了抵制日货与武力抵抗的原因。

长野朗认为，是东北三省问题激化了中日两国间的对立，中国一定要将日本势力从山东半岛和中国大陆驱逐出去，还有可能会趁势进攻到日本来。另外，长野朗还假借中国人的口吻，故作姿态、危言耸听：

> 现在中国在武力上不敌日本，而日本在经济上依存于中国。因此，中国首先以抵制日货的手段在经济上打击日本，然后等日本更加衰弱之时，再使用武力攻击日本。[24]

在七七事变发生之前，长野朗就曾分析说，作为弱者的中国人，是在以抵制日货为武器来对付日本的侵略扩张政策。长野朗在政治上具有很强的认知能力和敏锐的洞察能力，他比较准确地判断出事物的真相，看穿中日两国之间的各种玄机。他在《民族与国家》一书中所预言到的灾难性事态，就好像是事先看到了太平洋战争爆发后的现实一样逼真。

如上所述，长野朗具体介绍了中国抵制日货运动的内容、原因和影响，尤其是详细分析了中国抵制日货运动的历史缘由和当前形势。然而，长野朗是以一种乐观和缓的态度来看待这一问题的。他认为：

> 抵制日货的原因有很多种，其中大部分原因是源自国际关系的不合理，如果国际关系趋于正常，这些原因也就有可能被消除了。但其中也确实存在着并非一朝一夕就能解决的问题。而伴随着人类文化的进步，这些问题也许会被渐渐消除吧。[25]

他的这种看法很有先见之明和前瞻性，甚至带有一定的先进性，是值得称道的。他在这种分析研究的基础上，做出了以下的论断：

> 对某一国家抱有厌恶感，即在人类共存的层面上看，认为这一国家的行动是不合理的。在这种情况下，国民会根据个人的意愿，不去购买这一国家的商品。这种行为，处于国家权利的管理范围之外。而且，面临他国的侵略，本国利用其合法机关，选择抵制他国商品作为最佳的自卫手段，也确实是属于其主权范围之内的事。但是，抵制他国商品是国际共存层面上的一种障碍，应该把它当做战争一样，共同努力消除掉，而不应该用它来代替战争。要想彻底解决这个问题，就要逐渐消除国际上的利己行动，增进国际间的和亲共存。[26]

一国的国民对另一国抱有厌恶感，自主自发地不去购买这一国家的商品，这的确不是国家权力能够干涉的范围。面对敌国的侵略，以抵制敌对方的进口商品为方法进行抵抗自卫，这也不应该受到谴责。但是，如同要在世界上消灭战争一样，抵制进口商品的行为也应该被消除，因为不能利用抵制进口商品的行为来代替战争。长野朗认为，要想彻底解决这个问题，国际间平等交易的思想意识、与“和亲共存”的实践活动是非常必要的。他希望中日双方，无论是政府机构还是民间组织，都应该努力维持正常的外交经贸合作关系，以求两国人民的共存共生。

中国的抵制日货运动，严重地打击了日本的对华贸易，给日本的经济发展带来了极大的负面影响。长野朗极其重视日本的国家利益，他毫不犹豫地站在了“反对抵制日货论”的立场上。但另一方面，他对中国抵制日货的具体情况，也表示了一定程度的理解，显示出了一种超然的乐观主义态度。他呼吁消除国际间的紧张关系，防止中日间发生战争，倡导国际共存、人类各民族间的文化交流和经济方面的互通有无。长野朗冷静地面对现实，提出了解决抵制日货问题的根本理念。

但是，中国通长野朗的分析和提议具有两面性。他在几个关键的部分，或是岔开了话题，或是敷衍塞责。比如，关于抵制日货运动的责任问题，长野朗认为还是应该由中国来负。他觉得政治问题并非那么重要，最要紧的是要维持现状，解决好抵制日货的问题。但他从根本上就搞错了，因为只有日本停止了侵略中国的行动，才能彻底解决抵制日货的问题。在中日两国间的诸多悬而未决的问题上，他往往提出有利于日本的解决方案，这是他一贯的手法。总之，长野朗从心里反对中国的抵制日货运动。

3. 小结

笔者就中国通长野朗的“反对抵制日货论”进行了分析论证。综上所述，特点有四。

其一，在政治层面上，长野朗很清楚，是日本帝国主义势力在中国的侵略扩张行径，引发了中国人民的抵制日货运动。他对事实的介绍分析是比较客观的，但他对责任主体的追究却不彻底，尤其是在国家主权的问题上表现得模棱两可。

其二，相对于政治问题，长野朗更为关心的是经济问题。他认为，英美人参与中日间的事务，国民党或共产党领导抵制日货运动，这些都不利于日本的生存与发展。为了日本的所谓“自存”和“生命线”，他竭力维护日本的在华经济利益。他希望中国的市场体系在日本的驱使下，为日本的国家利益而服务。

其三，长野朗的对华态度具有两面性。对于中国抵制日货问题，他一面表示理解，另一面又采取了坚决反对的态度。他批评日本时轻描淡写，袒护日本显而易见。他指责中国时非常刻薄，甚至把中国维护自己正当权益的行动，说成是狭隘的心理表现。

其四，是解决问题的方法论。至于如何解决抵制日货问题，长野朗的提案还是比较谨慎的。他反对使用武力，主张采取妥协、合作、共存等和平的方式。作为一个知识分子，他没有丧失最起码的理智、良知和道德的底线。这一点还是应该肯定的。

注释：

[1]长野朗遗著：《自治论》“年谱”部分。日本：自治论刊行会发行，日土人村建设研究院，1979 年（昭和五十四年）12 月 15 日。

[2]刘家鑫论文：《关于长野朗的中国观》。日本：新潟史学会，《新潟史学》第 43 号，1999 年 10 月。

[3]古屋哲夫著：《日中战争》。日本：岩波书店，1985 年 5 月 20 日，第 52 页。

[4]增田弘论文：《石桥湛山的满洲事变批判论》。日本：硫球大学，《硫大法学》第 32 卷，1984 年（昭和五十九年）。

[5]田中浩论文：《长谷川如是闲的中国认识、从辛亥革命到满洲事变》。日本：中央大学，《经济学论纂》第 34 卷，第 5、6 合并号，1994 年 2 月。

[6]刘家鑫论文：《后藤朝太郎的日中关系论、从出兵山东到七・七事变》。日本：新潟大学研究生院现代社会文化研究系，《现代社会文化研究》第 11 号，1998 年 3 月。

[7]长野朗著：《满洲问题的真相》。日本：中国问题研究所，1928 年（昭和三年）7 月 10 日。

[8]长野朗著：《满洲问题的真相》，第 81 页。

[9]长野朗著：《在满洲大地上展开的民族战》。日本：中国问题研究所，1931 年（昭和六年）7 月 1 日，第 1 页。

[10]长野朗著：《在满洲大地上展开的民族战》，第 3 页。

[11]长野朗著：《日本国民的生存与满洲》。日本：中国问题研究所，1931 年（昭和六年）8 月 25 日，第 1 页。

[12]长野朗著：《日本国民的生存与满洲》，第 13 页。

[13]出云：日本古代旧国名，本州岛南部山阴道八国之一，也称云州。位于现在的岛根县东部地区。（松村明等编：《古语辞典》。日本：旺文社，改订新版，1990 重版发行，第 125 页。）

[14]小学馆编辑：《古事记》《日本书纪》《出云风土记》。日本：小学馆，1994 年 4 月 20 日～1997 年 10 月 20 日出版发行。

[15]门胁祯二著：《出云的古代史》NHK系列图书（第 268 集）。日本：日本广播出版协会，1978 年（昭和五十三年）2 月 1 日，第 37 页。

[16]长野朗著：《抗日中国的研究》。日本：坂上书院，1937 年（昭和十二年）12 月 25 日，第 170 页。

[17]李新、李宗一主编：《中华民国史》（第二编、北洋政府统治时期、第二卷），1916 年～1920 年“巴黎和会与山东问题”。北京：中华书局，1987 年 9 月，第 385 页。

[18]长野朗著：《日中共存之路》。日本：坂上书院，1937 年（昭和十二年）7 月 25 日，第 202 页。

[19]长野朗著：《民族与国家》。日本：坂上书院，1941 年（昭和十六年）3 月 25 日，第 184 页。

[20]长野朗著：《民族与国家》，第 187 页。

[21]长野朗著：《民族与国家》，第 186 页。

[22]田中浩论文：《长谷川如是闲的中国认识、从辛亥革命到满洲事变》。

[23]长野朗著：《再看中国》。日本：大都书房，1937 年（昭和十二年）3 月 22 日，第 369 页。

[24]长野朗著：《再看中国》，第 370 页。

[25]长野朗著：《民族与国家》，第 196 页。

[26]长野朗著：《民族与国家》，第 214 页。

（王瑛编译、刘家鑫改写）

第八章　长野朗的中日问题观（二）

——“英美离间论”与“中日合作联盟论”

第一节　“英美离间论”辨析

1. 基本认识

20 世纪 20 年代后期，英美两国出于对其本国利益的考虑，不断调整对华政策，加强对华经贸合作关系，扩大对华文化教育事业。欧美各国在中国的活动愈来愈活跃和频繁，这给自身利益受到冲击的日本人造成了极大的精神压力。中国通长野朗自青年时期起就对英美抱有偏见，面对英美势力压迫日本的形势，他感到非常不满，并表示格外的忧虑。他认为英美两国在挑拨中日关系，提出了“英美离间论”的观点。那么，长野朗究竟为什么对英美两国抱有如此强烈的反感呢？其“英美离间论”的根据又是什么呢？笔者以长野朗的著作为依据，结合有关的历史事件，来深入探讨其思想实质。

中国清朝统治的中后期，即从 1840 年的鸦片战争开始，以英国为首的西方帝国主义列强以武力从海上打开了中国的门户。此后，西方列强逐步压迫战败的中国，迫使中国签订了许多不平等条约。列强践踏中国的主权，分割中国的领土，强行设立租界，在中国驻军，实行治外法权。还强夺中国的关税、盐税、铁道的管理监督等利权，并擅自开发中国的资源，霸占产品市场。在近一个世纪的时间里，诸多国难降临到了中国人民的头上，这种屈辱的状况，一直持续到了南京国民政府统治时期[1]。

西方势力对东方弱国实行政治压迫、军事侵略和经济掠夺，长野朗将此情形称为“白祸”。早在1924年，他就出版了《白祸困扰的中国、通往亚细亚联盟之路》一书[2]。他在书中详细地介绍了白人民族征服东方有色人种的情况，并且认为英美列强首先压制中国，进而侵占日本。东方的中日两大民族，正面临着西势东渐、国家灭亡的危机。

面对这种“白祸”席卷而来的现实，长野朗感到非常焦虑不安。他在考虑，怎样才能避开这种危机。在上述著作的第二章“英美的日中离间”[3]中，长野朗首先分析了中日两国的自然资源和社会发展状况，继而描绘了一幅理想的中日合作关系蓝图。他认为，只要中国和日本联合起来，再做好物质上的准备，就能够对抗欧美势力的侵略和蚕食了。

但长野朗又认为，对日本的一番好意，中国不但不理解，还起了疑心和猜忌。而作为第三者的英美唯恐中日两国关系密切，采用挑拨离间的手段，致使中日两国不和。长野朗以第一次巴黎和会上发生的山东权益问题为例，来证明这一事实。他说道：

> 在欧洲大战中，英美两国强忍妒火，对日本独占中国冷眼相加。他们在巴黎和会上，就开始离间中日两国关系。

之后，他开始批判英美两国在中国的排日活动，指责英美暗中帮助中国开展反日运动，认为他们的行为极大地损害了中日关系的正常发展。例如，他在上述著作[4]中，站在捍卫日本权益的立场上，观察这一三角关系，并指出了英美排日的主要目的：

> 英美煽动排日的主要目的有二：第一，是利用排日的气势，打倒亲日派，使亲英美派掌握政权；第二，是为了恢复在战争（第一次世界大战）中被日本侵占的经济地位，而大力开展抵制日货活动。而且，他们也基本上达到了目的。贸易得到了长足的发展，借款合办企业工作陆续取得成功，亲日派也丧失了地位。……

1915 年，西方列强均卷入了“一战”，无暇东顾。趁此机会，日本政府以最后通牒的方式，向袁世凯的北洋政府提出了妄图灭亡中国的“对华二十一条”。正是这个象征侵略扩张政策的无理要求，给中日关系罩上了一层阴云，使得两国关系严重恶化。在 1919 年的巴黎和会上，美国总统威尔逊起初支持中国的申诉，主张承认弱小国家的民族自决权。但是后来，日本代表歪曲事实，强词夺理，并以退出会议相威胁。英美等五大国屈服于日本的压力，拒绝了北洋政府代表顾维钧等人的要求，最终牺牲了中国的权益[5]。之后，山东权益问题的表决结果，在中国引发了大规模的反日运动。

与此同时，欧美及世界各国的有识之士，也积极地支持中国人民的反日运动，尤其是居住在中国的英美两国人士，在报纸上发表排日言论，募集排日活动经费，不遗余力地组织动员，多方面地协助中国的反日运动。对于这样的事实，长野朗不去分析日本的错误与责任，反倒从维护日本国家利益的角度出发，将其解释为英美的“离间计”。长野朗的这种仇视英美的思想观点，即使到了十几年后的 1937 年，也未见有任何改变。

七七事变的爆发，给蒋介石政权的国家建设事业，带来了毁灭性的打击。长野朗承认这一事实，但他却认为日本出兵中国，完全是蒋介石政权的亲英美政策造成的，是因为南京国民政府与西方各国、尤其是与英美两国相互勾结，掀起了反日运动。他认为，日本占领中国并不是日本的本意，其真正的目的在于驱逐欧美势力。

可是，长野朗并未替中国设身处地地着想。面对日本帝国主义不断的军事侵略，中国必须依赖英美和苏联的支持与援助。其他西方国家与中国，在政治军事领域里的合作也在不断加深，经济贸易关系更是日臻密切。长野朗对此充满了警惕与敌意。他在自己的著作《战苑中国的习俗》中，以“英美的排日煽动”[6]为小标题，表明了自己的观点：

> 显而易见，自大正八年（1919 年）持续开展起来的排日运动，在其背后，有英美人在露骨地进行煽动。排日运动如此根深蒂固的主要原因之一，就是英美两国的鼓动唆使。在他们的煽动排日行为里，隐藏着离间日中两国的意图，潜藏着对日经济侵略的动机。他们首先利用排日运动的气势，打倒亲日派，让亲欧美派掌握政权，这样就可以轻而易举地获得其权益。其次，为了恢复在大战（“一战”）中被日本侵蚀掉的经济地位，而开展抵制日货运动。

事实正如中国通长野朗所观察到的那样，一些英美人将中国的学校和教会作为活动的场所，筹措资金调动人员，从南到北，犹如在全中国张开了一张大网，支持中国反对日本帝国主义。他们还充分利用在中国的广播宣传机关，从舆论上对中国的报纸施加影响，将反日思想普及到青年学生与民众当中。当时，英美的各种团体成为抗日团体，就连传教士都成了抗日积极分子，领事馆、工商会馆和戒烟会均变身为抗日机关。长野朗叹息道，排日运动扩大到了中国全境，且带有强劲的持久性，英美的排日宣传确实取得了实效。

长野朗分析说，九一八事变以后，中国的对日策略是，表面上虚与委蛇、假装亲善，但：

> 在私下里，他们却继续进行着彻底的抵制日货行动，在军事方面进行消极抵抗。在此期间，采取以夷制夷的对策，以英美来牵制日本，努力使国际关系朝着对中国有利的方向发展。而日本的国际关系，则逐渐恶化陷入孤立。英美俄与中国之间关系愈加密切，从而形成了一种对日包围的阵势。[7]

这样一来，中日善邻友好的约定，不就变成了一纸空文了吗？！长野朗愤怒地批评了中国的对日政策。

长野朗一面呼吁中日两国应该联合起来，将欧美白人势力从东亚驱逐出去。而另一面他又指责说，中国的对日政策是联合欧美牵制日本，因此破坏了日本与欧美的关系。我们要问的是，如果中日联合驱逐白人势力是最重要的，那么，日本与欧美关系的重要性又该置于何地呢？在这两者之中，到底哪个才是日本外交的基轴呢？关于这个问题，长野朗的思想观念显得模糊不清，其逻辑思维自相矛盾。这种思想意识自相矛盾的现象，也恰好映衬出了当时的日本政府，即国策制定者们自以为是、执迷不悟的思维状态。

2. “英美离间论”之偏见

七七事变后，即 1937 年的 10 月，中国通长野朗到北京、天津一带进行过实地考察。他以旅行记的形式写了《透视新中国》一书。在书中的“事变后的北中国”一章[8]里，记录了英美人利用租界地，给中国人大开方便之门，进行抗日宣传的情况。英美人在租界内的排日活动和反日宣传，使长野朗产生了强烈的不满。他认为，日本也到了应该解决租界地问题的时候了。长野朗催促日本政府当局做出决断：是将日本租界地立即归还给中国还是继续保留，另外是否应该摧毁其他外国租界，抹杀其存在。对此，日本必须要认真考虑做出选择。

长野朗认为，欧洲列强渗透进中国东北三省是侵略行为，而日本的“进入”和“占有”则不是扩张主义行径。他指出，日本推行“大陆政策”时，遇到的最大障碍就是英国。以七七事变为起点的中国人民抗日战争，其实并非中日两国之间的战争，而应该将其视为日英两国之间的战争。例如，长野朗在《以中国为舞台的列强资本战》一书里，以“近年来英国的活跃”[9]为题目，做了如下阐述：

> 近年来，在中国最为活跃的就是英国。然而，它是站在日本的对立面上进行活动的。……最近，英国采取了一种包围的态势。它煽动中国，操纵俄罗斯，甚至驱使德国，引诱美国和法国，用以对抗日本。实际上，可以说日中事变就是日本与英国的战争，日英的利益是完全对立的。……英国控制着世界上大部分有色人种，而日本的兴起，则敲响了有色

人种觉醒的晓钟。日本进入中国引起了英国的衰退，冲破了英国在亚洲的第一线，对第二线也产生了影响。英国则想要防止这种情况进一步恶化。总之，日英两国的对立是一种宿命。

长野朗异常敏感，他指责英国和欧美各国的对日态度。其发言将列强间的矛盾暴露无遗，把他们争夺中国权益时分配不公的实情公布于众。另外，“黄种人对白种人”的斗争模式，是日俄战争以来的旧话题。他提及这一话题的目的，就是想要淡化和掩盖日本侵略中国的事实。他将日本军队占领中国，说成是从东亚地区驱逐白人势力的正义行动。他还预言到，随着事态的发展，这终将演变成为日英间的对立决斗。确实，在他说出此番话的三年之后，日本与英美荷兰之间就爆发了太平洋战争，这一事实倒是印证了他出众的预见性。

长野朗看到，当时中国的政局，正朝着国民党中央政府集权统一的方向发展，而蒋介石选择了抗日作为其统一的手段。中国既然已经将抗日当作招牌，就必须要得到英国的援助。他指出：英国大大地加强了对华工业投资的力度，帮助中国开采矿石和生产钢铁；在交通方面也投资不小，协助铺设铁路和修整公路；进行金融投资，维持关税制度和发行新纸币；开拓多种渠道，扩大中英经济贸易。尤其是中英在南方的经济合作，给日本造成了巨额亏损。

在上述著作的“日中事变与英国”一章[10]中，长野朗继续分析了七七事变后中国的国际关系。中国在英国的援助下积极进行抗日战争，其他各国在英国主导下编织了一张大网，力图包围日本。蒋介石政权以亲英美派为中心，又与亲苏派联合，实施强硬的对日政策。而英国运用所有手段，动用一切势力打击日本。长野朗认为，七七事变也是按照英国的计划进行的。他先是将事变发生的责任推卸给英国，而后，又把中日间战争的爆发，归罪于中国人民的反日运动和中英合作。他所论及的事变是众所周知的，其中的是非曲直也世人皆知，但他却混淆是非，颠倒黑白。

长野朗将英国比喻为日本的“天敌”，对其非常仇视。他关注着英国的动向，且感到越来越失望。

> 一时间盛传的对华日英合作问题，在报纸上引起了很大的反响。但英国的对华活动，一开始就没有与日本合作的必要，中国也完全依靠着英国的援助。因此，所谓的对华日英合作完全没有现实性。就这样，中国的抗日运动继续发展，随着经济建设的兴盛，英中合作也会不断地发展。[11]

长野朗感到：中国和日本，原本是一对天然的伙伴，但英国主导的中英合作严重地伤害了日本。英国不仅使日英合作成为空想、化作泡影，还破坏了至关重要的中日关系。由于英国正反两方面的干扰和阻挠，日本遭到了惨重的失败。对日本来说，英国的存在无异于眼中钉、肉中刺。

第一次世界大战结束后，西方各国的世界观和国际认识发生了一些变化。欧美工业发达国家，也希望求得长期的和平与稳定。在凡尔赛和约的约束下，列强的军备竞赛受到了一定的限制。在后来的华盛顿会议上，美国总统威尔逊曾经明确指出过，要尊重世界各弱小国家的民族自决权。其原因是，人们开始重新认识人类文明本身的价值。

20世纪初，震撼全世界的第一次世界大战，给各参战国带来了惨痛的教训，列强也不得不自我反省。所谓“文明”，并非西方的特产，西方固有文明也存在着缺陷。而中东、远东的文明也有其存在的价值[12]。同时，世界也开始进入了一个新的时代。其表现为：民族主义意识昂扬，爱国心澎湃，要求取消不平等条约，反对侵略扩张和殖民地主义，推进民族解放和民族自决。

进入 20 世纪 30 年代，中国急于接近英美，力图增强国力保障安全。日本对此带有很强的警备心，想要把中国与欧美割离开，并拉入自己的阵营。但是，日本的对华政策无视世界潮流，成了人类社会进步和建立协调国际关系的障碍。西方各国在殖民地问题上，均采取圆滑妥协的政策，而日本却无视世界发展趋势，奉行霸道政治，不断地采取军事行动蚕食邻国，梦想建立日本主导的中日合作和亚细亚联盟。与英美相比，日本进入中国的形式，非常古老且极其野蛮[13]，这表现了日本帝国主义政治意识的后进性。在这一点上，中国通长野朗也是个时代的落伍者。因为他没能看清世界发展的整体趋势，不具备宽广的国际眼光。

英美究竟为什么会在政治上与中国达成妥协，又是在怎样的国际形势下，给予中国经济援助的呢？长野朗没能做出准确的判断。他仅仅考虑到，英美援助中国是出于经济目的，瞄准的是中国的市场。他只看到，英美为了将日本势力驱逐出中国，宣传排日思想，鼓动抵制日货。他尤其敌视英国，认为英国在中日之间进行着对日本极为不利的活动。“英美离间论”的偏见，就这样在他的头脑中形成并固定下来。他顽固地坚持日本本位主义的思维逻辑，始终未能跳出明治时期以来日本对华政策观的怪圈。应该说，国权主义型的中国通长野朗，对世界形势的迅猛发展和中日关系应有的状态，缺乏正确的理解和充分的认识。

3. 小结

笔者就中国通长野朗的“英美离间论”问题进行了分析论证。综上所述，特点有三。

其一，在政治上，长野朗深受日本近代以来“兴亚论”和“大亚细亚主义”思想的影响。他认为，无论是从历史文化还是地理位置的角度考虑，中国都应该与日本进行合作与联盟。因此，必须坚决排斥第三国的介入，竭力消除英美的挑拨离间。

其二，带有强烈的经济目的。长野朗认为英美介入中日之间，挑拨两国关系，非常不利于日本在中国继续获得巨大的经济利益。他为了日本的所谓“自存”和“生命线”，坚决维护日本在中国、尤其是在东北三省的政治权利和经济利益。

其三，是心理意识在起作用。长野朗一直崇尚中国的传统思想文化，高度评价东方文化的重要性，强调回归传统东方社会风尚的必要性。他在心理意识上，抵制近代西方思想对东方的影响，抵制资本主义物质文明，反对极端利己主义和白人种族主义。

第二节　“中日合作联盟论”辨析

1. 基本认识

长野朗对日本侵略中国的行径表现出了非常矛盾的心态，对交战状态下的中日两国前途感到十分忧虑。他希望中日两国尽快结束战争状态，建立良好的全面合作关系。他站在日本本位主义的立场上，提出了“中日合作联盟论”的观点。那么，长野朗究竟为什么要宣扬这一观点呢？其“中日合作联盟论”的实质内容又是什么呢？笔者根据长野朗的著作，结合有关的历史事件，来深入分析其言行，深刻阐明其思想实质。

从 20 世纪 10 年代开始，在全世界范围内，民族主义成为时代的潮流，弱小国家人民的民族解放与独立自主的力量登上了历史舞台。但是，日本统治阶级仍然遵循弱肉强食的所谓“生存竞争原理”，顽固地坚持前近代式的旧观念，肆无忌惮地走上了侵略中国和亚洲各国的帝国主义道路。譬如，1931 年蓄意挑起九一八事变，占领了中国的东北三省。六年之后，又发动七七事变和八一三事变。同年 12 月，还制造了骇人听闻的南京大屠杀。日本侵略者将战火烧遍了大半个中国。日本口头上标榜“中日合作”，鼓吹建立“大东亚共荣圈”，借口从亚洲赶走西方列强。但其真实的目的，却是要占领中国，称霸亚洲。那么，长野朗是又如何看待这一问题的呢？

根据长野朗的著作《透视新中国》[14]的记载，1938 年的 2～3 月份，长野朗到中国的华北地区和中东部地区进行了实地考察。他看到，中国处处是战场，好端端的城市和乡村化为一片焦土。战争难民生活悲惨，平民百姓哀鸿遍野。他感到悲伤，也很苦恼。他有些怀疑日本的对华方针是否妥当，更为日本的发展方向和中日战争的前途担忧。

长野朗觉得，中国已经进入了抗日战争的关键时期，就连三四岁的幼儿都对日本抱有强烈的反感。面对中国人民如此根深蒂固的反日情绪，日本应该怎么办呢？很显然，光靠口头上的亲善和一点点恩惠是远远不够的。长野朗提出了一个深刻的问题，即日本必须要仔细探讨一下“事变的根本”，并且应该认真思考，总结经验吸取教训才行。

1938 年 10 月，长野朗曾在上海作过短期逗留。他将这期间的所见所闻，写进了其《上海八日记》[15]中。他写道：

> 日本攻占的地域非常广阔，但坦率地说，这些地区还未着手进行战后重建工作。可以想象得到，掌控如此广袤的地域是非常困难的。难点似乎比比皆是，需要付出巨大的努力才行。然而，在此之前日本政府就应该下定决心。置身当地仔细观察，我的这种感觉就更加强烈了。

在这几部著作里，长野朗袒露了其怀疑和忧虑的心情，他希望日本政府“下定决心”以后再行事端。那么，我们不禁要问，日本需要决断什么呢？事实上，这一时期的日本当局（近卫内阁），是被一群陆海军军人所控制。而这些少壮派军人，四肢发达却头脑简单，仓促间挑起了侵华战争，而胸中并没有成熟的计划和明确的目标。长野朗对中国的抗日情况做了客观的分析，他非常忧虑中日两国的前途，开始思考中日间如何妥协，怎样收拾战争残局。他希望尽快地打破武力至上的思维方式，想从困顿的现状中，找出解决中日间问题的方案来。

长野朗在其著作《中国未来记》一书[16]中，对中国的抗日力量做了如下的分类。他认为，第一类是青年学生，他们在感情上觉得，即便是中国与日本同归于尽也不足惜，比起屈服日本来，倒不如干脆成为英国或苏联的附属国。在这种思想意识的驱使下，他们毫不惧怕将来中国和整个东亚地区会变成什么样。第二类是亲苏派（共产党系统）和亲英美派的大联合，是由蒋介石总负责，配合苏联和英美的行动，建立起抗日民族统一战线。第三类是中日合作论者，他们认为中日两国必须携手合作，但面对日本的进攻，却又采取顽强抵抗的态度。中日合作论者分析说，假如日本能够承认中国的国格和独立国地位的话，停战讲和也未尝不可。

在长野朗的中国观中，有着善良友好的一面。但他对中国人的国民性格，表示怀疑和鄙视。他认为，日本人的处世方式是坦率诚实的，而中国人则不然。无论是亲日派、亲英美派还是亲苏派，他们都不具备这样的素质。在这一问题上，我们通过长野朗对中国派别的分析，可以窥见其一斑。例如，长野朗在上述《战苑中国的习俗》一书中，以“中国的全貌、性格特征复杂致极的国度”[17]为标题，做过如下的描述：

> 它（中国人的国民性格）会表现在时局和外交上。日本人总是想把一切事物简单化，即使是对中国人，也总是要把他们分为亲日派、亲欧美派、亲苏派来看待。但中国人决不是那样的，他们只是在随机应变。比方说，在某种情况下，如果与日本亲近就会对自己有利的话，马上就会成为亲日派。如果情况恶化，又有可能向某一方面转变的话，那么，就是亲日派的人也会与英美派进行联系。而英美派雇用的日语秘书，也会与日方秘密地取得联系。他们会根据实际情况，来决定如何采取行动。所以，像日本人那样，将中国人分为亲日派或反日派，绝非明智之举。

在长野朗看来，中国人的国民性格极其复杂难懂，仅仅看表面现象，很难轻易推测出中国人的真实意图。中国人会根据时局的变化，调整其意志指向，追随时代的变化和社会的潮流而生存处世。对民国时期的中国人来说，列强并非是亲近的对象，顶多是一种可利用的工具罢了。与其合作，利用其长处，以西方蛮夷压制东方蛮夷，这种方法的源流，可以追溯到战国时代的“合纵”与“连横”之策略。这并非是现代中国人的发明创造，乃是悠久的中国历史和民族文化所造就出的现实主义的做法。长野朗的怀疑也是不无道理的。

中国通长野朗熟知中国的抗日状况，也了解中国人民的抗日情绪，但他衷心希望中日两国人民感情融和，不要结下深仇大恨。例如，他在《日中共存之路》一书[18]中，就写下了这样的一段话语：

> 世界的历史和地理，是无论什么样的力量都无法改变的。历史上日本与中国的关系不能改变，日本和中国是邻邦这一事实也不能改变。有着悠久历史渊源的日中两国，虽然不时地会出现争端，但还是应该保持友好亲善关系。倘若日中两国像德法两国那样，成为永久结怨的国家，那么，对日中两国来说都是非常悲哀的。邻邦的关系非常紧密，就像兄弟间容易出现矛盾，发生争执一样，时而发生争端也是在所难免的，但是争执过后，就应该冰释前嫌，不能使之成为宿怨。……

如此说法，可真是一番至理名言般的大道理。除此之外，长野朗还举了几个有真凭实据的例子，来说明中日两国的关系。他说：纵观历史，日本与中国之间也发生过数次战争。比如日本于大化改新时代，曾试图占领朝鲜半岛，跟唐朝的援军在白村江海面上交战，但战后不久就修复了外交关系。蒙古人建立的元朝，曾遣兵十万攻打日本，但在博多海面上战船沉没，日本也因此损失惨重，两国从此结下仇恨。丰臣秀吉入侵朝鲜时，日本与明朝军队在朝鲜激战，但丰臣秀吉死后，仇恨也就随之消逝了。在近代历史上，中日甲午战争时，双方也曾激烈交战。然而，两国国民并未结下深仇大恨，两国的关系也很快就得到了恢复。长野朗认为，中日两国间一时的争斗并不算什么，但两国必须避免结下宿怨。那么，为什么中日之间要避免结怨呢？长野朗做了如下的解释：

> 要想保证东亚的安全，就要依靠日中两国的力量。日中两国正如汽车的两轮、飞鸟的双翼，缺一不可。但日中两国并不懂得这个道理，都自以为仅靠本国就能保证东亚的安定。中国变得强大，对日本有好处，这是值得高兴的；而日本变得强大，则会使中国更加安全。日中两国只有共同谋求正常发展，才能给东亚带来安全和幸福。如果两国中的某一方意图削弱对方的话，那么，不久也会使本国走向灭亡。假如中国灭亡，日本不能独存；日本灭亡，中国也会随之灭亡。这是有识之士们再明白不过的道理了。[19]

历史的事实，也许如其所言。在这里，中国通长野朗强调了中日两国的利害关系。他认为，中日两国是“同生共死”和“唇齿相依”的关系，必须要以“同体同心”和“同伴意识”团结起来。长野朗的同事后藤朝太郎也持有这样的观点，他们两人的想法极其相似[20]，甚至可以说是一脉相承，或者是心有灵犀一点通。长野朗的想法是，两国“和亲”要从两国国民的“感情融和”开始，而要想达到“感情融和”，就必须要消除妨碍它的不利因素。不能否认，长野朗有替日本帝国主义侵略中国进行辩护的嫌疑，但他从内心里祈求“日中两国不要结下积怨”，也是无可置疑的事实。

2. “中日合作联盟论”的实质

中国通长野朗分析了中国的抗日状况和中国人的国民性格，从主观上希望中日两国不要结下宿怨。他劳心费神，冥思苦想，为解决中日间的悬案，尽快结束眼前的战争，不断思索着一个问题。这就是他的“和亲共存”和“日中合作”的观点。这一观点，是他在探讨东北三省问题时萌生的，其思想基础源于其“中日两国共存设想”。例如，长野朗曾在《中国三十年》的“民族之战”一节[21]中，就这一问题做过明确的阐述。

> ……汉人的大发展波及到了满洲，他们与日本民族的大陆发展相碰撞。在这里，东亚的两大民族开始直接对立，两国间发生了日清战争、满洲事变和日中事变。因此，倘若没有解决民族发展的根本性问题，那就不能奢望东亚的真正和平。日中两大民族必须共存，而且双方都要承认对方的独立和人格。中国也应该改变以往自私自利的民族侵略态度，在和亲共存的原则之下，与日本进行真诚的合作。

长野朗认为，中日两国间矛盾冲突的根源是东北三省问题，两大民族的争斗也是从这里开始的。中日两国，一方想要谋求发展和扩张，另一方要防止被侵害，因而发生了两大民族的战争。长野朗责备中国的“不当行为”，将中国人民移居东北看成是“民族侵略”。他还把日本占领中国东北三省说成是合理合法的，掩盖日本帝国主义侵略扩张的事实，竭力维护日本的经济利益。

长野朗痛感中日两国必须“共存共荣”，他多次强调了中国与日本联合的必要性。但是，长野朗所提倡的“和亲共存”，很明显地是在维持所谓的“和平现状”，是与伪满洲国和汪精卫傀儡政权之间的“友好亲善”，而他所鼓吹的“日中合作”，则可理解为以日本为霸主的中日政治、军事和经济联盟集团，即不平等的全面战略合作伙伴关系。

在此基础上，长野朗进一步延伸了其和亲共存和中日合作的观点，并将它纳入了日本当局的“大东亚共荣圈”论的范畴。例如，他在“国际上的原则”一节[22]中，指出：

> 泛亚细亚运动以日本和中国为主体，两国间也有种种不同的意见。日中关系的恶化，最终导致了日中事变的发生。

但是，长野朗又自以为是地认为，中国建立起了新的“国民政府”，在其逐步健全完善的同时，中日关系会有所改善，这些都会有助于建立起“大东亚共荣圈”。这种说法，暴露出他认同并追随日本帝国主义的真面目。

七七事变使中国的抗日运动更加高涨，但事变结束后，所谓的“和平运动”也开始了。长野朗认为，中国和日本绝不是相互冲突的，而应该是共存的。他热切盼望日本出现“英明伟大”的政治家制定贤明的政策，以及中国掀起第三次革命，建立起新的政府（指汪伪亲日政权），这样就能够实现中日合作。要想达成中日合作共存的目标，第一，有必要进一步充实完善伪满洲国；第二，高度重视中日两国人民之间的感情融和；第三，在政治结合的基础上，经济上的合作也成为可能，连军事方面的共同行动也可提上日程。长野朗描绘了一幅理想的和平蓝图，他认为只要中日合作，就能再次迎来亚洲的和平[23]。

长野朗始终强调日本向海外发展的必然性、必要性和正当性。他认识到，日本人在对外侵略扩张的过程中，遭遇到了中国汉民族的抗日运动，而日本民族的海外发展，与汉民族近代国家意识的冲突又是不可避免的。那么，怎样才能克服中日之间的诸多困难呢？长野朗在思想认识上，经历了对中日两国前途的忧虑、对中国人的国民性格的质疑等阶段。长野朗经过认真研究深思熟虑，最终提出了一个解决方案。他认定，中日两国要想永远“和亲共存”，就必须要结合为一体，结成“中日合作联盟”。

然而，以日本帝国主义为主体的“中日合作联盟”到底是什么货色呢？关于其具体内容，我们通过长野朗设想的“日中在共同国防中的责任分担”，就可略知一二。例如，他写道：

> 现在的战争是科学战，而科学战就需要技术与原材料。日本的技术发达，可以将其提供给中国；而中国可将原材料，像铁、锡、锑、铅、铜、锰、钨等提供给日本。[24]

也就是说，为了充实军备，让日本与中国分别负责技术与资源。可是，谁又能够忘记，长野朗说这种话的时候，正值日本侵略者的铁蹄踏遍中国的沿海地区之时，他们的几百万军队侵占着中国的半壁河山，野兽般的将士正肆无忌惮地挥舞着屠刀。在中国大地上，到处燃烧着战火，弥漫着硝烟。在我们的家园里，天天都在上演着一幕幕日寇杀人放火的惨剧。在这种状况下，何谈什么“中日合作与联盟”？！实际上，长野朗是要求中国屈服于日本的淫威，听命于日本的统治，任凭日本军队掠夺中国的自然资源，牢固地控制住中国的经济与市场。这，就是中国通长野朗“中日合作联盟论”的实质内容！

3. 小结

笔者就中国通长野朗的“中日合作联盟论”问题进行了分析论证。综上所述，特点有三。

其一是出于政治上的考虑。长野朗认为，中国应该接受日本的建议，与日本进行合作。但他明显地无视了中国的主权和中国人民的感情，长野朗与日本帝国主义的侵略扩张行径同流合污，默认日本把中国变为他们的附属国或殖民地。

其二是带有强烈的经济目的。为了日本的所谓“自存”和“生命线”，长野朗强调日本在中国的经济地位，坚持对日本单方面有利的“中日合作联盟”。他坚决反对中国人民的抵制日货运动，竭力维护日本在中国的巨大经济利益。长野朗希望按照日本的意志，无偿开采和使用中国的自然资源，让中国的市场体系为日本的国家利益服务。

其三是思想认识上的问题。长野朗希望尽快结束中日战争，再次确立正常的中日关系。他不断深入思考中日之间问题的解决方法，追求中日间的“感情融和、和亲共存、合作联盟”。然而，长野朗的思想中蕴涵了日本的傲慢与霸道。其“中日合作联盟论”，并非是平等的合作与联盟，而是在日本主导之下的、符合日本侵略扩张意志的合作与联盟。

第三节　中日问题观的思想特点

1. 要点归纳

笔者在本书的第七章和第八章中，就长野朗的中日问题观，从四个方面进行了分析论证。长野朗始终主张日本在中国东北三省的主权，拥护日本在中国市场的经济利益，拒绝英美两国介入中日间的问题，谴责欧美势力的排日活动。长野朗呼吁亚洲各国的团结，倡导中日两国人民感情的融和。当日本军国主义的对外侵略战争陷于泥沼而不能自拔之时，他更是加强了这一想法，强调中日两国在政治、军事、经济上搞合作联盟的重要性。显而易见，他的中日问题观，具有国权主义的思想性格，还有“兴亚论”和“大亚细亚主义”思想的投影。我们可以将其思想认识，缩写归纳为以下几点内容。

第一，长野朗坚持“满洲占有论”的观点。明治维新以来，“征韩论”和“大陆政策”思想根深蒂固，并影响了几代日本人，长野朗也不例外。他认为，东北三省是日本民族的“生命线”，日本为了“自存”，必须要把这块土地据为己有。这种看法不是他本人的发明创造，他是在不知不觉的潜移默化中，继承了上一代人思想意识的衣钵。在东北三省的政治归属问题上，长野朗否认中国的主权，将中国人民在本国领土内的迁移活动，指责为侵略行为。他想将东北说成一块“无主之地”，然后让日本人“正当合理”地去占领它。长野朗不遗余力地为日本伸张国权，国权主义的思想意识冲昏了长野朗的头脑，使他在东北三省权益的问题上固执己见，未留任何可以回旋的余地。

第二，长野朗采取了“反对抵制日货论”的姿态。相对于政治问题，他更重视经济和文化问题。因日本帝国主义势力在中国的不断扩张，而引发了抵制日货运动。长野朗的分析是客观的，但他对责任主体的追究却不彻底。他抛开日本的责任不提，单方面地批评中国。长野朗指责说，中国的经济排外行动是狭隘的心理表现。对中国的抵制日货行动，他是一面理解，一面反对。但是，他没有因此就对中国人民抱有厌恶感。在解决问题的方法上，长野朗反对使用武力，他主张采取妥协、合作、共存等和平主义的方式。这一点还是值得肯定的。

第三，长野朗站在“英美离间论”的立场上，展开了他的批判。长野朗认为，英美两国给中日关系带来了恶劣的影响，尤其是英国这个“老家伙”，介于中日之间，妨碍了中日两国的正常交流。要想达成中日合作，就必须要把英国的势力从中国排除掉。要想对抗欧美白人势力，则需要黄种人即亚洲人之间的团结，尤其是中日两国的联合。笔者认为，长野朗这种脱离现实的、乌托邦式的思想，很明显地受到了“兴亚论”和“大亚细亚主义”思想的影响。而且，他还顽固地坚持日本本位主义的思维逻辑，表现出强烈的过敏的政治排斥异己性。鉴于篇幅所限，有关这方面的问题，笔者将在本书“终章”部分进行分析论述。

第四，长野朗是“中日合作联盟论”的积极鼓吹者。他期望尽早收拾侵略战争的残局，尽快确立正常的中日关系。在这种基本意识的驱使下，长野朗开始暗中摸索解决方案，苦苦追求“中日融和”与“和亲共存”。但是，时下毕竟处于战争时期，长野朗又服从于日本的“国家总动员体制”。因此，无论是谈合作还是讲联盟，他都没有站在公正的立场上，也没有将中日两国摆在对等的位置上，而是将主导权置于日本帝国主义政府手中。长野朗的本意是，将中国及亚洲各国当做殖民地，使其服从于日本的统治，建立起符合日本意志的合作与联盟。在其思想意识中，既有日本人的傲慢霸道之心，又有轻薄蔑视中国及亚洲各国之意。

以上归纳了中国通长野朗的中日问题观。可以看出，他的所有论点，最终均指向了同一个方向，那就是如何才能解决好日本的经济发展问题，怎样才能为日本国民开拓出新的生存出路。长野朗钻进了牛角尖，认定了一个“死理”，他认为：日本人口众多，国土狭窄，必须往中国的东北三省移民，日本民族才能生存繁衍下去，否则日本将会走向灭亡。中国抵制日货运动的高涨，使日本国内的产业遭受重大的打击。英美与中国的合作，推进了中国的金融和经济贸易的发展，而日本则失去了大陆市场，产业界陷入了更加不景气的境地。为了日本的国家利益，必须要达成中日两国间的经济合作与政治联盟。

而“割除满洲、以求和平”，是当时日本社会上的一般性舆论。大多数知识分子所要表达的意思是，日本不仅要承认中国的民族主义，而且还要承认中国对东北的主权，在确保日本的经济利益不受损失的前提下，实现中日关系正常化，建立永久性的和平环境。但是，长野朗与这种主流思潮背道而驰，他觉得日本的国家利益是最重要的，其他一切问题都是次要的。他想将东北问题搁置起来，一相情愿地倡导中日间的“和亲与融和、合作与联盟”。这一点，显露了长野朗思想的狭隘性与局限性。

2. 思想特点

中国通长野朗由军人转变为文人，与自由主义型的后藤朝太郎相比，他是个带有国权主义性质的“中国通”。长野朗总是以一种习惯性的视角，观察评论中日间的诸多问题。其间也曾出现少许变动，但没有发生明显的变化。他对中国有浓厚的兴趣，同时也面向中国伸张日本的国权。他执著地追求日本的国家利益，全然不顾中国的主权，其“中日关系论”一味地偏袒日本。他对于日本来说是爱国主义者，而对于中国来说是侵略主义者。他是个不惜牺牲他国利益的爱国主义者，是狭隘的爱国者的典型。笔者这样批评长野朗，妥当贴切，并不为过。

从长野朗的中国观来看，他不仅观察到了中国社会的黑暗面，还发现了中国国家发展变化的光明面。这是长野朗良性政治性格的具体体现，是非常值得称道的。长野朗的中国观是比较乐观的，但其中日问题观却绝非如此。他的中日问题观与他的中国认识并不是平行的，其间存在着分歧，两者也没有太大的关联。换言之，他良性的中国认识这一部分，在其中日问题观中并未有所体现，这是长野朗思想认识中的一个矛盾。

一直到七七事变为止，长野朗都主张强硬的对外政策，拥护日本的在外权益。而七七事变之后，其态度开始变得犹豫不决、模棱两可了。以太平洋战争爆发为分水岭，他变得越来越保守、温和、稳健。长野朗开始怀疑日本的战争持续能力，质疑对华政策的妥当性。战争末期，为维持天皇制、保全本土以及农民的生活等问题，长野朗不辞辛苦，东奔西走。其中，他对统制派主导的军部内阁抱有疑问，不再相信武力至上的思维逻辑，对侵略战争的前途感到悲观失望。战争时期的长野朗，并非是个和平主义者，但他出于为日本的国家利益和未来前途的考虑，希望尽快结束战争。长野朗敢于正视客观现实和知难而退的态势，还是应该受到关注的。

从太平洋战争爆发开始，长野朗的政治性格慢慢发生着变化。以往那种极端国权主义性的主张，一点点地消失了，其精力逐步转移到了日本国内的问题上。尤其是，他为农民生活的改善和提高，倾注了大量的心血。临近战争结束时，长野朗明显地变成了一个十足的“农本主义者”。笔者觉得，长野朗的思想意识形态，战前和战中时期是国权主义，战争期间特别是战争后期演变为温和保守主义，战后固定为农本主义。即使是将长野朗的思想意识形态硬性规定为国权主义或国家主义，其思想性格也不是一成不变的。也就是说，看起来没有变化的长野朗，也在潜移默化地发生着变化，也有可能呈现出一定的进步性。

中国通长野朗观察中国，往往带着顾虑与偏见。例如，他总是用怀疑的眼光看待共产党和中国革命，这一点始终没有改变。在中日关系问题上，长野朗顽固地坚持着一些陈旧的思想观点。他的这种倾向，一直持续到了战后和平年代[25]。然而，不变是暂时的，变化才是永恒的。长野朗毕竟受到了战后民主主义时代精神的洗礼，在某些国际问题上，他还是表现出了一定程度的温存稳健性。这说明，在经历了时代的进步、社会的发展、时间的考验之后，长野朗的政治性格多少还是发生了一些变化。

注释：

[1]姬田光义等编：《中国近现代史》（上卷　鸦片战争，不平等条约体制）。日本：东京大学出版会，1989 年 4 月 14 日，第 27～116 页。

[2]长野朗著：《白祸困扰的中国、通往亚细亚联盟之路》。北京：燕尘社，1924 年（大正十三年）10 月 15 日。

[3]长野朗著：《白祸困扰的中国》，第 19 页。

[4]长野朗著：《白祸困扰的中国》，第 27 页。

[5]李新、李宗一主编：《中华民国史》（第二编、北洋政府统治时期、第二卷），1916 年～1920 年“巴黎和会与山东问题”。北京：中华书局，1987 年 9 月，第 385 页。

[6]长野朗著：《战苑中国的习俗》。现代中国全集，第一卷。日本：坂上书院，1937 年（昭和十二年）10 月 23 日，第 309 页。

[7]长野朗著：《战苑中国的习俗》，第 313 页。

[8]长野朗著：《透视新中国》。日本：东世社，1941 年（昭和 16 年）1 月 20 日，第 41 页。

[9]长野朗著：《以中国为舞台的列强资本战》。日本：坂上书院，1938 年（昭和十三年）2 月 25 日，第 321 页。

[10]长野朗著：《以中国为舞台的列强资本战》，第 361 页。

[11]长野朗著：《以中国为舞台的列强资本战》，第 360 页。

[12]野村浩一著：《近代日本的中国认识、通往亚细亚的航迹》。日本：研文出版，1981 年 4 月 25 日，第 232 页。

[13]上原一庆等编：《东亚近现代史》。日本：有斐阁，1998 年 9 月 30 日，第 137 页。

[14]长野朗著：《透视新中国》，第 96 页。

[15]长野朗著：《透视新中国》，第 150 页。

[16]长野朗著：《中国未来记》。日本：东亚公论社，1939 年（昭和十四年）10 月 26 日，第 31 页。

[17]长野朗著：《战苑中国的习俗》，第 30 页。

[18]长野朗著：《日中共存之路》。日本：坂上书院，1937 年（昭和十二年）7 月 25 日，第 10 页。

[19]长野朗著：《日中共存之路》，第 11 页。

[20]刘家鑫论文：《后藤朝太郎的日中关系论、从出兵山东到七七事变》。日本：新潟大学研究生院现代社会文化研究系，《现代社会文化研究》第 11 号，1998 年 3 月。

[21]长野朗著：《中国三十年》。日本：大和书店，1942 年（昭和十七年）2 月 25 日，第 287 页。

[22]长野朗著：《民族与国家》。日本：坂上书院，1941 年（昭和十六年）3 月 25 日，第 327 页。

[23]长野朗著：《中国未来记》，第 107～138 页。

[24]长野朗著：《中国未来记》，第 134 页。

[25]例如，战后长野朗曾出版过一本专著，叫做《东亚旋涡中的民族战》（1960 年[昭和三十五年]10 月 10 日）。在这本书中，他依然如故地坚持了战前以来的国际关系观，尤其是中日问题观，以近似敌视的眼

光看待中国共产党，怀疑中国革命和新中国的成立，等等。笔者将这一方面的问题，作为今后的研究课题，在实证的基础上，进行深入细致的分析、探讨和批判。

（王瑛编译、刘家鑫改写）

终章　日本近代中国通的特征

第一节　全书概述

两千多年来，在日本人亲华的思想意识中，始终存在着一种源于中国古代的政治制度和社会文化体制的“中国模式”。但是，到了江户幕府末期，随着欧美势力向亚洲的渗透，西方的思想学术东渐，“西欧”这一新的模式出现在日本人的面前。明治维新后，在日本人的印象中，世界上存在着中、日、欧美这三大势力。

经过中日甲午战争，中国的战败在表面上使以往的中国模式不复存在。日本人改变了他们的对华观，冷眼看待中国，蔑视中国人。十年后，日本在日俄战争中又取得了胜利，他们把俄国势力从“南满洲铁路”乃至整个中国东北地区驱逐出去后，更进一步地加强了对中国的控制。日本的民权主张衰退，国权论占主导地位。而后日本民族主义高涨，废除了与欧美国家之间的不平等条约后，自己也加入了帝国主义国家的行列。这样形成的日本本位主义，必然会走向吞并中国的道路。

在这样的历史背景下，在日本知识分子的眼里还留有什么呢？那不是中国这个国家，而是社会的活力和民众的生命力。后藤朝太郎这样的中国通知识分子，其中国认识是否认“变化的中国”，但他们在对华亲近性的思想深处，彷徨犹豫徘徊不定。他们思想意识的底部，潜藏着两千多年来的中国文化价值观。另一方面，现实的中国社会开始启动，民众逐渐觉醒。随着民族主义的抬头，中国开始向近代民族国家迈进，在一定程度上与日本的民族主义产生了冲突。在这段时期出现的、像长野朗这样的中国通，一直持有相互矛盾的心理意识。他们既执著于日本本位主义，又畏惧中国民族国家的不断强大[1]。

大正与昭和前期，大多数日本的知识分子活跃在新闻出版界。在他们中间，有不少人正确认识了中国革命的现状和成果，热情称赞新生的中华民国，高度评价中国的国民性格、社会特点和民众性情。与此相反，也有人对中国的变革和进步采取否认的态度，他们歪曲中国的事实，捏造中国的现状。

在抗日战争时期，由于“综合国力战”体制下的言论管制，许多人与当时的社会潮流相妥协，或者屈服于军部政权的压力而改变了政治立场。这些人的言论活动，给日本国内各阶层带来了极坏的影响，促使日本国民加入了举国一致的侵华战争。

知识分子中的某些人物，在某种形式上，既受到了明治以来的“兴亚论”和“大亚细亚主义”思想的影响，又受到了“反西洋近代主义”和“回归东洋传统风尚”的时代潮流的刺激，他们期待亚洲的复兴，梦想构建以日本为主导的亚细亚联盟和中日联合体。

中国通后藤朝太郎和长野朗，生活在那个动荡的历史时期。他们作为舆论工作者，思考中日间的各种问题，并发表着自己的看法。处于时代漩涡中的二位学者，在他们的中国认识和中日关系论中，包含着许多的思想要素。笔者觉得，很有必要深层次地探究这些思想认识的性质特征。

本章将主要探讨以下三个问题。第一，这两位历史人物的中国认识和中日关系论，都有哪些特征和意义？第二，他们在战争时期的军事管制之下，经历了哪些迂回曲折的思想变化？那些变化又意味着什么？第三，他们缘何主张“日中同体同心、日中合作联盟”？在兴亚思想，即大亚细亚主义的系谱中，中国通人物的思想意识，将占有什么样的历史地位？笔者将在对比此二人的言行的基础上，进一步阐明其深层思想内涵。

第二节　中国认识的试金石

日本著名学者野村浩一先生在其著作《近代日本的中国认识——通往亚细亚的航迹》一书中指出：“近代日本的历史，是对华认识失败的历史。而且，现在也不能说，这段历史从根本上得到了改变。”[2]野村先生从总体上把握了日本近代的历史。笔者也基本上赞同他的观点。抗日战争前和抗战时期，日本人对中国的整体认识就是错误的，特别是以日本政府的对华政策造成的后果来看，也确实如此。

自由主义型的中国通后藤朝太郎，没能如实地评价中国的革命运动。朝太郎的观点是，中国所谓的革命或变革，不过是为政者在争夺权位而已。中国的社会组织是很坚固的，“即使一时采取了苏联式的共产主义或其他什么的，也不会整个推倒重来的”。他还把中国比喻为一栋住宅，说“就像是改变其某个地方或重新粉刷一样，看一看中国的革命，就足够了解了”。对此，三石先生批评指出："这个比喻实在是太笼统了，这一点暴露了他的'粗浅的中国观'。"[3]单就"粗浅"这个评价而言，事实诚如识者批评的那样。

虽说后藤朝太郎是个中国通，但他对中国革命的理解有所偏差，错误地认识了某些现象。当然，他并不是在敌视中国，他着迷于中国的传统文化，对移动变化中的现状表示怀疑。他坚持这种观点，即自古以来中国的社会永远都不会改变，一切都是历史的重复，动乱一停下来，就会恢复原状[4]。他把变化的事实，看做是过去历史的重复，他强调中国历史的特殊性，反而不理解现实中国的流动性，结果是变成了传统型的中国论。

否定中国革命本质的这种思想认识，是朝太郎中国观的一个致命缺陷。他的中国观，乍一看，好像是高度概括性地把握了历史规律，但实际上并不符合现代中国社会的实际情况。后藤朝太郎对中国的历史文化和社会民众具有深刻的认识，但他对中国的民族主义和近代国家形成的事实，缺乏足够的认识。朝太郎的许多看法颇有问题，甚至是极其荒谬的。

而长野朗在最初时主张"中国人无国家观念论"。他认为："在中国人的头脑里，有社会而没有国家。中国是一盘散沙，不会成为近代官民一体的国家。"但是，中国民族运动在蓬勃发展，民众觉悟程度在提高，社会在不断地变化。长野朗经常观察动态的中国，他逐渐地感到，中国是一个处在过渡期的近代民族国家。于是，他爽快地承认了中国的民族主义。

自 1927 年开始，长野朗就主张必须把北伐战争中的中国，看成是朝着近代民族国家方向迈进的国家。在对动荡中的中国的国家和社会的认识上，长野朗超越了后藤朝太郎那样的中国认识，他没有顽固坚持传统性的中国观，也没有固守"中国人无国家观念论”的观点[5]。

众所周知，自鸦片战争开始，中国不断地遭到欧美列强的欺压，尤其是清末的时候，日本和沙俄对中国的侵略和掠夺变本加厉，中国面临着“亡国灭种”的危机。在中华民族生死存亡的关头，中国优秀的知识分子和青年学生，前赴后继，英勇斗争。为了谋求民族的生存，中国摆脱了静态的王朝天下国家的束缚，开始摸索进行建立近代民族国家的变革。

另外，明末清初以来的中国，由于乡绅阶层的抬头，地方自治、地方分权化也得到了巩固和加强。清朝灭亡后，要求建立中央集权化国家的运动与强化地方政权的运动形成了对立，由此展开了政治上的对抗。新生的民国内忧外患，内部南北不统一和军阀混战，外部受帝国主义列强的压迫。经过了许多苦恼和摸索，近代民族主义精神在日渐强大，独立自主的思想在不断普及。

关于中国独立自主和民族统一的问题，民国的创始者——孙中山先生，在其“三民主义”思想中，主张“先家族、后宗族、最后迈向国族”。他构想了一条中华民族独立自主和建立民族国家的道路。这条道路就是，以中国社会的“家族”和“宗族”为基础，在“新五族共和”精神指导下，将各个民族紧密地结合起来，最后形成“国族”，即中华民族[6]。一直到1919年五四运动以后，孙中山的这种思想，才普遍地被中国人所接受。

自明治维新以后，近代日本越发地蔑视中国。那么，所谓的蔑视到底是针对什么而蔑视呢？究其原因是，日本人认为“中国人自己没有能力建立近代民族国家”。中日甲午战争，实际上是一场近代民族国家形成时期的角逐战。日本胜利以后，就更加否定中国人的政治能力。其轻视中国的做法不断加强，其蔑视中国人的现象也就越发严重了。

正如在“中国统一化论争”中所见到的那样，即使是左翼知识分子，也有人看不到中国近代民族国家的形成能力。当然，在中间派人物之中，也有人对中国的民族主义给予了高度的评价，如矢内原忠雄等人。笔者认为，后藤朝太郎的对华认识很接近左翼的观点，而长野朗中国观的思想构造则属于中间派那种类型。

中国正在掀起要求民族独立自主、建立近代民族国家的运动，而许多日本人没有看到这一事实。针对眼前动荡不安的情况，日本的舆论界光是强调说，这是中国人搞的“排日”，从而将日本人的民族主义情绪转化为排斥其他民族的言行，激起不明真相的日本人民的亢愤。

在当时的日本，像吉野作造那样能正确地认识到中国“文学、思想革命”历史意义的知识分子非常稀少。大多数日本知识分子没能充分的预测到中国新思潮的历史意义。这种新思潮，就是谋求近代民族国家的“民主主义”和国家工业化的“科学精神”。而且，即使能够预测到，也有许多人不愿承认这一事实[7]。歪曲或否认事实的现象占舆论的绝大多数，这种大的趋势，即使在蒋介石南京政权建立之后，都未有所收敛。反而，这种“蔑视中国”的思想意识，直接关系到否认中国国家主权的行径。

抗日战争前，中国史的硕学内藤湖南[8]和日本浪人的泰斗内田良平[9]等几位人物的中国认识，也归结到“中国有社会没有国家”的观点上。进而，他们推出了“中国人不具备建立近代国家之能力”的中国论。大正时期的代表性文人芥川龙之介，迷恋中国的传统文化，中国趣味非常浓厚。但他的中国认识，也仅仅是从中国的古典文学作品中得到的幻想的中国。他到中国旅行，实际接触到的是一个异常混乱、动荡不安的现实中的中国。这些现实使芥川龙之介感到很困惑，对眼前的中国产生了厌恶感。由此及彼，他的“中国梦”彻底破灭，后来变得蔑视现实中的中国[10]。

中国通后藤朝太郎正好相反，他没有厌弃当时的中国现实，反而觉得很轻松自在。他不断指出：“中国本来就是那个样子，没有什么可奇怪的，那样的中国不是很有意思吗。”[11]后藤朝太郎以历史的眼光观察中国，他采取的不是轻蔑，而是想要把握住现实的姿态。而长野朗用最现实的方法观察着中国，并且在变化中看到了中国的发展变化，承认民族主义的兴起和成长。

长野朗承认，正是由于中国民族精神的恢复和更新，中国的未来才有希望[12]。他跟芥川龙之介“对中国现实的失望感”不尽相同，更与后藤朝太郎的“中国重复不变说”有着天壤之别。长野朗采取的立场是，即不蔑视中国，也不偏袒中国。中国通长野朗站在更高的角度，理性地分析中国的国情和社会变化，用比较长远的眼光来看待中国的发展进步。

后藤朝太郎与长野朗，在中国民众认识的问题上是有共同点的。虽说这两个人不太信赖中国人，但他们客观看待动荡不定的中国的现状，同情中国民众的悲惨命运。而且，还敬佩中国人如杂草一样的生命力，佩服其勤劳刻苦的性格，感叹如磐石般坚韧不拔的民族精神。他们觉得，这些特点正是日本人所不具备的。“日本人的中国观，缺乏基本的常识”之类的话语，经常出现在朝太郎和长野朗的著作中。这是两个中国通共同向日本人发出的劝告，它披露了日本人中国认识的谬误和缺失，更揭示了日本人不理解中国国民性的问题。

中日甲午战争和日俄战争以后，日本人被时代的潮流所迷惑，头脑发热，自我感觉良好，自称日本为发达国家，尤其是在中国人面前，油然而生了一种妄自尊大的优越感。进入昭和时期后，中日关系日渐恶化，战争的阴云布满了中国和东亚地区。在日本国内的社会上，人们的言行被法西斯国家权力所制约，被虚幻的说教和伪造的定义所束缚。

从九一八事变到抗日战争时期，日本军部政权鼓吹综合国力战，大搞全民一致，镇压左翼知识分子和自由主义者。在当时黑暗政治的压迫下，宣传用的书籍和管制下的对华言论，都无一例外地表现出了它的单一性和乏味性。在同样的历史背景和社会条件下，中国通们的中国认识和中日关系论，也变得迂回曲折，拐弯抹角，显示出了知识分子的局限性和软弱性[13]。

后藤朝太郎憧憬中国的文化，对中国人民抱有好感，敬佩中国人的生命力，对中国没有轻蔑感。虽然如此，但他没有完整的中国国家观，只有中国社会观和民众观。朝太郎眼中的中国，只是作为历史知识的中国，并非现实变化中的中国。他把中国的变化，看成是传统中国的变形。也就是说，他认为“中国是不会变化的”。

与之不同的是，长野朗不仅具有中国社会观和民众观，也具有比较完整的中国国家观。长野朗既尊重历史悠久的中国，又理解现实世界的中国。他果敢地承认中国的变化和进步性，毅然地向日本人发出呼吁，提醒日本人要注意。其“中国的面貌在改观”和“中国人在变化”的观点，都集中在他的“中国进步论”之中。“变化的中国”这种观点，正是长野朗的与众不同之处。

中国正在变化，其变化的主要内容有以下几点：一，中华的传统思想文化，在西方思想文化的冲击下实现再生和更新；二，由于日本成功地实现了近代化，受其影响，中国的知识界开始觉醒，其民族精神也在迅速复兴；三，帝国主义列强的蚕食，尤其是日本的侵略扩张，触发了中国民众的民族主义，其近代民族国家的观念逐渐成熟起来；四，中国新一代知识分子的政治能力不断提高，新生的政治集团推翻守旧封建势力，创造、统一、管理着新的共和制国家。针对以上四点变化，日本知识分子的态度和看法各不相同。

一方面，有主张“列强共同管理论”的内藤湖南和主张“武力进出论”的内田良平。另一方面，有憧憬中国文化、同情中国民众的后藤朝太郎和关心中国、高度评价中国成长的长野朗。近代日本知识分子的感情，是轻蔑中国还是敬重中国，成为了中国通（也包括半吊子中国通）政治态度的分水岭。这个分水岭，决定了中国通的思想性格。

长野朗具有很强的洞察能力，也有敢于承认事实的勇气。后藤朝太郎肯定中国的悠久性和永存性，但他否认中国的现实性和变容性。他们两人的中国认识，既有相同之处又有不同之处，形成了“变化的中国”和“不变的中国”这两种中国观。是否承认变化进步的中国，取决于中国通的思想进展性和认知能力的如何。

随着时间的推移和政治情势的变动，研究中国问题的日本知识分子会如何看待中国的变化和动向，成了一个标志。这一标志，是衡量中国通的认知能力是否有所加强，其思想认识水平是否有所提高的一枚试金石。

第三节　体制扶翼和非战主张

1. 体制扶翼

1931年九一八事变后，日本国内一方面致力于建立天皇制的法西斯主义体制，另一方面开始实施大规模的高压政策，围剿扑灭共产主义和自由主义等文化思想及组织。日本军警当局依照所谓的“治安维持法”，残酷镇压反战反帝运动的知识分子。军部法西斯势力竭力宣扬“日本主义”，排斥异己，唯我独尊，限制言论自由，压制其他的思想意识。

当时的险恶形势，是对知识分子的一种严峻考验。当局要求他们必须明确表示是否支持天皇制和对外侵略的国策。如果想要保持理性和良知的话，那么，就必须要做好入狱或牺牲的心理准备。日本以军事手段占领了中国东北地区，对此行径，许多日本国民表示支持和拥护。在这种情况下，知识分子们的思想也开始动摇，以抵抗天皇制统治、批判侵略战争的马克思主义者为首的多数知识分子，纷纷转变政治立场，开始肯定天皇制、赞美战争。一般的知识分子也追随大众的感情，盲目相信军部政权鼓吹的“日本主义”，与反国际主义的民族主义同流合污、沆瀣一气[14]。

九一八事变以后，出现了许多由社会主义或自由主义向日本主义“转向”的现象。1937年，抗日战争爆发以来，这种情况变得更加严重了。那么，本书的主人公后藤朝太郎和长野朗该做如何选择呢？他们的言行中又包含着哪些思想要素呢？下面，就让我们来分析一下吧。

在日本出兵山东和九一八事变时，后藤朝太郎曾经大胆地批判了田中义一内阁的军事冒进政策。但抗日战争开始后，在“综合国力战”体制和文化管制的约束下，他对战时内阁和军部政权的批判力度有所减弱[15]。笔者以为，中国通后藤朝太郎思想变化的原因，主要有以下四点：一，综合国力战体制的高压；二，举国一致的社会风潮的诱惑；三，中国通知识分子与生俱来的软弱思想素质；四，自身的战争体验。例如，他的中日关系论前后不一，相互矛盾。在恶劣的政治气候下，其思想倾向随波逐流，逐渐发生变化。又因他在上海一带旅行时险些丧命，这种战场历险，在他的内心深处悄悄地引起了变化[16]。关于这一点，我们在他留下的各种资料中，可以看出其性格软弱的一面。

虽说是个“中国通”，但在面对中日两国完全对立的现实时，后藤朝太郎的立场倒向了日本一方。他对中国抱有亲近感，总是说“不能把民国人看成是外国”，但如果让他二者择其一的话，他还是会放弃中国而选择日本的。所以，中国通的中国趣味、偏袒、喜好是有一定限度的，他们不是无条件地倒向中国的。这是时局突变打乱了他们以往的中国认识的结果，这样的结果必然使这些知识分子呈现出相互矛盾的心理。

七七事变后，后藤朝太郎变成了支持“综合国力战”体制的赞同者，这种态度转换，又直接导致了他称颂太平洋战争时期的“大东亚共荣圈”政策。他屈从于强权政治，丧失了对日本民族未来的责任感，更丧失了国际道义与伦理。例如，后藤朝太郎曾说过，“可以堂堂正正地说出日本对中国的要求”[17]。这种论调，显示出中国通知识分子对时局的追随性。

日本挑起的对外侵略战争逐渐陷入困境，朝太郎没有能够正确认识到虚幻渺茫的战争前途。同时，舆论界人士们媚态百出，纷纷取悦于军警当局，朝太郎也没有能够看透舆论界的不正常现象。他的思想变化，在那个时代是很普遍的现象，是没有稀奇和特殊性的。换个角度考虑，他的思想变化，又是当时普通自由主义型知识分子随波逐流的一个典型事例。

中国通后藤朝太郎不是共产主义者，所以他不会旗帜鲜明地反对军国主义。他一直在自由主义观点的范围内，批判日本出兵山东，责难九一八事变。但进入抗战时期后，他的思想脱离了自由主义的范畴，涉足到了国权主义的领域。他经历了曲折的变化，但却不存在“转向”的问题。

当时的社会活动家宫崎龙介，深入涉及了中国问题，在调解中日关系失败后，完全倒向了日本一方。正像宫崎一样，后藤朝太郎热衷时局，默认日本的军事行动。他被日本暂时的胜利冲昏了头脑，暗淡了以往的冷彻目光。在他的思想要素中，除了考虑日本的长期性国家利益外，更主要的是反对西方殖民主义，主张以日本为主导的中日合作与联盟。

长野朗本人，在战后所写的回忆录《我的昭和史》[18]中，客观地分析了当时知识分子的战争体验和责任，他把知识分子的性质分为了三种情况：“其一是投机派，其二是明哲保身派，其三是忠实派。”长野朗尖锐地指出了当时知识分子的弱点。正如他明确指出的那样，在战争时期，大多数知识分子转变了政治立场，赞同军部政权的侵略扩张主义政策。中国通的体制扶翼化倾向也是很明显的，所以，长野朗的分析方法也正适用于对中国通人物们的评判。不管怎么说，战争时期的中国通处于社会政治上的劣势地位。他们在残酷的高压政策面前，只得屈服变节，协助国家体制。

跟后藤朝太郎相比，长野朗的情况稍有不同。他本来是个国权主义者，九一八事变后，他也与一般国民一样，采取了迎合当局的态度，积极主张日本占领中国东北地区；他还站在国权主义的立场上，分析中国人民的抵制日货运动，反对中方不买日本商品；他敌视中英合作，认为中英合作严重危害了中日关系的正常发展[19]。抗日战争刚刚爆发时，长野朗依然称赞政府的“惩罚狂暴中国”[20]的方针。

但是，1938 年春，长野朗考察了中国战场。他从中国回到日本后，写了一些东西，他开始同情悲惨的中国难民，怀疑日本行使武力的必要性和正当性。太平洋战争爆发后，他更对战争的前途失去了信心。于是，他渐渐改变了体制扶翼的态度，不再支持军部政权的侵略中国政策。本来，中国通长野朗是日本国策的积极支持者，也是天生的体制扶翼者，但他目睹了战争的困境后，产生了新的想法，从积极主战派转化为缓和妥协派。

但是，长野朗并不是一百八十度地转换方向。他的转变，也是出于为日本的长期利益而考虑。他与前面提到的宫崎龙介和后藤朝太郎不同，是向良好的方面转化了。这种转变，必然把长野朗引到了主张“非战论”的方向，使他越发明显地否定战争之意义。七七事变后，在日本知识分子中，普遍存在着一种不信任当局者的心理，他们私下怀疑侵华战争的合理合法性。之后，朝太郎对战争方法的疑问，长野朗对战争长期化的忧虑，这些言行，都是从希求和平愿望出发的。或者也可以说，他们的言行代表了知识分子们暗中共同抱有的否定战争的感情观念[21]。

可以看出，在日本挑起太平洋战争后，后藤朝太郎露出了希望回归原型的思想意识。他不是反对战争本身，而是从对战争的残酷性，即方法的妥当性的怀疑，发展成人人平等、希求和平的思想意识。而且，在此之前，长野朗也对长期侵华战争的意义产生了不信任感，丧失了对侵华战争前途的信心，开始产生了“及早结束战争”的思想意识和愿望。这两位中国通，虽然各自的思想素质、政治态度和政策主张各不相同，但都隐约地存在希求和平的非战意识。他们在体制扶翼和非战主张之间苦恼、彷徨，艰难曲折地显示着他们苦苦思索的成果。

2. 非战主张

中国通后藤朝太郎在其《中国的下层民众》一书[22]中写道：“我［后藤］看出蒋介石不会投降。”因为他看到了国民政府的抗日态度，特别是中国人民的抗日决心和不屈不挠的民族精神。他一直没有高度评价蒋介石政权的存在和有效性，还发表言论赞美近卫内阁的“不以国民政府为外交对手”（即日本不承认国民政府正统地位）的声明。但是，随着时局的变化和形势的进展，后藤朝太郎改变了思考和主张。他呼吁“超越武力，开拓一片有情趣的天地”，极力主张以柔和灵活的方式跟中国人交流，努力寻找中日两国人的共同点，并一直坚持反对武力征服的观点[23]。换言之，他的思想样态再次发生了变化。

至于长野朗这个中国通，他为了专心研究中国，早在32岁时就辞去军职离开了部队，踏上文化人的言论舞台，走上了著作家的生活道路。他在服役之时，正值日本侵略中国的气焰日渐嚣张，他的感受理应异常深刻。七七事变前后，长野朗曾顽强地大声疾呼：“日中两国不能成为永远结怨的国家。”[24]他试图引起社会舆论的关注，唤醒日本军部政权的反省。长野朗从大陆战场考察归来后，一步步地修正了以往的想法。他在继续批评中国的同时，也提醒日本政府制定政策要慎重明朗。

太平洋战争爆发后，长野朗看透了日本军队在中国战场上犹如作困兽之斗，像蠢猪一样陷入泥潭而不能自拔。也认清了日本仓促对英美荷兰开战，实属军人武夫的唐突无谋之举。长野朗担心战争继续扩大化，预感到日本必败无疑。他为日本处心积虑，担忧国家民族的前途，唯恐日本灭亡。他建议日本当权者，在确保日本的天皇制、日本的体面和东北权益的前提下，考虑改善同中国的关系，与亚洲各国进行合作。

长野朗主张，为了日本本国的利益，也要尽量缩小或及早结束战争。他也曾向天皇和政权周边的几个重要人物多次提出过具体的建议方案。但是，那一时期的日本，军国主义政治意识甚嚣尘上，法西斯分子控制着国家的一切权力部门。长野朗这样一介书生人微言轻，他的建议和提案，根本传不到最高领导层或天皇那里，他的理想和愿望，就像水月镜花一样完全落空了[25]。

文人团体或那些中国通人物们，其观点立场各不相同，但都忧虑日本政府对华认识的偏差和中日间的紧张关系。他们对军国主义的扩张政策抱有怀疑态度，主张“对华慎重论”。军人石原莞尔，往日是个“满洲占有论”的积极鼓吹者和实践者。抗战初期的时候，就连他这样的右翼分子，出于为日本国家利益的考虑，都表示出不希望扩大战争的中立主义的思想意识[26]。在当时的日本社会上，无论是在军人还是文人中间，大致有右翼、左翼和中间派这三种人物。他们的思想类型也是多种多样的，既有积极主战的单纯独断型，又有正面反对型，还有许多灵活慎重型。尤其是第三种的“中间派”，其看法和观点更是五花八门、良莠不齐。

中国通们的中国认识、中日关系论，无论是怎样阐述和呼吁的，其结果大多数都是以空论而告终。他们无法阻止特定历史时期日本政治的趋势，也没有能力去引导它的走向。因为近代日本的政治，向来不是被文人所引领，而是被军人所支配的。后藤朝太郎和长野朗，在九一八事变或七七事变时，或者向政府和国民呼吁过，或者给国家领导层和军队指挥者提出过建设性的意见方案，但都没有被采纳。这一点，具体佐证了那种历史情况。

后藤朝太郎憧憬中国的文化，对中国民众抱有亲近感，出于这些感情，他认为应该停止武力征服中国。长野朗发现了中国的进步，同情中国民众的苦难，从而怀疑战争的意义，忧虑日本的未来前途，希望及早结束战争。虽然他们的观点、理由和思想内涵不尽相同，但他们都主张非战论，希求再次实现和平。这两个中国通都以中日两国间的调停人的姿态出现，站在斡旋两国关系的立场上，想要改变两国间的不良外交关系，消除两国国民之间的敌对感情。这一点，是两位不同类型的中国通的共同点。另外他们两人还都有一个共同的认识，那就是：不要采取武力和战争等强硬的方式，应该采用文化交流和经济贸易等柔性方式来调整两国关系，至少应该用最好的方式善意地对待中国人。

后藤朝太郎强调中国传统文化的价值，称赞中国人的生存精神，不愿恭维日本武力征服中国，呼吁再造中日间和平共存的环境，这是对日本侵华战争的一种委婉的否定。基于当时险恶的政治现实，他采取了婉转的形式进行批判。从他的言谈话语中，时而流露出徘徊在他心底里的非战意识，显现着一个普通日本人的人性和一个中国通知识分子的良知。

同样，长野朗也在七七事变后，态度也变得越发暧昧。他在重新认识审视日本的侵华政策。他预感到，日本迟早会在长期持久的战争中遭到彻底的失败。他担心日本的国家利益和未来前途，思虑日本的国体维持和农民的困苦生活。他对统制派领导的军部独裁政权流露出不满情绪，对无限度地扩大战争规模抱有疑问，希望尽早结束这场毫无胜算的战争。他没有曲意迎合军部政权，而是委婉地表达出非战论的思想意识。

新闻工作者、思想家石桥湛山对“大日本主义”抱有危机感，倡导“小日本主义”。石桥湛山在战争时期，站在自由主义的立场上，提倡尊重中国的国家独立和民族主义。他从日本本国利益的角度出发，呼吁及早结束战争。在石桥湛山身上，体制扶翼的色彩很淡薄，主张非战的声音很高亢[27]。

后藤朝太郎和长野朗，各自具有石桥湛山思想和主张的几个方面。这两个中国通曾经是日本国家政治的体制扶翼者，但他们在时局的变迁中，再次选择了政治指向。他们在中日两国关系的夹缝里，曾经苦恼和迟疑过，最终步入正轨。在严峻的形势下，他们产生了非战意识，并以隐晦的形式否定战争。这一点，成为挽救中国通知识分子灵魂的重要一环。

第四节　大亚细亚主义的末流

日本学者野原四郎先生在《亚洲历史事典》中，对“大亚细亚主义”作了注解。他考察了“大亚细亚主义”一词的源流与演变过程[28]，找出了它的分歧点，把大亚细亚主义的意义分成“亚细亚连带论和侵略性的大亚细亚主义”,做出了这样一组相互对立的结论。对此，竹内好先生在其《日本的亚细亚主义》一文[29]中，基本上肯定了野原先生的考察结果，但他在赞成其分析的同时，也提出了不同的意见。

根据竹内好先生对“亚细亚主义”的研究,“亚细亚主义”这一词语有多重含义。最大限度地说，它的本意是为了抵抗欧美列强对亚洲的侵略，维护独立主权，提倡亚洲各民族的团结[30]。但是，笔者认为，竹内好先生只把握住了一半的核心问题，而没有严格地分析其另一半的内容。

众所周知，自19世纪中期开始，日本知识分子受到了西势东渐和清朝的殖民地化问题的刺激，他们出于对日本本国的危机意识，产生了“兴亚论”思想。日本的“亚细亚主义”或“大亚细亚主义”，也是来源于这种兴亚思想。兴亚思想，一方面成为善意的亚细亚主义的基础，另一方面潜藏着日本主导和“皇国”权威的思想要素。到了后世的大亚细亚主义，随着日本军国主义的持续膨胀，不断地向中国和朝鲜半岛扩张势力，它的思想要素逐渐变质，成为侵略主义的温床[30]。笔者认为，有关“变质”方面的内容，竹内好先生的分析是不够充分的。

本书的主人公后藤朝太郎和长野朗，在抗日战争时期，从各自的立场出发，倡导“一莲托生、唇齿相依、同体同心”和“中日和亲融合、中日合作联盟”。在这些思想根底里，显而易见地存在着兴亚思想的要素，即大亚细亚主义的投影。那么，这二人为什么会提出这些观点其原因何在？

首先让我们来看一下后藤朝太郎的观点。他在其著作《大陆的黎明》[31]的“结论”部分郑重地写道：中日两国必须如兄弟般相处。例如，需要深刻地认识日本民族的特殊性。日本自建国以来，一直具有辉煌的坚忍不拔的精神力量。它的根本来源于皇室的威力，这一点自不待言。其民族自身还蕴涵着巨大的力量。为阐述下文，他先做了这样的铺垫。

随后，后藤朝太郎进入了正题。他说道：中日双方需要切实地努力，以促使双方改变相互对立的立场，驶向同一轨道。如果做到了这一点，就能实现明朗的合作。这绝不是毫无希望的。中日两国本是同文同种，作为同样的亚洲人，不希望受到白人的制约和离间。七七事变只不过是兄弟之间的矛盾和内讧。无论英美和苏联如何，中日两国的问题毕竟是亚洲人之间的事情——让我们用提高民族的生活水平等事实，做给欧美看看怎么样？！因而，我们万分期待着普及王道精神。他认为：亚洲各国人民应该加强团结互助，从白人的束缚中解放出来。现在，为亚洲翻身雪耻的最佳时机业已到来。

后藤朝太郎的这种思想意识，正是“亚细亚连带论”的思想理念，它明显地继承着大亚细亚主义的“血脉”。笔者认为，他产生这种意识的原因有三点：其一，竭力强调东洋精神，高度重视东方传统文化；其二，反对西方式价值观和世界观，特别是强烈抵抗白人的种族歧视；其三，由于人种、历史和地理等多方面的原因，中日两国这两种不同性质的文化应该混合为一体。笔者认为，在后藤朝太郎的那些含混不清的意念和话语中，一直徘徊着“中日命运共同体”的潜意识。

革命浪人宫崎滔天，为孙中山领导的中国民主革命运动做出了巨大的贡献。他坚持“四海之内皆兄弟主义、人类同胞之仁义、世界一家人”等观点，形成了自己的亚洲观和中国观[32]。后藤朝太郎的“一莲托生、唇齿相依、同体同心”的说法，较之宫崎滔天的思想，没有那么大的气度，在理论上也不很深刻。而且，在战争状态下，后藤朝太郎身处文化、言论限制的恶劣环境，非常郁闷苦恼。他对日本当局的综合国力战体制和文化管制，在一定程度上采取了迎合的态度，捧出了有利于日本称霸中国的“同体同心论”。他所主张的“同体同心”，不是平等公允的合作，其重心倾向于日本帝国主义一边。在这一点上，他与宫崎滔天有着本质上的区别，大公无私的国际主义思想精髓，没有能够贯彻在后藤朝太郎的头脑之中。

但是，出于对中国的亲近感和热爱中国民众的心情，中国通后藤朝太郎认为中日两国就像兄弟、朋友、邻居一样，应该团结一致，并肩战斗，共同反对欧美白人的侵略扩张主义势力。他的这种认识，比起宫崎滔天也不逊色。他以黄种人与白种人两相对立的模式，来看待和分析这一问题。可以看出，他的东方民族的同胞认知感十分强烈，在他的世界观中，以东洋对抗西洋的意识非常浓厚，带有鲜明的民族独立和自由平等的色彩。

长野朗与后藤朝太郎遥相呼应。在抗日战争期间，他坚持自己的中国观和亚洲观，反复强调着“中日和亲融合、中日合作联盟”等观点。实际上，早在大正末年的时候，他的头脑中就已经有了“亚洲一家人”，即大亚细亚主义思想意识的雏形，并初步建立了清晰的思想轮廓和理论体系。比如，他在《白祸困扰的中国——通往亚细亚联盟之路》一书[33]中，就强调了亚洲各国的团结，尤其是中日两国的联合。

长野朗把欧美白人列强侵略东亚，形容为汹涌而来的“白祸波浪”。他攻击欧美人的传教、教育、医疗等活动，认为那些都是他们伪装的文化政策。大英帝国的扩张主义政策早已锋芒毕露，正在离间中日两国关系。美国资本侵略的风潮，正波及中国的财政界和矿产资源。此外，欧美各国还强行限制日本的军备，争霸太平洋。更有甚者，白人歧视有色人种，排斥天理正道的移民，企图征服整个世界。面对这种严峻的现状，正在复兴的亚洲应该怎么办呢？长野朗大声疾呼：老大的中国要赶快觉醒！印度也要迅速奋起，实行革命！

长野朗竭力呼吁：看吧，白人正在衰败，欧美势力正在衰退，业已穷途末路；为了建设新世界和理想的乐园，为了人种平等和世界经济的开放，作为有色人种的我们亚洲人，必须快快觉醒。其中，在与欧洲联盟和泛美同盟的决斗中，日本负有重大使命。日本应该作为领导者，致力于组建亚细亚联盟。长野朗吐露出了其大亚细亚主义思想观念的心声，他的这种论调持续了十多年后也未见有任何改变，而且随着时代的发展变化而进一步地具体化，最后达到了强烈的“中日合作联盟论”的思想境地。

长野朗的亚细亚联盟论和中日合作联盟论，其理由有三：一是他十分关心日本的经济问题，为了日本的自存和发展，要确保日本在中国大陆的权益，特别是“满蒙生命线”；二是反对西方资本主义物质文明，抵抗西方极端利己主义的精神在起作用；三是反感西洋安格鲁•萨克逊（白人民族优越主义）的心理在作祟，高度评价东方的传统文化和东洋的精神风尚。在这三种意识的作用下，他的大亚细亚主义思想成长起来。

长野朗的这些思想与日本浪人的总帅——头山满的“亚细亚联合、中日一家人、真正的合作”颇有几分相似之处。在反对西方帝国主义侵略这一点上，他们见解一致。除此之外，他们两人还都优先考虑日本的国家利益，以此为前提的中日合作联盟论也具有相同性。头山满“中日一家人”的观点，其意图侧重于政治层次、人种间感情乃至东亚同胞意识[34]。与此相比，长野朗的亚细亚联盟、中日合作联盟等观点，更注重于时局的进展。他以研究者的手法，通过实地考察和客观分析，得出了综合性的思想成果。其结晶带有强烈的国权主义色彩，偏向于日本的国家经济利益，这也是其必然的结果。

从自由主义的角度来看后藤朝太郎，他跟倡导中日平等合作的宫崎滔天倒有一些相似之处。而在国权主义这一点上，长野朗的思想则比较类似于头山满。他接近于日本主导型的强权霸道性的大亚细亚主义。然而，“相似”也好“类似”也罢，并不等于完全一致，而且也不可能完全一致。后藤朝太郎和长野朗这两位历史人物，应该被定位在中间派的位置上才比较恰当。世人瞩目的思想家或社会活动家们，引领时代潮流与社会风气之先，站在中日关系的最前端，他们的言行必定影响了各种中国通。无论是哪种类型的中国通，如果为他们在大亚细亚主义的系谱中找个座位的话，那么，一定会有适合的位置正等待着他们被镶嵌进去。

宫崎滔天是为自己的崇高理想而奋斗的志士，也是具有国际眼光的“革命浪人”；头山满对中国野心勃勃，他成为日本浪人集团的首脑人物。纵观明治和大正时期的历史过程，各色各样的日本浪人，活跃在东亚历史舞台的台前台后。暗中唱主角的他们，既是“称雄中国”之理想的实践者和兴亚思想的继承者，又是大亚细亚主义的创始者。

中国通们在大正和昭和时期，发表各种言论鼓吹中日联合，以文笔来描绘他们的中国梦。他们是继日本浪人之后的文化浪人，其“日本、中国、亚洲观”里残留着前时代的兴亚思想，并呈现出了末期的景象。后藤朝太郎和长野朗，虽然不是彻头彻尾的追随者，但在兴亚思想的历史系谱中，他们属于末流性的历史人物，完成了为大亚细亚主义谢幕的历史使命。

第五节 全书结论

第一，鸦片战争以来，随着中国朝廷国家的衰亡、社会的退化、民族精神的不振，日本人的中国认识发生了巨大的变化。一部分日本知识分子依据西方式的文明观，把中国看成是近代国家的落伍者或“坏朋友”，因而产生了轻蔑中国的思想感情[35]。特别是经历过中日甲午战争和日俄战争两次战争以后，日本国民普遍认为自己比中国人优越。在这样一种社会思潮的影响之下，许多普通的知识分子，在蔑视中国的潜意识里，形成了他们各自的中国认识。虽然中国也在变化、进步和成长，但在日本知识分子之中，有些人洞察、了解到了中国民族主义的成长情况，并积极评价其近代民族国家的形成能力，而有些人却做不到这一点，或者根本就不愿那么做。

本书的主人公之一后藤朝太郎，属于自由主义型的中国通人物，他抱有“不变的中国观”。而另一位主人公长野朗，属于国权主义型的中国通人物，他持有“变化的中国观”。虽然这两个人的对华观不尽相同，但在他们的思想深处，都没有蔑视中国的感情意识，而是充满了对中国的亲近感。以后藤朝太郎和长野朗为代表的中国通，其中国观是深刻理解中国的，也是反对蔑视中国风气的。这一点，正是中国通知识分子的“反骨”精神之所在。他们的对华亲近感，具有一种非凡的力量，它可以使日本人不向欧美一边倒，反而能促使日本人重视中国和其他亚洲邻国。

第二，中国通有其独特之处。形形色色的日本浪人们，抱着不同的目的活跃在中国各地。与之不同的是，中国通们努力地接触中国和中国人，从某种侧面科学地客观地把握中国的现实，把中国问题当作写作称颂的重点。同时，他们也主动与时代的潮流共进退。如果当时不是战争时期而是和平年代的话，他们的思想意识一定是积极向上的，或许还能有所作为。但大多数知识分子没能抵挡住黑暗的时代风潮，这是一个悲剧和不幸。

但是，尽管是在军国主义的高压统治下，一部分知识分子还是逆水行舟，他们经历过挫折与妥协，采取“阳奉阴违”的态度，以隐晦与婉转的方式进行了抗争[36]。后藤朝太郎希望和平再来，长野朗期盼早日结束战争，他们逐渐转变和放弃了以往的体制扶翼立场，而改为非战主张。这两种思想有着明显的区别，这种不合常规的思想意识集中在同一个中国通身上，就会表现为双重的性格特征。他们两人的中日关系论，都具有那样的性格特征。幸运的是，这种非战意识挽救了中国通灵魂的堕落。应该肯定中国通的这种变化，因为中国通知识分子接受了深刻的教训，同时他们还做出了一个正确的精神选择。

第三，后藤朝太郎和长野朗等文人派中国通，在九一八事变以前，就具有否定西洋文明优越观和欧美白人主义的思想意识。“脱亚入欧”是以分割中国为中心内容的，他们不是顺着这一思想体系发展起来的，而是沿着“兴亚思想”，即后来的“大亚细亚主义”的伏线变化而来的。可是，他们在政治形势变化的作用下，其“中日同体同心论”和“中日合作联盟论”，既受到了善意的平等联合思想意识的影响，也受到了侵略扩张型[37]大亚细亚主义“病毒”的感染，这也是一个否定不了的事实。

中国通们的兴亚思想和大亚细亚主义主张，不合乎世界历史发展的逻辑，没能长期地沐浴时代的阳光。它随着日本帝国主义的败亡，消失、淹没在了国际社会变化的烟尘之中，这乃是其必然的结局。然而，兴亚思想和大亚细亚主义主张，毕竟是近代日本知识分子精神成果的一部分。作为一种理想，振兴亚洲的愿望意义重大。笔者认为，今后我们要继续挖掘这方面的资料，并就此类题材进行深入细致的分析研究，对其精华部分做适当的评价，更要对其糟粕成分进行严肃的批判。

注释：

[1]1996 年到 1999 年，笔者在撰写本书之前身的博士学位论文时，我的博士导师古厩忠夫教授，以宽广的视野和渊博的学识，给我提出了许多宝贵的意见和建议。尤其值得特书一笔的是，笔者在古厩导师的启发下，完成了“序章”中“一、问题之所在”和“终章”中“一、全书概述”这两个最重要的部分。今日能够顺利地完成本书稿，也有赖于当年古厩导师的细心指导和谆谆教诲。笔者将永远铭记其辛苦与功德。

[2]野村浩一著：《近代日本的中国认识、通往亚细亚的航迹》。日本：砚文出版，1981 年 4 月 25 日，第 47，59 页。

[3]三石善吉论文：《后藤朝太郎与井上红梅》。日本：朝日新闻社，竹内好，桥川文三编：《近代日本与中国》下卷，1974 年 8 月。

[4]刘家鑫论文：《中国通后藤朝太郎的中国认识》。日本：新潟大学环日本海研究会，《环日本海研究年报》第 4 号，1997 年 3 月。

[5]刘家鑫论文：《关于长野朗的中国观》。日本：新潟史学会，《新

潟史学》第43号，1999年10月。

[6]沟口雄三等编著:《中国这一立足点》。日本：平凡社，1995年6月19日，第256页。

[7]野村浩一著:《近代日本的中国认识》。

[8]神田喜一郎、内藤乾吉编集:《内藤湖南全集》第五卷，日本：筑摩书房，1973年（昭和四十七年）5月20日，第291，483页。

[9]内田良平著:《中国观》。日本：黑龙会，1937年（昭和十二年）。

[10]村松定孝等编:《近代日本文学中的中国像》。日本：有斐阁选书，1975年（昭和五十年）10月30日，第92页。

[11]刘家鑫论文:《中国通后藤朝太郎的中国认识》。

[12]刘家鑫论文:《关于长野朗的中国观》。

[13]鹤见俊辅著:《战争时期日本的精神史、1931～1945》。日本：岩波书店，1991年10月15日。

[14]古田光等编:《近代日本社会思想史》(2)。日本：有斐阁，1971年（昭和四十六年）7月25日，第258页。

[15]刘家鑫论文:《后藤朝太郎的日中关系论、从出兵山东到七七事变》。日本：新潟大学研究生院现代社会文化研究系，《现代社会文化研究》第11号，1998年3月。

[16]后藤朝太郎论文:《从战火纷飞的上海归来》。日本：今日问题社，《今日问题》杂志，临时增刊号，1937年（昭和十二年）10月。

[17]后藤朝太郎著:《中国的风俗民情》“序”。日本：满蒙学校出版部，1938年（昭和十三年）9月1日，第1页。

[18]长野朗遗著:《我的昭和史》第五卷，回忆录，未出版，第14页。

[19]刘家鑫论文:《中国通长野朗的中日问题观》。日本：新潟大学东亚学会，《东亚、历史与文化》第7号，1998年3月。

[20]指当时的日本政府、近卫文麿内阁于1937年8月15日午夜0点10分发表的“惩罚狂暴中国声明”。参见古屋哲夫著《日中战争》(日本：岩波书店，1985年5月20日，第139页)。

[21]村松定孝著:《近代日本文学中的中国像》，第152页。

[22]后藤朝太郎著:《中国的下层民众》。日本：高山书院，1939年

（昭和十四年）10 月 5 日，第 296 页。

[23]后藤朝太郎著：《中国的国民性与时局》。日本：国会贵族院，《贵族院讲演集》，1931 年（昭和六年）10 月 15 日，第 89 页。

[24]长野朗著：《日中共存之路》。日本：坂上书院，1937 年（昭和十二年）7 月 25 日，第 10 页。

[25]刘家鑫论文：《关于战争时期的长野朗的考察》。日本：新潟大学东亚学会，《东亚、历史与文化》第 10 号，2001 年 3 月。

[26]秦郁彦著：《昭和史的军人们》。日本：文艺春秋社，1982 年（昭和五十七年）6 月 25 日，第 240 页。

[27]松尾尊兖编：《石桥湛山评论集》〈解说〉。日本：岩波文库，1991 年 1 月 24 日。

[28]下中邦彦编集：《亚洲历史事典》第六卷。日本：平凡社，1959～1962 年，第 6 页。

[29]竹内好论文：《日本的亚细亚主义》。日本：筑摩书房，《竹内好全集》第八卷，1980 年 10 月 20 日，第 94 页。

[30]关于“兴亚论”和“大亚细亚主义”的问题，其详细内容，请参见樽井藤吉著《大东合邦论》（日本：长陵书林，复刻板，1975 年 11 月 10 日），和伊东昭雄论文《关于明治初期的兴亚论、大亚细亚主义的形成》（日本：横滨市立大学学会，《横滨市立大学论丛》第 33 卷，1982 年 3 月 31 日），以及伊东昭雄论文《关于〈大东合邦论〉（一）》（日本：横滨市立大学学会，《横滨市立大学论丛》第 24 卷，1973 年 4 月 6 日）等。

[31]后藤朝太郎著：《大陆的黎明》。日本：高山书院，1941 年（昭和十六年）10 月 18 日，第 244 页。

[32]参见赵军著《大亚细亚主义与中国》（日本：亚纪书房，1997 年 3 月 31 日，第 67，84 页），以及宫崎滔天著《三十三年之梦》（日本：文艺春秋社，1943 年（昭和十八年）10 月 25 日）。

[33]长野朗著：《白祸困扰的中国、通往亚细亚联盟之路》。北京：燕尘社，1924 年（大正十三年）10 月 15 日。

[34]赵军著：《大亚细亚主义与中国》，第 85 页。

[35]福泽谕吉论文：《脱亚论》，1885 年（明治十八年）3 月。（日本：

岩波书店，富田正文，土桥俊一编集《福泽谕吉选集》第七卷，1981年3月25日，第221页）。

[36]村松定孝著：《近代日本文学中的中国像》，第101页。

[37]鹿野政直著：《日本近代化的思想》。日本：研究社丛书，1972年（昭和四十七年）10月30日，第191页。

（白兵编译、刘家鑫改写）

补论

日语中“支那”一词蔑视中国之意的历史成因

摘要：“支那”一词在古印度语中是赞美中国的一种称谓。但是，近代以来，日本人把这一词汇用于蔑称中国。笔者根据几位日本学者的观点和考证，综述一下日语中“支那”一词蔑称中国之意义形成的过程，并试图分析一下日本人对华观的深层心理意识。

关键词：日本人；“支那”；蔑视；甲午战争；日俄战争

曾任东京都知事的石原慎太郎，习惯地将中国称为“支那”。日本前首相森喜朗，也曾经把七七事变叫做“支那事变”。在日语里，“支那”这一称谓由来已久，它表现了日本人蔑视中国的思想意识。毫无疑问，我们中国人坚决抵制这种蔑称。尤其是，它一经日本政要之口，就遭到中国政府和人民的强烈反对。日本人傲慢的态度和轻率的做法，经常引起两国之间的外交纠纷和感情冲突，严重地干扰着中日关系的正常发展。

笔者希望就这一伤害我国人民感情的问题，依据日本学者们的研究成果，归纳分析一下近代日本人蔑视中国思想意识形成的过程。通过深入探讨“支那”这一称呼所引出的问题，从历史的角度，审视一下当今日本政客和右翼文人们使用“支那”一词的真实用意。笔者相信，这项工作不仅仅在学术研究上有重要意义，而且还有益于深入了解日本人的传统对华观和基本心理意识，并在此基础上采取积极有效的策略措施。

一、发端说

日本东北大学原教授村山磐先生，在其著作《战争与步兵第四联队——其历史是荣耀还是悲剧》一书[1]中，以“蔑视清国”为小标题，对日本人蔑视中国的问题做了概括性描述。村山先生写道，1894 年，日本为了夺取朝鲜半岛和中国东北三省权益，实行其“大陆政策”，公然挑起了中日甲午战争（按：日语叫“日清战争”）。在日本军队向中国开战的同时，日本的各新闻媒体纷纷报道丰岛海战、牙山战役和平壤战役中日本军队连战连胜的情况。记者们争先恐后地美化战争，赞颂白神源次郎和原田重吉等军人的“英勇无畏”精神。这类大肆宣传、无耻吹捧的文章，充塞着每天报纸的版面。连日里，传达胜利消息的号外声与欢呼声，响彻全国的大街小巷。

在这场对外侵略战争中，日本国民没有出现过任何反对战争、要求和平的呼声。日本民众普遍地以狂热的态度，迎接了“日清战争”的到来。一般民众中所形成的战争狂热，不久即转化为对东亚邻国的优越意识。与此同时，产生出了一种蔑视中国和朝鲜的情绪。譬如，在当时的日本军歌集里，有一首以《日清战争》为题的响遍日本全国的军歌。其中有一段歌词是这样写的：“……名分正，这场战争。正正堂堂，奋勇直前。无悔于天地，而今要将清国佬，歼灭于千里之外……”

又比如，在当时，日本近代社会学的开拓者、文学博士外山正一作过一首《前进，前进，日本男儿》的歌词。他在歌词中写道："轰啊！用大炮，杀那文明之大敌。刺呀！用利剑，戳那蛮族的巢窟。推进东洋之文明，靠我们之力量。出击出击！为君为国！"外山博士是"东京帝国大学"文科教授，曾历任帝大总长和文部大臣。如此这般气势汹汹地煽起战争热浪的，正是当时这些低俗的日本学者和所谓的知识分子。

村山磐先生认为，以中日甲午战争为契机，中国问题被记者报人们肆意杜撰，或不断地被歪曲捏造、推波助澜。在人为制造的侵略战争的热浪中，日本人变得越发傲慢狂妄起来。一直到后来日本帝国主义全面崩溃为止，日本人的那种蔑视中国的情绪，被众多的日本国民传接授受，演变为其后的扩张主义政策和对外侵略战争。总之，把中国人叫做"清国奴"，这种蔑视情绪和憎恨心理，在日本人中间并非是天然形成的，它是由那些不负责任的知识分子和记者报人们煽动误导出来的。也就是说，蔑视中国的罪魁祸首，应该是当时日本的知识界和新闻媒体界。他认为，为侵略战争而呐喊喝彩的现象，正是日本人蔑视中国之情绪的起源或发端。

然而，在另外两位日本学者实藤惠秀、实藤远父子看来，日本人蔑视中国的情绪虽然始发于中日甲午战争期间，但其明显的倾向则是在日俄战争期间才形成的。也就是说，其真正的开端要晚十年左右。那么，对于这个问题，实藤父子又是如何解释说明的呢？

二、形成说

著名学者实藤惠秀和实藤远两先生，在共著的小册子《亚细亚之心——日中文化交流的进程》[2]中，首先对比了中日甲午战争时中日两国的状况，然后解释了日本人蔑视中国的问题。他们写道，甲午一战，日本战胜，除去兵力和武器装备的原因之外，更重要的是政治上的原因。中国方面，是清朝统治者的军队在对日作战，而不是全中国人民都在参战。与此相反，日本在明治维新后，以全新的近代国家的面貌出现，在军事部署上做了充分的准备，全体国民也一致响应了国家的号召。而意外取得的胜利，又将日本国民带到了欢乐的巅峰。

实藤先生认为，国民热爱祖国，把国家战胜当做自己的事而高兴，这决非是件坏事。但是，日本国民的爱国心是排外性的，以此为契机，这种意向逐渐形成了一股风气。这是决意要侵略扩张的日本政府对国民进行教育的结果，更是日本民族排斥其他民族，欺辱弱小国家人民的岛国劣根性所使然。这一点，很快就在轻蔑污辱中国人的问题上显现出来。

在当时的日本，军人们神气十足，不管走到哪里都受到敬礼。儿童们玩捉迷藏，也是模仿士兵打仗的样子。他们冲着过路的中国人，叫喊着“日本胜了、支那败了”，还骂中国人是“清国小子”。中国人感到满腔的愤慨和国家战败的屈辱悲哀，也只能装作没听见，避开日本孩童的纠缠走过去。警察们即使看到这种场面，也是装聋作哑、置若罔闻。这种恶劣的做法，也成为将中日关系引向悲剧的重要原因之一。

从日俄战争开始之前，日本为了达到赶走沙俄、并逐步独霸中国的野心，他们在中国留学生中间精心地栽培了许多亲日分子。然而，同盟会等反清组织成立后，中国革命运动中的民族主义精神有了长足的发展，而这种带有民族主义色彩的革命思想，恰恰成为日本侵略中国的障碍。日本为了彻底根除这些思想，首先于1905年公布了《取缔留学生条例》，又于1907年查封了革命党人主办的《民报》，驱逐孙中山等中国革命运动领袖。与此同时，还通过舆论机构和教育手段，向日本国民强行灌输诬蔑中国的思想意识。为了达到侵略扩张的目的，日本统治者不希望自己的国民跟中国人友好交往，他们利用各种机会，夸大其词地宣传中国如何落后、贫穷、愚昧。

实藤先生认为，这种轻蔑中国人的倾向，出现在日俄战争的酣战期间，也就是《取缔留学生条例》公布之前半年。他们引用黄尊三《三十年日记》的记载，来佐证自己的观点："六月初二日（1906年），我们刚走出了讲堂，马上就有日本警察来到了学校。他们查了一名留学生的随身物品，没得到什么，就离去了。大家的愤怒心情，已经是不可抑制了。我对此事也是心有余悸，那天竟然一夜未能安眠。在此地，我看到了弱国人民无自由可言的事实。"（按：笔者意译）

接下来，由明治末年（1905年以后）过渡到大正时期（1912年始），这种轻蔑侮辱中国人的现象愈演愈烈。实藤先生还引用不肖生所作《留东外史》里的话，来做进一步的说明。在当时，"支那人"或"清国奴"这两个词汇，简直就成了日本人侮辱中国人用的专有名词。一提起中国人，日本人就显示出无比厌恶的表情。"日本人连吃中餐，也装作不愿意吃的样子。他们觉得，我是日本人，在世界上是一等国民，如果说喜欢吃支那这种贫弱国家的风味饭菜，就会降低了我自己的身份。"

总之，日本官方制定各种规定，限制中国人的自由，驱逐中国的留学生，毫无顾忌地侵犯中国人的人身权益，肆意侮辱毁坏中国的形象。这种非友好的倾向，不断升级日益露骨。日本人动不动就骂中国人是“支那人、清国奴”[3]。

笔者认为，关于日本人蔑视中国的起始发端问题，其实村山先生与实藤父子的基本观点并无太大出入。只是村山的描述着眼于中日甲午战争时期，而实藤的解释则更侧重强调了后来形成蔑视风气的日俄战争时期。我觉得，可以权且将日俄战争前后，看成是日本人蔑视中国的定形期较为妥当。然而，要想进一步了解有关这个问题的更加确切的发生、发展、终焉的全过程，还需要看一看另一位日本学者的专项考证。

三、源流考

近世（1550 年～1853 年）以来日本人是如何称呼中国的？特别是从近代初期到战败投降（1853 年～1945 年）的近一百年间，日本人为什么要把中国称做“支那”？又为什么出现了蔑视中国的情况？其历史的源流何在？有关这一问题，日本山形大学原教授佐藤三郎先生，在其论文《关于日本人把中国称做“支那”的考察——近代日中交涉史上一断章》[4]中，做了一个系统性的考证。下面，就让我们来听一听他如是说。

佐藤先生这样写道：中国自古以来，由于革命而导致朝代更替，其国名也随之变更。因此，日本人在称呼中国的时候，也往往以朝代名称之，如“唐”、“宋”、“明”，等等。另外，还多用超越时代和朝代的一般性总称。17 世纪中叶明清鼎革，20 世纪初期由清朝至民国，中期又有新中国的成立。对此，日本人在使用中国各朝代名或国名的同时，做为总称，分别叫做“中国”、“中华”、“中土”、“华夏”、“支那”。除此之外，还以过去的朝代名称，叫做“汉”、“唐”、“唐土”，或以其过去的首都的名子，代称为“南京”。这期间，自明治初期至太平洋战争结束后（1868 年～1945 年）的一段时期内，“支那”这一称呼，在日本社会上则颇为盛行。

在日本人之中，有坚持“国家主义”观点的人。他们认为，中国人称自己为中国或中华，是以中国为本位的夜郎自大式的语言表现，日本人用之有伤日本国民的自尊。故此，这些人采取坚决抵制的态度。另外，在中国人那里，使用“支那”一词又遭到强烈的批判，加之一部分日本人又反驳说这种批判毫无道理。围绕这一词汇的使用问题，在中日两国国民之间，时常出现感情对立的现象，这是一件令人痛心的事情。

“支那”一词，在 17 世纪末以前的日本文献中极少出现，进入 18 世纪以后，最早见于新井白石的《采览异言》（1713 年）。于同年刊行的寺岛良庵的《和汉三才图会——异国人物部》第 13 卷里，也有几处“震旦”、“唐土”、“中国”、“中华”、“支那”的表记。在当时一般的日本人中间，把中国做为文化上的先进国家，而使其理想化的氛围尚且浓厚。新井白石与寺岛良庵之类文人，对中国的思想文化怀有极大的敬意。由此可以想象出，“支那”一词里包含着一种积极性的价值观。

近世日本，德川幕府对外实行绝对性锁国政策。有些日本人在海上航行时遇上恶劣天气，随风浪漂流到朝鲜、中国、俄国，甚至更远的地方。他们被遣返回国后，都要接受幕府严格的审查。因此，除了供词以外，还留下了一些《漂流记》。其中有关中国的地方，使用“唐国”为最多，加上“唐”、“唐土”、“唐山”约占总数的三分之二，将中国人记载为“唐人”的近八成，而写作“支那”者则极为少见。

进入19世纪以后，日本人称中国时，除叫“清”、“清国”、“唐”、“汉”以外，使用“支那”一词的现象逐渐增多。而且，与以往那种尊敬中国的语气略有不同，已经开始带有傲视中国的语意了。例如，1808年，佐藤信渊在其著作《海防策》中，曾高度评价过清国的实力，认为无论付出多大的代价，也要与中国保持密切的关系。但到了1822年时，他却在《宇内混同秘策》一书里宣称，日本有吞并亚洲的天赋之使命，并且应该首选地大物博的“支那”。更显著的例子是，1855年，吉田松阴在给其兄的书简中，称中国为“支那”，并且将中国视为日本要征服的对象。

当然，“支那”一词在19世纪前半叶，并非所有的场合都是以同样的语义来使用的。如幕府的高级官员横井小楠，在其著作《富国论》中说：“支那与日本乃唇齿相依之国，视其倾覆，唇亡齿寒，今非坐视旁观之秋。”他认为，日本与中国处于同一命运共同体，应该一起抵抗西方列强的侵略。为此，必须始终保持亲密关系，相互信赖和援助。在这种论点中，感觉不出任何侵略性的意思。再有，当时并非所有的人都弃“唐国”、“汉土”，而改用“支那”，即便是同一人物，也有许多并用两种以上词汇的情况。1849年，前述佐藤信渊在其所著的《存华挫狄论》一书里说，日本出于对抗西洋各国之考虑，也要温存中国，此为上策。他在文章中，将“大支那”一词与“清国”、“中华”等词汇一并使用。但是，从此开始，“支那”一词在日本逐渐被广泛使用，且不能否认它已经开始带有贬义的成分了。

佐藤三郎先生认为，出现以上这种变化，是与当时的历史背景有关的。19世纪中叶的中国，在西方殖民主义势力的进攻下步步后退，鸦片战争中败北，被迫接受不平等条约。英法联军攻占北京，皇帝蒙尘，同时又发生了太平天国起义，清王朝已露出崩溃的端倪。这些信息不断地传到日本，日本人对心目中圣人君子的中国产生了怀疑。各种文献显示，在这一时期，“支那”一词的使用频率有所增高。如萨摩藩主（按：萨摩藩为现今鹿儿岛县的旧称，藩主是地方诸侯之意）岛津齐彬，在给福井藩主松平庆永的信件里说：“支那孤立退婴安于旧习，其将来前途令人心寒、不堪设想。”1862 年，幕府派出的贸易考察团员高杉晋作等人，见到了清朝内忧外患的状况，将其感想写进日记，他们多用“支那”一词来表达当时的情形。另外，在某些《漂流记》里，也通篇使用“支那”、“支那人”，而不用其他称谓。

四、演变观

佐藤三郎先生继续考证了近代以来“支那”一词的演变过程。他证实，明治维新（1868 年）以后的日本，有关中国的称呼发生变化，在新政府的公用文书、官员的书简日记、各种刊物及报纸上，“支那”一词同“唐国”等词并用，进而“唐国”、“汉土”等词汇的使用量逐次减少，取而代之的是“清国”、“支那”等词汇，使用这两个词汇的情况越来越普遍。在当时小学校的教材里，几乎都将中国记载为“支那”。也就是说，从中日甲午战争爆发以前开始，“支那”一词就已经在日本国民之间呈定型状态，而且，轻蔑中国的感情意识也随附其间了。1912 年元旦中华民国诞生，同年 2 月清朝灭亡。虽然如此，日本的官民仍然不称“中华民国”，而是继续称呼“支那”、“支那共和国”。这种现象，一直持续到太平洋战争结束以后的一段时期。

古代印度人把中国当做东方的文明之国，“支那”一词，本来是他们赞美中国的一种称谓。中国的文人学者，如黄遵宪、章炳麟、梁启超等人都曾使用过，日本的文人们也是在一种敬畏和亲近感的情绪下才使用的。但很显然，时值中国内忧外患，日本人深刻地意识到了清帝国的衰微之势。另一方面，日本人又一股风潮似地争相崇拜西方文明，越发轻视中国传统的思想文化，"支那"一词逐渐变成了贫弱、懒惰、因循守旧、傲慢不逊、无能、不清洁的代名词。随着时间的推移，进入明治时期以后，这种情况变得愈加严重了。

明治十年代即1877年以后，在日本人之间开始使用"取支那"一词。这一时期的日本人，开始酝酿轻蔑侮辱和侵略中国的气氛了。不光政治家官僚如是说，就连知识分子也是如此。比如，启蒙思想家福泽谕吉，在其《世界国尽》一书中，将中国说得一无是处，贬为低等国家。尤其严重的是，受到这种社会思想影响，许多小学教材均把日渐衰落的清帝国同蒸蒸日上的日本对照来写。受到这种教育的日本青少年长大成人后，不能指望他们对中国怀有尊敬亲近的感情。从年轻一代人的双唇里冒出来的"支那"一词，那里面潜藏着一种傲视、轻蔑中国的心理意识。不仅如此，就连专门研究中国问题的学者也被称为"支那通"，遭到人们的鄙视。

日本人轻蔑中国的倾向，甲午战争以后愈演愈烈。清朝政府派去的留学生走在大街上，时常被日本儿童无端戏弄，还被骂做"支那人"、"清国小子"。许多留学生不堪侮辱，刚去不久旋即愤然回国。这一时期的中国人，对于日本人称呼中国为"支那"，逐渐地感悟出了其中的恶意，但还未公开表示反对。1912年，历史进入民国时期，中国人民的民族主义精神和近代国民国家意识有所增强，对抗日本的民族情绪不断发展变化。尤其是，1915年，日本强加给中国二十一条，妄图把中国变为日本的附属国。1919年，在巴黎和会上，日本又从德国手中强夺山东主权。这些问题出现以后，中国的反日浪潮高涨起来，爆发了五四运动。

在日本人肆无忌惮地轻蔑侮辱中国的情况下，中国人特别是留日学生们再也无法忍耐下去，他们开始起来抗议反对日本人的做法。留日学生们平日饱受日本人的欺辱，他们想促使日本人反省，要求日本人停止使用“支那”一词。日本政府在对华文件中写做“支那”，国际外交文书里写为“National Republic of China”。两者本来共出同一语源，但是从日本人的嘴巴里吐露出来的“支那”一词，其语感与欧美人的截然不同，它附加上了某种特殊的意义，让留日学生们感到了极大的不愉快。

譬如，1920年，留日回国生王拱壁在《东游挥汗录》一书中，将日本人用“支那”一词侮辱取笑中国人之事，做过非常形象的解释。郭沫若在1936年9月号的《宇宙风》杂志上指出，日本人不但把中国叫做“支那”，还经常使用“日支”、“英支”、“鲜支”、“满支”等称呼，意图把中国排在最低档次的位置上，竭力贬低中国。他敏锐地观察到这一问题，深刻地分析其原因，表达了当时中国留日学人的反感情绪。郁达夫也痛感于此，他在小说里，表现了自己被日本人称为“支那人”时的屈辱悲愤之情。

1930年5月，南京国民政府根据中央政治会议的决议案，向外交部发出了一道训令，称“今后凡有使用‘支那’之文字的日本公函，一概拒收”。（按：笔者意译）当时，日本的一些有识之士也表示担忧，觉得中国人讨厌被称为“支那”，日本应该反省此事。中国政府训令之事传来，在日本社会上引起了不小的震荡，惹起了世人的关注，赞否两论，争吵得沸沸扬扬。在中国政府的强硬态度面前，同年 10 月 29 日，日本政府经过内阁会议讨论决定，将“支那共和国”的称呼变更为“中华民国”。

虽然如此，日本国民的抵触情绪很大，他们仍旧继续广泛地使用“支那”一词。1937 年七七事变后，日本政府又开始称呼中国为“支那”。这种情况，一直持续到战败投降以后的一段时期。1946 年，中国作为战胜国的代表和新联合国的主要成员国，参与处理战败国日本的问题。中国国民政府派出代表团常驻日本。中国代表团向日本政府提出强烈抗议，要求日本停止使用“支那”一词。

佐藤三郎先生考证的最后部分是这样写的：战败国的日本不得不顾及中国人民的感情，于 1946 年 6 月 7 日，以外务省总务局长冈崎胜男的名义，向各省厅发布了《关于避免使用“支那”之称呼》的文件。而后，日本政府各有关部门又向各报社杂志社、各大专院校下发了同样的通知。其结果是，日本全国的报纸杂志和广播电台逐步改称“中国”，各级学校的教材也统一为“中国”。1949 年 10 月 1 日，中华人民共和国诞生，日本人又将新生政权下的国家称为“新中国”，以后逐渐约定俗成。

五、特征论

综上所述，关于日本人称中国为“支那”、并以此蔑视中国人的问题，村山磐先生认为，日本国民仇视中国的情绪起源于中日甲午战争，他集中批判了新闻媒体的胡乱炒作和知识分子的不负责任。实藤惠秀和实藤远两先生认为，在日俄战争时期，日本人蔑视中国的情绪才真正形成大气候，其主要原因是日本的国家政权及其侵略政策造成的。可以看出，这三位学者的论述，都带有痛恨日本帝国主义的强烈的感情色彩。

很显然，佐藤三郎先生的态度则较为冷静客观。他将这一问题当做一个纵向的历史性问题进行考证，其使用的文献资料翔实可靠，论述内容具体详细，研究结果更有说服力。其考证的结果表明，“支那”一词散见于近世和近代日本的各种文献中，距今已有近三百年的历史。然而，在美称中国的词义里掺杂进蔑视中国的成分，其语意之变化由来已久。可以说，这种变化自19世纪初期，即近二百年前就已经发生了。

笔者觉得，在其后的时代里，这一词汇伴随着日本人蔑视中国的思想意识，走过了如下的历程，即：鸦片战争时期在书面上大量使用，中日甲午战争时露出头角，日俄战争前后趋于明朗并定型，五四运动时肆无忌惮，七七事变后变本加厉，战败投降后不得不黯然收场。战后的日本成为经济大国后，不甘心屈尊于中国人之下，又开始露出了狐狸的尾巴。

近代以来的日本人，采取了极端蔑视中国的态度。它是以往日本人敬畏崇拜中国的一种逆反心理之表现。所谓蔑视，到底指什么？归根结底，日本人认为，鸦片战争后的中国人拒绝接受西方近代的思想文化，其本身不具备建立近代民族国家的政治能力。日本在甲午战争和日俄战争这两场战争中取得胜利之后，这种思想意识日益恶性膨胀。直至日本帝国主义灭亡为止，日本人对中国的蔑视，直接牵涉到否定中国国家主权的问题[5]。

反过来看中国，经过中日甲午战争和日俄战争，日本帝国主义加紧对华渗透蚕食侵攻掠夺。尤其是妄图灭亡中国的二十一条给中国人民敲响了警钟，它使“沉睡的雄狮”猛醒过来，促使中国人民团结一心，走上争取独立自主和民族解放的道路。近代的中国人民，正是在日本这个虎狼之国的侵略侮辱之下，才萌生了近代民族国家的观念。日本人对中国的蔑视态度，唤醒了中国人的民族觉悟，使之产生了强烈的自强意识。

六、代结语

回过头来，让我们再看一看，为什么某些现代日本人还要称中国为“支那”。通过以上的叙述，读者应该能够认清其内在的心理意识和思想实质。按理说，现在“支那”一词业已变为死语。但在日本人中间，尤其是一些右翼反华政客和所谓的学者作家之流，他们依然顽固地使用“支那”，只是不敢那么明目张胆，而是将它改为日语的片假名“シナ”来书写罢了。但其读音和蔑视中国的语意，仍旧没有根本性的改变。

时至今日，日本国内仍有一些饭馆自称“支那饭店、支那荞麦面条”。日本地图上，仍在沿袭战前的说法，将中国的东海和南海称作“东支那海、南支那海”。有些老人说话时，也经常有意无意地带出“支那”等词语。当今世界，各国人民谋求进步、争取和平发展。中日两国之间那段不愉快的历史，也早已成为过去。但一些日本人仍旧抱着帝国主义时代的亡灵不放，他们时常沉渣泛起，奏出几声与时代精神不相协调的音符。

这种现象说明了一个问题，那就是一百多年以来日本侵略中国，而现代的日本人对不光彩的历史未能进行反省和清算。战前与战后，许多日本人的对华观没有多大的改变。日本人蔑视中国的意识潜藏在其深层心理之中，时而有形无形的流露出来。在这一原则性问题上，日本政客与文化人的世界观和价值观发生扭曲和变形，最容易导致全体日本人民道德意识的混乱和低下，致使他们丧失独立思考的自觉性和辨别是非的能力[6]。如果这种情况持续下去的话，若干年后，那又将是一件很危险的事情。

参考文献：

[1]村山磐著. 战争与步兵第四联队——其历史是荣耀还是悲剧[M]. 日本：步兵第四连队会发行，1987 年 8 月 15 日.

[2]实藤惠秀、实藤远著. 亚细亚之心——日中文化交流的进程[M]. 日本：淡路书房，1956 年 7 月 30 日.

[3]实藤惠秀著. 日中非友好的历史[M]. 日本：朝日新闻社，1973 年 1 月 25 日.

[4]佐藤三郎著. 近代日中交涉史的研究[M]. 日本：吉川弘文馆，1984 年 3 月 10（引用论文原载：日本《山形大学纪要》，第八卷第二号，1975 年 2 月）.

[5]刘家鑫论文. 中国通的对华观的特征[C]. 载日本新潟大学研究生院现代社会文化研究系《环日本海研究年报》，第八号，2001 年 3 月.

[6]李明论文. 日本的“中国论”的检证——1920～1930 年代的中国非国论[C]. 载日本中京大学社会科学研究所《社会科学研究》，第九卷，第二号，1988 年.

说明：本稿原载于《天津外国语学院学报》(2002 年第 2 期)。笔者曾得到学报主编修刚教授（校长）和副主编魏晋慧老师的指导与建议，在此表示谢意。现做重大调整与修改，以“补论”的形式收进本书。

（尉旭航编译、刘家鑫改写）

附录一　后藤朝太郎著作目录

说明：

根据笔者的调查统计，后藤朝太朗的著作数目为 115 部。这一统计数据，虽然不能说是绝对准确的，但可以说它囊括了后藤朝太郎著作的绝大部分内容。问题在于，至今还未发现他于 1944 年到 1945 年日本战败（电车事故死亡之前）期间的著作。随着今后研究的深入展开，预计将会发现这两年空白期间的著作，因此其著作数目还会增加。如果将现有的这庞大数量的著作做一下分类的话，那么大致可以分为以下六种：（1）汉字的文字学与音韵学；（2）中国的古代文化，特别是贵族文化；（3）中国的民俗文化；（4）中国的庶民经济生活；（5）中国的民族性与国民性格；（6）中日关系问题。

日本的高山书院于 1940 年（昭和十五年）2 月 28 日出版发行了后藤朝太郎的著作《中国的土豪》。该书后刊有“后藤朝太郎著述书目”一览表。本著作目录，基本上是根据该一览表编写而成的。1940 年 2 月 28 日以后出版的著作目录，是利用后藤朝太郎的长子后藤毅先生所提供的资料，加以补充编辑的。另外，再将散见于其他著作中的目录汇集起来，完成了该“后藤朝太郎著作目录”。再有，《中国的土豪》一书上刊登的“后藤朝太郎著述书目”一览表，也是后藤毅提供给笔者的。后藤毅和后藤绫子夫妇，对我此项研究工作，给予了无私的关怀和协助。值此机会，笔者向夫妇二人表示衷心的感谢。

明治时期：（1906～1912）

[1]《语言学》上卷，日本：博文馆，1906年（明治三十九年）12月8日。

[2]《语言学》下卷，，日本：博文馆，1907年（明治四十年）4月29日。

[3]《现代中国语学》，日本：博文馆，1908年（明治四十一年）2月18日。

[4]《汉字音的系统》，日本：六合馆，1909年（明治四十二年）6月13日。

[5]《文字的研究》，日本：成美堂，1910年（明治四十三年）2月10日。

[6]《文字的活用》，日本：六合馆，1910年（明治四十三年）9月5日。

[7]《文字的沿革》建筑编，日本：成美堂，1910年（明治四十三年）。

[8]《明治的汉字》，日本：宝文馆，1912年（明治四十五年）1月10日。

[9]《汉字的教学法》，日本：春秋堂，1912年（明治四十五年）7月10日。

大正时期：（1912～1926）

[10]《线音双引汉和大辞典》，日本：东云堂，1914年（大正三年）5月2日。

[11]《文字的起源》，日本：通俗大学会，1916 年（大正五年）5 月 29 日。

[12]《文字的沿革》，日本：严翠堂，1916 年（大正五年）5 月 29 日。

[13]《中国的文物》，日本：科外教育丛书刊行会，1918 年（大正七年）1 月 25 日。

[14]《文字的教学法》，日本：二松堂，1918 年（大正七年）2 月 22 日。

[15]《自修辞典》，日本：东云堂，1919 年（大正八年）4 月 15 日。

[16]《中国文化的解剖》，日本：大阪屋号书店，1921 年（大正十年）4 月 10 日。

[17]《淮南子》，国译汉文大成，日本：国民文库刊行会，1921 年（大正十年）4 月 11 日。

[18]《砚台指南》，日本：白水社，1921 年（大正十年）6 月 20 日。

[19]《在中国料理的面前》，日本：大阪屋号书店，1922 年（大正十一年）5 月 10 日。

[20]《长城的那边》，日本：大阪屋号书店，1922 年（大正十一年）5 月 10 日。

[21]《从日本到中国》，日本：北隆馆，1922 年（大正十一年）12 月 10 日。

[22]《有趣的中国风俗》，日本：大阪屋号书店，1923 年（大正十二年）8 月 5 日。

[23]《中国趣味的话题》，日本：大阪屋号书店，1924 年（大

正十三年）9 月 5 日。

[24]《欢乐的中国》，日本：北隆馆，1925 年（大正十四年）3 月 24 日。

[25]《中国视察旅行的改善》，东亚研究讲座其二，日本：东亚研究会，1925 年（大正十四年）4 月 1 日。

[26]《中国文化的研究》，日本：富山房，1925 年（大正十四年）6 月 29 日。

[27]《中国乡村散步》，日本：北隆馆，1925 年（大正十四年）8 月 6 日。

[28]《武汉三镇游记》，东亚研究讲座第十一集，日本：东亚研究会，1926 年（大正十五年）10 月 22 日。

[29]《中国的社会状况》，日本：雄山阁，1926 年（大正十五年）11 月 15 日。

昭和时期：（1926～1943）

[30]《长久的中国》，日本：北隆馆，1927 年（昭和二年）1 月 14 日。

[31]《五十年后的太平洋》，日本：大阪每日、东京日日新闻社，1927 年（昭和二年）1 月 20 日。

[32]《标准字典》，日本：中文馆，1927 年（昭和二年）2 月 10 日。

[33]《中国游记》，日本：春阳堂，1927 年（昭和二年）2 月 22 日。

[34]《长生不老》，日本：北隆馆，1927 年（昭和二年）6 月 7 日。

[35]《今日中国的社会与文化》，日本：文明协会，1927年（昭和二年）6月15日。

[36]《中国国民性》，日本：严翠堂，1927年（昭和二年）8月10日。

[37]《中国风俗的话题》，日本：大阪屋号书店，1927年（昭和二年）9月11日。

[38]《中国走访记》，日本：万里阁书房，1927年（昭和二年）11月3日。

[39]《老朋友》，日本：北隆馆，1927年（昭和二年）12月7日。

[40]《中国风景与庭园》，日本：雄山阁，1928年（昭和三年）3月5日。

[41]《近邻中国》，日本：大阪屋号书店，1928年（昭和三年）9月10日。

[42]《中国奇谈、鸦片室》，日本：万里阁书房，1928年（昭和三年）2月20日。

[43]《青龙刀》，日本：万里阁书房，1928年（昭和三年）12月10日。

[44]《中国纵谈、沉睡的雄狮》，日本：万里阁书房，1929年（昭和四年）5月20日。

[45]《中国料理通》，日本：四六书院，1929年（昭和四年）12月26日。

[46]《中华民国地图》，日本：神谷书店，1929年（昭和四年）12月3日。

[47]《翰墨谈》，日本：富士书房，1929年（昭和四年）5月

10日。

[48]《长生秘术》，日本：富士书房，1929年（昭和四年）12月12日。

[49]《中国旅游通》，日本：四六书院，1930年（昭和五年）3月5日。

[50]《中国风俗趣味》，日本：万里阁书房，1930年（昭和五年）5月15日。

[51]《论中国民情》，日本：雄山阁，1930年（昭和五年）6月10日。

[52]《文字史研究》，日本：雄山阁，1930年（昭和五年）6月10日。

[53]《砚台及笔墨纸研究》，日本：雄山阁，1930年（昭和五年）9月5日。

[54]《中国社会民情》，日本：万里阁书房，1930年（昭和五年）10月15日。

[55]《中国工农阶级的生活》，日本：三省堂，1930年（昭和五年）10月28日。

[56]《哲人中国》，日本：千仓书房，1930年（昭和五年）11月5日。

[57]《下决心学汉字》（教材），日本：放送局，1930年（昭和五年）12月10日。

[58]《中国的国民性与时局》，贵族院定例午餐会讲演集第54号，日本：国会，1931年（昭和六年）10月15日。

[59]《翰墨探访》，日本：春阳堂，1931年（昭和六年）11月20日。

[60]《中国民情》，日本：千仓书房，1931 年（昭和六年）11 月 15 日。

[61]《中国及满洲旅游指南》，日本：春阳堂，1932 年（昭和七年）5 月 15 日。

[62]《中国读本》，日本：立命馆出版部，1933 年（昭和八年）3 月 15 日。

[63]《满洲治理与中国的全局、日俄两国的动向》，经济研究丛书（51），日本：日本工业俱乐部、经济研究会（非卖品），1933 年（昭和八年）7 月。

[64]《有问题的中国》，日本：立命馆出版部，1933 年（昭和八年）7 月 12 日。

[65]《中国的体臭》，日本：汎文社，1933 年（昭和八年）9 月 15 日。

[66]《文字学概说、国语科学》，日本：明治书院，1933 年（昭和八年）10 月 1 日。

[67]《中国的山水》，日本：蒿山房，1933 年（昭和八年）12 月 10 日。

[68]《满洲中国风景庭园鉴》，日本：成美堂，1934 年（昭和九年）3 月 7 日。

[69]《中国庭园》，日本：成美堂，1934 年（昭和九年）10 月 10 日。

[70]《文字的研究》，日本：关书院，1935 年（昭和十年）1 月 28 日。

[71]《中国风土记》，日本：章华社，1935 年（昭和十年）2 月 13 日。

[72]《翰墨谈》（抄本），日本：翰墨同好会，1935 年（昭和十年）6 月 18 日。

[73]《满洲与中国实况调查》，日本：人文研究所（非卖品），1935 年（昭和十年）8 月 28 日。

[74]《中国家庭论语》，日本：现代文化社，1935 年（昭和十年）11 月 25 日。

[75]《日中亲善工作》，日本：国际日本协会，1936 年（昭和十一年）1 月 20 日。

[76]《初等汉字的教学法》，日本：关书院，1936 年（昭和十一年）5 月 5 日。

[77]《中国民俗的展望》，日本：富山房，1936 年（昭和十一年）5 月 18 日。

[78]《不祥之事与日中亲善之路》，日本：文明协会（非卖品），1936 年（昭和十一年）9 月 28 日。

[79]《巡视中国秘境》，日本：东京经济俱乐部（非卖品），1936 年（昭和十一年）11 月 14 日。

[80]《文字寻访》，日本：知进社（非卖品），1936 年（昭和十一年）11 月 30 日。

[81]《论近期的中华民国》，日本：医疗器械学会（非卖品），1937 年（昭和十二年）1 月。

[82]《改订汉字音的系统》，日本：关书院，1937 年（昭和十二年）2 月 13 日。

[83]《文房四宝》，日本：雄山阁，1937 年（昭和十二年）6 月 1 日。

[84]《走访土匪村》，日本：北斗书房，1937 年（昭和十二年）

7 月 1 日。

[85]《中国的男和女、现代中国的生活状况》，日本：大东出版社，1937 年（昭和十二年）9 月 28 日。

[86]《上海战役与中国国民性》，日本：日本讲演通信社，1937 年（昭和十二年）9 月 15 日。

[87]《邻邦中国》，日本：今日问题社，1937 年（昭和十二年）10 月 18 日。

[88]《中国的山寺》，日本：黄河书院，1937 年（昭和十二年）12 月 5 日。

[89]《长生不老的秘诀》，日本：大东出版社，1937 年（昭和十二年）12 月 10 日。

[90]《茶道中国行脚》，日本：峰文荘，1938 年（昭和十三年）2 月 1 日。

[91]《最新中国旅游指南》，日本：黄河书院，1938 年（昭和十三年）2 月 1 日。

[92]《了解中国》，日本：雄风馆，1938 年（昭和十三年）6 月 13 日。

[93]《中国的民情风俗》，日本：满蒙学校出版部、1938 年（昭和十三年）9 月 1 日。

[94]《理解大中国》，日本：高阳书院，1938 年（昭和十三年）9 月 16 日。

[95]《长江千里》，日本：高阳书院，1938 年（昭和十三年）10 日 31 日。

[96]《有趣的国家中国》，日本：高阳书院，1938 年（昭和十三年）12 月 1 日。

[97]《孤竹高山长幸》，日本：孤竹会（非卖品），1938 年（昭和十三年）12 月 28 日。

[98]《中国经济夜话》，日本：东洋经济新报社，1939 年（昭和十四年）1 月 23 日。

[99]《去中国的知识》，日本：高阳书院，1939 年（昭和十四年）3 月 12 日。

[100]《书道用具的心得》，日本：峰文荘，1939 年（昭和十四年）7 月 10 日。

[101]《文字的起源与沿革》，日本：峰文荘，1939 年（昭和十四年）7 月 10 日。

[102]《中国的下层民众》，日本：高山书院，1939 年（昭和十四年）10 月 5 日。

[103]《中国的土豪》，日本：高山书院，1940 年（昭和十五年）2 月 28 日。

[104]《四亿顾客》，日本：明光堂，1940 年（昭和十五年）3 月 30 日。

[105]《谈论中国》，日本：今日问题社，1941 年（昭和十六年）9 月 15 日。

[106]《大陆的黎明》，日本：高山书院，1941 年（昭和十六年）10 月 18 日。

[107]《中国风物志、风景编》（1），日本：大东出版社、1942 年（昭和十七年）5 月 10 日。

[108]《南洋的华侨》，日本：高山书院，1942 年（昭和十七年）5 月 25 日。

[109]《文字讲话》，日本：黄河书院，1943 年（昭和十八年）

1 月 18 日。

[110]《中国书道》，日本：黄河书院，1943 年（昭和十八年）1 月 18 日。

[111]《中国风物志、民艺编》（2），日本：大东出版社，1943 年（昭和十八年）9 月 20 日。

[112]《文字史》（1），日本：高山书院，1943 年（昭和十八年）10 月 30 日。

[113]《文字史》（2），日本：高山书院，1943 年（昭和十八年）10 月 30 日。

[114]《中国生活指南》，日本：黄河书院，1943 年（昭和十八年）12 月 31 日。

[115]《中国汲古录、古文字的产生》，日本：黄河书院，1944 年（昭和十九年）。

（刘彩霞编译、刘家鑫改写）

附录二　长野朗著作目录

说明：

在长野朗遗著《自治论》的末尾处，有“长野朗年谱与主要著书目录”。在该目录里，记录了42部著作的书名，没有详细记载出版社名称和出版时间。笔者根据实地调查了解到，长野朗的次子长野莱策先生家中，藏有大量的长野朗著作。其数量可以跟后藤朝太郎的著作数量相匹敌。目前，据不完全统计，长野朗的著作有85部之多。整理归纳这些第一手资料，是今后研究中的一项重要工作。现在，如果将长野朗的著作进行分类的话，至少可以分为以下六种：（1）中国的历史文化和民族性格方面的著作；（2）目前中国的政治经济与社会状况分析；（3）日本的对华政策与中日关系评论；（4）为农民而编写的思想启蒙和农民运动方面的书籍；（5）重建农村和确立新体制的内容；（6）自治学方面的著作。

这里记载的85部著作，绝大部分是跟中国问题有关的“中国读物”或“满洲读物”。在长野莱策的收藏中，战后时期长野朗写的农民运动和自治学方面的著作，也占有相当多的数量。本“长野朗著作目录”，是以长野莱策提供的原始目录为基础资料，再加上笔者的收集而完成的。然而，还不能说，此目录就是完美无缺的。况且，在出版年月日的记载方面，也存在着一些具体问题。值得一提的是，长野莱策计划将现有的著作做一个全面的调查整理，从而做出一个更加详细的目录。我对他的这项工作，抱有极大的期望。长野莱策与长野玲子夫妇，对我的此项研究工作给予了很大的帮助。借此机会，谨表谢意！

大正时期：（1919～1926）

[1]《近年来英美在中国的活动》，日本（非卖品），1919 年（大正八年）11 月。

[2]《应该拯救中国吗》，天津：日华印刷所，1923 年（大正十二年）。

[3]《白祸困扰的中国、通往亚细亚联盟之路》，北京：燕尘社，1924 年（大正十三年）10 月 15 日。

[4]《中国的土匪与军队》，北京：燕尘社，1924 年（大正十三年）。

[5]《世界威胁、中国工人及工人运动》，北京：燕尘社，1925 年（大正十四年）。

[6]《我等应向世界学什么》（合著），上卷，日本：越山堂，1925 年（大正十四年）。

[7]《中国的社会组织》，日本：行地社出版部，1926 年（大正十五年）5 月 25 日。

[8]《中国的社会运动》，日本：行地社出版部，1926 年（大正十五年）。

[9]孙中山著，长野朗译：《三民主义》，日本：中国问题研究所，1926 年（大正十五年）。

[10]《中国工人运动的现状》，日本：东亚研究会，1926 年（大正十五年）。

昭和前期：（1927～1943）

[11]《请看动态的中国》，日本：日本时报社，1927年（昭和二年）。

[12]《中国国民运动的指导原理》，日本：日本时报社，1927年（昭和二年）。

[13]《从北方看中国、北京通信》，日本：日本时报社，1927年（昭和二年）。

[14]《中国往何处去》，日本：中国问题研究所，1927年（昭和二年）。

[15]《中国革命旋涡中的人们》，日本：日本时报社，1927年（昭和二年）。

[16]《中国的反帝国主义运动》，日本：行地社出版部，1927年（昭和二年）。

[17]《中国的工人运动》，日本：行地社出版部，1927年（昭和二年）。

[18]《满洲问题的真相》，日本：中国问题研究所，1928年（昭和三年）6月25日。

[19]《华侨、中国民族的海外发展》，日本：中国问题研究所，1928年（昭和三年）。

[20]《以中国为舞台的列强资本战》，日本：中国问题研究所，1928年（昭和三年）。

[21]《中国读本》，日本：中国问题研究所，1928年（昭和三年）。

[22]《日本与中国的诸多问题》，日本：中国问题研究所，1929

年（昭和四年）2 月 20 日。

[23]《中国问题辞典》，日本：中国问题研究所，1929 年（昭和四年）。

[24]《财政篇、经济篇》，大中国大系第四卷，日本：万里阁书房，1930 年（昭和五年）。

[25]《社会篇、民情篇》，大中国大系第六卷，日本：万里阁书房，1930 年（昭和五年）。

[26]《中国的真相》，日本：千仓书房，1930 年（昭和五年）。

[27]《中国土地制度研究》，日本：刀江书院，1930 年（昭和五年）。

[28]《近年来的中国共产党》，日本：中国问题研究所，1930 年（昭和五年）。

[29]《向往自由中国》，日本：万里阁书房，1930 年（昭和五年）。

[30]《中国革命史》，日本：改造社，1930 年（昭和五年）。

[31]《围绕满洲铁路问题的日美俄中》，满洲问题丛书第一卷，日本：中国问题研究所，1931 年（昭和六年）6 月 10 日。

[32]《在满洲大地上展开的民族战》，满洲问题丛书第二卷，日本：中国问题研究所，1931 年（昭和六年）7 月 1 日。

[33]《满洲问题的关键、间岛》，满洲问题丛书第三卷，日本：中国问题研究所，1931 年（昭和六年）。

[34]《日本国民的生存与满洲》，满洲问题丛书第四卷，日本：中国问题研究所，1931 年（昭和六年）8 月 25 日。

[35]《满洲的过去与未来》，满洲问题丛书第五卷，日本：中国问题研究所，1931 年（昭和六年）9 月 25 日。

[36]《新兴中国的中枢、大上海》，日本：中国问题研究所，1931 年（昭和六年）。

[37]《列强对满蒙的侵略战》，日本：千仓书房，1931 年（昭和六年）。

[38]《乌云密布的满蒙》，日本：千仓书房，1931 年（昭和六年）。

[39]《满蒙、是吞并还是独立》，日本：千仓书房，1931 年（昭和六年）。

[40]《中国资本主义发达史》，日本：泉书店，1931 年（昭和六年）。

[41]《动乱中国的真相》，日本：千仓书房，1931 年（昭和六年）。

[42]《土匪、军队、红枪会》，日本：中国问题研究所，1931 年（昭和六年）。

[43]《Development of Capitalism in China》，第 4 次太平洋会议丛书，日本：太平洋问题调查会，1931 年（昭和六年）。

[44]《中国农民运动观》，日本：建设社，1933 年（昭和八年）。

[45]《中国读本》，日本：建设社，1936 年（昭和十一年）。

[46]《满洲读本》，日本：建设社，1936 年（昭和十一年）。

[47]《再看中国》，日本：大都书房，1937 年（昭和十二年）3 月 22 日。

[48]《日中共存之路》，日本：坂上书院，1937 年（昭和十二年）7 月 25 日。

[49]《战苑中国的习俗》，现代中国全集第一卷，日本：坂上书院，1937 年（昭和十二年）10 月 23 日。

[50]《抗日中国的研究》，现代中国全集第二卷，日本：坂上书院，1937 年（昭和十二年）11 月 25 日。

[51]《国民革命全史》，现代中国全集第三卷，日本：坂上书院，1937 年（昭和十二年）。

[52]《中国读本》，日本：坂上书院，1937 年（昭和十二年）。

[53]《满洲读本》，日本：坂上书院，1937 年（昭和十二年）。

[54]《自治学、总论篇》全五卷，第一卷，日本：坂上书院，1937 年（昭和十二年）。

[55]《自治学、经济篇》第二卷，日本：坂上书院，1937 年（昭和十二年）。

[56]《自治学、政治篇》第三卷，日本：坂上书院，1937 年（昭和十二年）。

[57]《自治学、文化篇》第四卷，日本：坂上书院，1937 年（昭和十二年）。

[58]《自治学、国际篇》第五卷，日本：坂上书院，1937 年（昭和十二年）。

[59]《中国兵、土匪、红枪会》，现代中国全集第四卷，日本：坂上书院，1938 年（昭和十三年）1 月 30 日。

[60]《以中国为舞台的列强资本战》，现代中国全集第五卷，日本：坂上书院，1938 年（昭和十三年）2 月 25 日。

[61]《华侨、中国民族海外发展史》，现代中国全集第六卷，日本：坂上书院，出版年月日不详。

[62]《中国资本主义发达史》，现代中国全集第七卷，日本：坂上书院，出版年月日不详。

[63]《中国社会组织研究》，现代中国全集第八卷，日本：坂

上书院，出版年月日不详。

[64]《中国社会运动史》，现代中国全集第九卷，日本：坂上书院，出版年月日不详。

[65]《中国共产党史》，现代中国全集第十卷，日本：坂上书院，出版年月日不详。

[66]《中国土地制度考》，现代中国全集第十一卷，日本：坂上书院，出版年月日不详。

[67]《新兴中国的未来》，现代中国全集第十二卷，日本：坂上书院，出版年月日不详。

[68]《中国问题辞典》，现代中国全集别卷，日本：坂上书院，出版年月日不详。

[69]《新的舞台、中国》，日本：正信同爱会，1938年（昭和十三年）。

[70]《中国未来记》，日本：东亚公论社，1939年（昭和十四年）10月26日。

[71]《游击队与游击战》，日本：和泉书院，1940年（昭和十五年）。

[72]《中国事典》，日本：建设社，1940年（昭和十五年）。

[73]《透视新中国》，日本：东世社，1941年（昭和十六年）1月20日。

[74]《民族与国家》，日本：坂上书院，1941年（昭和十六年）3月25日。

[75]《民族问题概说》，日本：小学馆，1941年（昭和十六年）3月25日。

[76]《民族战》，日本：柴山教育出版社，1941年（昭和十六

年）。

[77]《游击队与游击战的研究》，日本：坂上书院，1941 年（昭和十六年）。

[78]《中国三十年》，日本：大和书店，1942 年（昭和十七年）2 月 25 日。

[79]《中国土地制度研究》，日本：学艺社，1942 年（昭和十七年）。

[80]《现代中国的诸多问题》（合著），日本：中国研究协会、黄河书院，1943 年（昭和十八年）。

战后时期：（1945～1979）

[81]《中国土地制度研究》（中文版，强我译），上海：神州国光社，1945 年（民国二十三年）。

[82]《中国共产党的谬误》，日本：协友社，1949 年（昭和二十四年）。

[83]《东亚旋涡里的民族战》，日本，长野朗自费出版，1960 年（昭和三十五年）10 月 10 日。

[84]《亚细亚的怪奇、中共》，日本：国民教育社，1961 年（昭和三十六年）。

[85]《自治论》（遗著），自治论刊行会，日土人村建设研究院，1979 年（昭和五十四年）12 月 15 日。

（汪麟麟编译、刘家鑫改写）

附录三　参考文献资料目录

著作：

[1]长野朗：《白祸困扰的中国、通往亚细亚联盟之路》。北京：燕尘社，1924 年（大正十三年）10 月 15 日。

[2]长野朗：《中国的反帝国主义运动》。日本：行地社、文录社，1927 年（昭和二年）4 月 20 日。

[3]后藤朝太郎：《今日中国的社会与文化》。日本：文明协会，1927 年（昭和二年）6 月 15 日。

[4]长野朗：《满洲问题的真相》。日本：中国问题研究所，1928 年（昭和三年）7 月 10 日。

[5]后藤朝太郎：《中国纵谈、沉睡的雄狮》。日本：万里阁书房，1929 年（昭和四年）5 月 20 日。

[6]后藤朝太郎：《哲人中国》。日本：千仓书房，1930 年（昭和五年）11 月 5 日。

[7]长野朗：《在满洲大地上展开的民族战》。日本：中国问题研究所，1931 年（昭和六年）7 月 1 日。

[8]长野朗：《日本国民的生存与满洲》。日本：中国问题研究所，1931 年（昭和六年）8 月 25 日。

[9]后藤朝太郎：《中国的国民性与时局》。贵族院定例午餐会讲演集，第 54 号，日本：国会，1931 年（昭和六年）10 月 15 日。

[10]长野朗：《动乱中国的真相》。日本：千仓书房，1931年（昭和六年）10月15日。

[11]后藤朝太郎：《中国及满洲旅行指南》。日本：春阳堂，1932年（昭和七年）5月15日。

[12]长野朗：《中国农民运动观》。日本：建设社，1933年（昭和八年）2月1日。

[13]后藤朝太郎：《有问题的中国》。日本：立命馆出版部，1933年（昭和八年）7月12日。

[14]后藤朝太郎：《中国的体臭》。日本：凡文社，1933年（昭和八年）9月15日。

[15]长野朗：《再看中国》。日本：大都书房，1937年（昭和十二年）3月22日。

[16]长野朗：《日中共存之路》。日本：坂上书院，1937年（昭和十二年）7月25日。

[17]后藤朝太郎：《邻邦中国》。日本：今日问题社，1937年（昭和十二年）10月18日。

[18]长野朗：《战苑中国的习俗》，现代中国全集第一卷。日本：坂上书院，1937年（昭和十二年）10月23日。

[19]长野朗：《抗日中国的研究》。日本：坂上书院，1937年（昭和十二年）11月25日。

[20]长野朗：《以中国为舞台的列强资本战》。日本：坂上书院，1938年（昭和十三年）2月25日。

[21]后藤朝太郎：《了解中国》。日本：雄风书房，1938年（昭和十三年）6月13日。

[22]后藤朝太郎：《中国的民情风俗》。日本：满蒙学校出版

部，1938 年（昭和十三年）9 月 1 日。

[23]后藤朝太郎：《理解大中国》。日本：高阳书院，1938 年（昭和十三年）9 月 16 日。

[24]后藤朝太郎：《中国的下层民众》。日本：高山书院，1939 年（昭和十四年）10 月 5 日。

[25]长野朗：《中国未来记》。日本：东亚公论社，1939 年（昭和十四年）10 月 26 日。

[26]长野朗：《透视新中国》。日本：东世社，1941 年（昭和十六年）1 月 20 日。

[27]长野朗：《民族与国家》。日本：坂上书院，1941 年（昭和十六年） 3 月 25 日。

[28]后藤朝太郎：《大陆的黎明》。日本：高山书院，1941 年（昭和十六年）10 月 28 日。

[29]长野朗：《中国三十年》。日本：大和书店，1942 年（昭和十七年）2 月 25 日。

[30]后藤朝太郎：《南洋的华侨》。日本：高山书院，1942 年（昭和十七年）5 月 25 日。

[31]后藤朝太郎：《中国汲古录、民俗和文字的产生》。日本：黄河书院，1944 年（昭和十九年）。

[32]古一念会代表、鹫尾义直编著：《政界五十年、古岛一雄回忆录》。日本：海音书房，1951 年（昭和二十六年）8 月 1 日。

[33]下中弥三郎编集：《大人名事典》第 1～2 卷。日本：平凡社，1957 年 10 月 30 日。

[34]下中邦彦编辑发行：《亚细亚历史事典》第六卷。日本：平凡社，1959 年～1962 年。

[35]犬养健著：《扬子江在奔流》。日本：文艺春秋新社，1960年（昭和三十五年）10月5日。

[36]长野朗：《东亚旋涡里的民族战》。日本：长野朗自费出版，1960年（昭和三十五年）10月10日。

[37]六角恒广：《近代日本的汉语教育》。日本：不二出版，1961年5月。

[38]桑原武夫、岛田虔二校注：《中江兆民：三醉人经纶问答》。日本：岩波文库，1965年3月16日。

[39]安田元久：《年表要说、日本的历史》，现代教养文库（553）。日本：社会思想社，1966年（昭和四十一年）4月30日。

[40]宫崎市定：《东洋的历史》（12）。日本：人物往来社，1967年（昭和四十二年）8月。

[41]山口富永：《昭和史的证言、真崎甚三郎其人与思想》。日本：政界公论社，1970年（昭和四十五年）3月20日。

[42]桥川文三、松本三之介编著：《日本近代政治思想史》（1～2）。日本：有斐阁，1971年2月25日～1978年3月20日（昭和四十六～五十三年）。

[43]古田光等编著：《近代日本社会思想史》（2）。日本：有斐阁，1971年（昭和四十六年）7月25日。

[44]龙泽诚：《权藤成卿》。日本：纪伊国屋新书，1971年9月30日。

[45]鹿野正直：《日本近代化的思想》。日本：研究社丛书，1972年（昭和四十七年）10月30日。

[46]神田喜一郎、内藤乾吉编辑：《内藤湖南全集》第五卷。

日本：筑摩书房，1973年（昭和四十七年）5月20日。

[47]河原宏、藤井升三编：《日中关系史的基础知识》。日本：有斐阁，1974年（昭和四十九年）7月5日。

[48]中西功：《在中国革命的暴风骤雨中》。日本：青木书店，1974年7月15日。

[49]冈义武编：《吉野作造评论集》。日本：岩波文库，1975年7月16日。

[50]村松定孝等编：《近代日本文学中的中国像》。日本：有斐阁选书，1975年（昭和五十年）10月30日。

[51]樽井藤吉：《大东合邦论》（复刻版）。日本：长陵书社，1975年（昭和五十年）11月10日。

[52]丸山升：《一个特派到中国的记者、山上正义与鲁迅》。日本：中公新书（441），1976年（昭和五十一年）8月25日。

[53]门胁祯二《出云的古代史》，NHK系列图书（268），日本：日本放送出版社，1978年（昭和五十三年）2月1日。

[54]长野朗遗著：《自治论》。日本：自治论刊行会、日本土人村建设研究院，1979年（昭和五十四年）12月15日。

[55]京都大学东洋史辞典编纂会编：《新编、东洋史辞典》。日本：东京创元社，1980年（昭和五十五年）3月31日。

[56]张群著、古屋奎二译：《日华、风云变幻的七十年、张群外交秘录》。日本：产经出版，1980年（昭和五十五年）年8月30日。

[57]高杉一郎：《中国的绿色之星、长谷川照子的反战生涯》。日本：朝日选书（169），1980年11月20日。

[58]野村浩一：《近代日本的中国认识、通往亚细亚的航迹》。

日本：研文社，1981 年 4 月 25 日。

[59]渡边龙策：《近代日中民众交流外史》。日本：雄山阁出版，1981 年（昭和五十六年）6 月 5 日。

[60]福岛铸郎、大久保久雄编：《战时时期的言论》（上、下），系列丛书，大东亚战争下的纪录（2）。日本：日外奥寿雪兹株式会社，1982 年（昭和五十七年）3 月 10 日。

[61]户川猪佐武：《东条英机与军部独裁、昭和的宰相》，第 3 卷。日本：讲谈社，1982 年（昭和五十七年）4 月 25 日。

[62]桥本万太郎：《汉民族与中国社会》，民族的世界史，第 5 卷。日本：山川出版社，1983 年 12 月 24 日。

[63]中江兆民：《中江兆民全集》，第 8 卷。日本：岩波书店，1984 年 2 月 15 日。

[64]古屋哲夫：《日中战争》。日本：岩波新书，1985 年 5 月 20 日。

[65]梅棹忠夫、江上波夫监修：《世界历史大事典》，第 7 卷。日本：教育出版中心，1986 年 1 月 25 日。

[66]伊藤隆等编：《真崎甚三郎日记》，近代日本史料选书。日本：山川出版社，1987 年 1 月 10 日。

[67]相贺撤夫编：《日本大百科全书》（14）。日本：小学馆，1987 年 3 月 10 日。

[68]池田诚编：《抗日战争与中国民众》。日本：法律文化社，1987 年 5 月 30 日。

[69]小泉钦司编：《朝日、人物事典》。日本：朝日新闻社，1990 年 12 月 10 日。

[70]松尾尊兖编：《石桥湛山评论集》。日本：岩波文库，1991

年 1 月 24 日。

[71]梅棹忠夫、金田一春彦等编：《日本语大辞典》彩色版。日本：讲谈社，1991 年 6 月 18 日。

[72]户部良一：《和平使者、日中事变和平工作的群像》。日本：论创社，1991 年 8 月 10 日。

[73]鹤见俊辅：《战争时期日本的精神史（1931～1945）》。日本：岩波书店，1991 年 10 月 15 日。

[74]金田一春彦、池田弥三郎编：《学研、国语大辞典》。日本：学习研究社，1992 年 2 月 10 日。

[75]山田辰雄：《日中关系 150 年》。日本：东方书店，1993 年 6 月。

[76]下中弘编：《日本史大事典》，第 4 卷。日本：平凡社，1993 年 8 月 18 日。

[77]江口圭一：《两次世界大战》，日本历史大系（14）。日本：小学馆，1993 年 8 月 20 日。

[78]栗田尚弥：《上海东亚同文书院、架起日中之桥的人们》。日本：新人物往来社，1993 年 12 月 25 日。

[79] 小学馆编辑：《古事记》《日本书纪》《出云风土记》。日本：小学馆，1994 年 4 月 20 日～1997 年 10 月 20 日。

[80]吴廷璆主编：《日本史》。天津：南开大学出版社，1994 年 7 月。

[81]小泉钦司编：《朝日、日本历史人物事典》。日本：朝日新闻社，1994 年 11 月 30 日。

[82]入江昭：《日中关系、这一百年》。日本：岩波书店，1995 年 4 月 24 日。

[83]沟口雄三等编著：《中国这一立足点》。日本：平凡社，1995年6月。

[84]色川大吉：《色川大吉著作集》，第一卷，新编、明治精神史。日本：筑摩书房，1995年10月15日。

[85]赵军：《大亚细亚主义与中国》。日本：亚纪书房，1997年3月31日。

[86]细川护贞等编：《高松宫日记》。日本：中央公论社，1997年7月25日。

[87]长野朗遗著：《我的昭和史》，回忆录，未出版。

[88]日本讲谈社编、上海译文出版社编译：《日汉大辞典》。上海：上海译文出版社，2002年6月。

[89]韩东育：《日本近世新法家研究》。北京：中华书局，2003年1月。

[90]刘家鑫：《近代日本知识人的中国观、后藤朝太郎与长野朗》（日文版）。香港：现代知识出版社，2003年4月。

论文：

[1]福泽谕吉：《脱亚论》，1885年（明治十八年）3月。日本：岩波书店，富田正文、土桥俊一编辑《福泽谕吉选集》第7卷，1981年3月25日，221页。

[2]座谈会记事：《采访从战火中归来的后藤氏》。日本：科学知识社，《科学知识》杂志，1937年（昭和十二年）10月。

[3]后藤朝太郎：《从战火纷飞的上海归来》。日本：今日问题社，《今日问题》杂志，临时增刊号，1937年（昭和十二年）10月。

[4]后藤朝太郎：《武汉三镇的陷落》。日本：外交时报社，《外交时报》杂志，1938年（昭和十三年）12月。

[5]后藤朝太郎：《更生的新中国》。日本：科学知识社，《科学知识》杂志，1940年（昭和十五年）5月。

[6]《最后的御前会议、近卫文麿公手记》。日本：时局月报社发行，长谷川国雄编辑《自由国民》杂志专刊，第19卷，第2号，1946年（昭和二十一年）2月15日。

[7]伊东昭雄：《关于〈大东亚合邦论〉（1）》。日本：横滨市立大学学会，《横滨市立大学论丛》第24卷，1973年（昭和四十八年）4月6日。

[8]三石善吉：《后藤朝太郎与井上红梅》。日本：朝日新闻社，竹内好、桥川文三编《近代日本和中国》下卷，1974年8月。

[9]佐藤三郎：《关于日本人把中国称做“支那”的考察、近代日中交涉史上一断章》。日本：山形大学，《山形大学纪要》第八卷、第2号，1975年（昭和五十年）2月。日本：吉川弘文馆，佐藤三郎著《近代日中交涉史的研究》，1984年3月10日。

[10]矢作武：《芥川龙之介与中国文学（一）》。日本：古典与近代作家之会，笠间选书，《谷崎润一郎》，1979年（昭和五十四年）。

[11]栗本弘：《土井章与日中和平工作》。日本：大东文化大学，《东洋研究》第56集，1980年。

[12]竹内好：《日本的亚细亚主义》。日本：筑摩书房，《竹内好全集》第八卷，1980年10月20日。

[13]竹内好：《五、造词法》。同上，《竹内好全集》第十卷。

[14]伊东昭雄：《关于明治初期的兴亚论、大亚细亚主义的形

成》。日本：横滨市立大学学会，《横滨市立大学论丛》第 33 卷，1982 年（昭和五十七年）3 月 31 日。

[15]增田弘：《石桥湛山的满洲事变批判论》。日本：琉球大学，《琉大法学》第 32 卷，1984 年（昭和五十九年）。

[16]酒井正文：《宫崎龙介与中国、以战争前期为中心》。日本：中部女子短期大学，《社会文化研究所研究年报》，1986 年（昭和六十一年）。

[17]李明：《日本的“中国论”的检证、1920～1930 年代的中国非国论》。日本：中京大学，《中京大学社会科学研究》第 18 号，1988 年 11 月。

[18]渡边善雄、刘家鑫：《抗日战争时期的反战文学研究、关于谢冰莹的〈俘虏收容所参观记〉》。日本：宫城教育大学国语国文学会，《国语国文》第 20 号，1992 年 3 月 30 日。

[19]萩野脩二：《与鲁迅不和的中国通、泽村幸夫》。日本：立命馆大学，《立命馆国际研究》第 6 卷，第 3 号，1993 年。

[20]中村义：《关于近代日中关系史中的日本浪人》。日本：东方书店，山田辰雄编《日中关系 150 年》，1993 年 6 月。

[21]田中浩：《长谷川如是闲的中国认识、从辛亥革命到满洲事变》。日本：中央大学，《经济学论纂》第 34 卷，第 5、6 合并号，1994 年 2 月。

[22]萩野脩二《某中国通的轨迹、关于泽村幸夫》。日本：关西大学中国文学会，《中国文学会纪要》第 15 号，1994 年（平成 6 年）3 月。

[23]后藤毅：《后藤朝太郎逝世 50 周年纪念、死亡时的备忘录》。日本，1994 年（平成六年）8 月 9 日。

[24]后藤毅：《回忆父亲后藤朝太郎》。日本，1994年（平成六年）8月9日。

[25]刘家鑫：《民国时期的留学生与日本、研究与课题》。日本：新潟大学研究生院现代社会文化研究系，《现代社会文化研究》第7号，1997年2月。

[26]刘家鑫：《中国通后藤朝太郎的中国认识》。日本：新潟大学环日本海研究会，《环日本海研究年报》第4号，1997年3月。

[27]高纲博文：《岸田吟香与荒尾精》。日本：东方书店，日本上海史研究会编《上海人物志》，1997年5月30日。

[28]刘家鑫：《后藤朝太郎、长野朗子孙访问记及其著作目录》。日本：新潟大学环日本海研究会，《环日本海论丛》第14号，1998年1月。

[29]刘家鑫：《后藤朝太朗的中日关系论、从出兵山东到七七事变》。日本：新潟大学研究生院现代社会文化研究系，《现代社会文化研究》第11号，1998年3月。

[30]刘家鑫：《中国通长野朗的日中问题观》。日本：新潟大学东亚学会，《东亚、历史与文化》第7号，1998年3月。

[31]刘家鑫：《关于长野朗的中国观》。日本：新潟史学会，《新潟史学》第43号，1999年10月。

[32]桂川光正：《后藤朝太郎、中国、鸦片》。日本：大阪产业大学学会，《大阪产业大学论集》社会科学编（113），1999年。

[33]刘家鑫：《中国通的对华观的特征、以后藤朝太郎和长野朗为中心》。日本：新潟大学环日本海研究会，《环日本海研究年报》第8号，2001年3月。

[34]刘家鑫：《有关战争时期长野朗的考察》。日本：新潟大学东亚学会，《东亚、历史与文化》第10号，2001年3月。

[35]刘家鑫：《抗日战争前夜中国民众的危机意识、以茅盾的〈中国一日〉为中心》。日本：新潟史学会，《新潟史学》第47号，2001年10月。

[36]刘家鑫：《长野朗的日中问题观、以“英美离间论”为中心》。日本：敬和学园大学，《敬和学园大学研究纪要》第11号，2002年2月28日。

[37]刘家鑫：《日语中“支那”一词蔑视中国之意的历史成因》。天津：天津外国语学院，《天津外国语学院学报》，2002年6月（第2期）。

[38]刘家鑫、霍虹：《中国通长野朗的“满洲占有论”辨析》。长春：长春师范学院，《长春师范学院学报》，2007年5月20日（第3期）。

（孙延永编译、刘家鑫改写）

附录四　历史人物事件注释

〈序章〉

东条英机：

1884 年～1948 年。日本陆军大将，首相。生于东京，历任关东军参谋长、陆相，积极主张扩大侵华战争和准备对美英战争。1941 年（昭和十六年）组阁，同年发动太平洋战争。因战局恶化，1944 年（昭和十九年）内阁总辞职。“二战”结束后，被远东国际军事法庭判为甲级战犯，处以绞刑。

近卫文麿：

1891 年～1945 年。日本政治家。生于东京，公爵近卫笃麿的长子，日本皇族后裔，世袭公爵号，京都大学毕业。昭和十二年（1937 年）后三次组阁，发动全面侵华战争，太平洋战争时从政界第一线退出。日本战败后被指控为战犯，畏罪服毒自杀。

石原莞尔：

1889 年～1949 年。出生在山形县，日本陆军中将。策划九一八事变，推进建立伪满洲国，图谋占领中国东北三省。其后，反对中日战争扩大化，与东条英机政见相左、势不两立。因此，辞去关东军参谋长职务，隐居箱根。曾组织“东亚联盟”。战后，在病床上接受过国际军事法庭人员的问讯和调查取证，但其本人未被起诉。

尾崎秀实：

1901 年～1944 年。日本评论家。生于岐阜县，东京大学毕业。

任《朝日新闻》记者，后任“满洲铁道株式会社”特约顾问，近卫文麿智囊团的成员。但其在思想意识上反对日本发动的侵略战争，暗地里为苏联秘密提供情报。1941 年（昭和十六年）在佐尔格事件中被捕，1944 年在狱中被日本反动派所杀害。在日本，他被称为非共产党员的共产主义者。著有《现代中国论》和书信集《爱情像星星一样》等作品。

中西功：

1910 年～1973 年。生于三重县，日本共产主义运动理论家，中国问题研究专家，与尾崎秀实有交往，并与中国共产党党员西里龙夫过从密切。1942 年被逮捕，拘禁于东京监狱，写下遗书《中国共产党》。战后被判刑，但又被释放。曾加入日本共产党，亦曾当选参议院议员。著有《中国革命与毛泽东思想》、《在中国革命的暴风骤雨中》、《在死囚牢中》和《战后民主革命时期的各种问题》等作品。

井上红梅：

原名井上进，“红梅”为笔名。约 1881 年（明治十四年）生于东京，疑为 1949 年（昭和二十四年）前后去世。其人生活放荡，且事业不畅。1913 年（大正二年）秋，来到上海。专门研究中国风俗与黑暗面，成为典型的中国通。译著有《土匪》和《金瓶梅》等，后来又翻译《鲁迅全集》等革命文学。此人文笔不凡，留有许多作品，但其生卒年均不详，也留有许多谜团。

泽村幸夫：

明治十六年（1883 年）生，卒年不详。日本新闻工作者。生于熊本市，熊本市立商业学校毕业。之后，来到中国。明治二十九年（1896 年），受聘于湖广总督张之洞，成为其幕僚，被任命为湖北官报局参赞。明治四十年（1907 年）任汉口商务总会参赞。大正五年（1916 年）入大阪每日新闻总社，历任中国科长、上海支局长等职务，是个著名的中国通人物。但他与井上红梅一样，也是个跟鲁迅先生谈不来的中国通。著有《中国农民的生活》等近 20 部作品，还留有许多介绍中国的新闻报道性文章。

三国干涉：

指俄国、法国、德国这三个国家联合迫使日本归还中国辽东半岛的事件。中日甲午战争之后，中日两国代表在日本下关（即马关）签订了《马关条约》，其中包括割让中国的辽东半岛给日本。1895 年（明治二十八年）4 月 18 日，马关条约一签字，沙皇俄国立即出场，迫令日本“退还辽东”。1895 年 5 月 5 日，日本不得已接受了其要求。但是，同年 11 月 8 日，日本与清政府又签订了《中日辽南条约》，由清政府另外偿付给日本库平银三千万两。

山中峰太郎：

1885 年～1966 年。日本小说家，生于大阪府，陆军大学肄业。创作了许多少年冒险小说与纪实文学，著有《横断敌阵三百里》和《亚细亚的曙光》等。其作品对当时的日本青少年产生了巨大的影响。在其影响下，他们中的一部分人抱着“大陆雄飞”的幻想来到中国，成为“日本浪人”。

宫崎滔天：

1871 年～1922 年。生于熊本县，本名寅藏，号“滔天”。与孙中山先生有深交，积极援助其革命活动，是一位帮助过中国辛亥革命的日本友人。孙中山就任中华民国临时大总统时，他是被邀请参加就职仪式的第一位日本友人。著有自传《三十三年之梦》。在日本，宫崎滔天被称做“革命浪人”。

犬养毅：

战前日本的政党政治家，号“木堂”。江户幕府末年的 1855 年（安正二年）生于冈山县。13 岁开始到东京求学，后来又从军从政。1890 年（明治二十三年），在第 1 次总选举中当选为国会众议院议员。作为立宪国民党党首，领导了第 1、2 次护宪运动，展开普通选举运动。也曾帮助过中国的辛亥革命，被邀请参加临时大总统就职仪式。1929 年（昭和四年）任政友会总裁。1931 年（昭和六年）12 月 13 日，任日本内阁总理大臣（首相）。1932 年（昭和七年），在著名的“五一五事件”中，被叛乱的法西斯少壮军人所杀害。

内田良平：

1874 年～1937 年。日本右翼活动家，国家主义者。生于福冈县，1901 年（明治三十四年）组织黑龙会，积极主张入侵中国大陆，并为吞并朝鲜暗中竭力活动。著有《支那论》和《硬石五十年谱》等书。

黑龙会：

1901 年（明治三十四年），由内田良平等人创建的日本国家主义团体，与玄洋社同为右翼两大势力。鼓吹“大亚细亚主义”，为侵略朝鲜和中国，暗中积极活动。他们的思想与行动，对日本的军政财界均产生过重大的影响。

头山满：

1855 年～1944 年。日本国家主义者。生于福冈县。参加自由民权运动后，创建向阳社（后改名玄洋社）。是对内伸张民权、对外主张国权的典型人物。提出侵略中国的所谓“强硬外交”，活跃于该国军政界的黑幕中。

玄洋社：

日本明治时代成立的超国家主义团体。1881 年（明治十四年），由原福冈藩士头山满等人创建，参加要求开设国会的运动。后逐渐右翼化，与军队勾结，成为政界的黑幕势力。1946 年（昭和二十一年）解散。

满蒙独立运动：

1911 年 1 月，日本浪人川岛浪速与蒙古喀拉沁王之间签订了一个契约，这个契约是要把蒙古从中国分裂出去，将其打造成日本实行侵略亚洲独霸中国的立脚点。此为“第一次满蒙独立运动”。起初日本政府表示支持，后来担心列国反对而改变态度。但川岛浪速并不死心。1916 年 3 月，他利用袁世凯复辟帝制的机会，与蒙古土匪团伙相勾结，发动了“第二次满蒙独立运动”。袁世凯死后，日本政府又改变对华政策，命令川岛浪速停止活动。到此为止，川岛浪速失去了搞阴谋活动的信心、资金和人际关系，其旧“知音”肃亲王善耆也于 1922 年 2 月在旅顺死去。川岛浪速迫不得已、独自一人回到故乡信州，过半隐居的生活。

川岛浪速：

1865 年～1949 年。生于信州（现在的长野县）的没落武士家庭。10 岁时随父母搬到东京，就学于御茶水男子师范学校。1886 年 9 月，经天津到上海，结识许多日本浪人，开始参与间谍活动，为日本陆海军方收集情报。在思想意识上，他坚持“兴亚论”和“大亚细亚主义”。但在行动上，却图谋将中国变成日本的殖民地。他反对中国的辛亥革命，先后两次策动“满蒙独立运动”。以后越发向侵略主义倾斜，成为日本军国主义侵略中国的走狗、马前卒。

荒尾精：

1858年～1896年。生于尾张（今爱知县）藩士之家，号“东方斋”。日本的“亚细亚主义者”，从青年时期开始，既抱有到中国干一番大事业的思想意识。1883年，陆军士官学校毕业后，积极学习中文。1886年，毫不犹豫地辞去军职，来到汉口开设“乐善堂”，经营书籍、药品和杂货等贸易，同时调查中国各地的情况。1890年，受日本政府委托，在上海设立“日清贸易研究所”等。甲午战争爆发后，推荐门生一百余人从军，当翻译。但反对割让清国领土。1896年秋天到台湾，发起“绅商协会”。不久患鼠疫病，客死台北。

根津一：

1860年～1927年。生于甲州（今山梨县），从陆军教导团转入陆军士官学校和陆军大学，跟德国教官大吵一架后退学。有感于荒尾精的志向，为其充当左膀右臂，全力协助其事业。荒尾精为集资而奔走，根津一专心经营“日清贸易研究所”的业务。“日清贸易研究所”与“南京东亚同文书院”，后来演变为“上海东亚同文书院”，根津一为首任院长。与亚细亚主义者宫崎滔天、杉田定一等共事，也跟日本浪人集团的头山满、内田良平等人有合作关系。

稻叶君山：

生卒年不详。日本陆军大学教官，历史学家。九一八事变和七七事变时期的日本陆海军高级军官，几乎都是他的学生。他出版了许多著作，1921年发表了《对华一家言》，胡说“中国顽迷愚昧论”，并赞成对华政策中的“列强共管论”，还否认日本帝国主义侵略中国的事实。

山路爱山：

1864年～1917年。日本明治时代的评论家。生于东京。加入民友社，作为《国民新闻》的记者，发表过许多政治评论、史论和文学评论。标榜“国家社会主义”，也有右翼的思想倾向。著有《现代金权史》等作品。

真田幸村：

永禄十年～元和元年（1567年～1615年）。安土桃山、江户初期的武将。名字是信繁，没有史料记载他的名字叫“幸村”。他是信州上田城主真田昌幸的次子。天正十三年（1585 年），成为上杉景胜的人质。天正十五年（1587 年），随父亲一起到大坂城归附丰臣秀吉。在庆长五年（1600年）的关原之战中，与父亲一起跟随石田三成屯兵上田城，挑战行进于中山道上的德川秀忠军，阻止其西上。战败后，与父亲一起被流放到高野山脚下的九度山。但是，天正十九年（1591 年），在大坂冬季战役时，响应大坂一方的号召，进入大坂城。他在大坂城外的天王寺口，建造了城外阵地“真田丸”，打败了德川方面军队的进攻。在第二年的夏季战役中，他奋勇战斗，曾威胁到德川家康的主阵地。在5月7日的天王寺战役中，与松平忠直的军队激战，军力不敌而战死。被后世当做真正的浪人武士来称颂。

后藤又兵卫：

永禄三年～元和元年（1560年～1615年）。战国末、江户初期的武将。名为基次，通称为隐歧守。播磨国的在地领主别所氏的家臣后藤新左卫门之子。辅佐黑田孝高和黑田长政父子。文禄元年（1592年），丰臣秀吉出兵朝鲜。庆长五年（1600年），发生了关原之战。他都曾随黑田长政出征。因其在关原之战中立有战功，被黑田长政移动分封到筑前地区，每年得到16000石的俸禄。但不久，与黑田长政不和，被怀疑谋反而被投入监狱。庆长十九年（1614年），在大坂冬季战役时，应丰臣秀赖之邀，进入大坂城，作为守城军队的将领曾大出风头。但在第二年的夏季战役时，战死在河内道明寺。其人也被后世当做真正的浪人武士来称颂。

平山周：

1870年～1940年。犬养毅的门生，与宫崎滔天同时结识孙中山，长期支持中国的革命事业，也是一位著名的革命浪人。

近藤勇：

天保五年～明治元年（1834年～1868年）。幕府末期"新撰组"（武士团）的队长，是宫川久次的三子。生性勇敢好剑，跟随近藤周助学习天然理心流的剑术，最终改师傅的姓氏，继承其家业。其勇敢的精神与精湛的武艺，被当时的掌权者、幕府收买利用，成为他们的走狗、帮凶。曾被派遣到近畿（关西）地区，搜捕勤王与维新的志士们。元治元年（1864年），曾参与池田屋之变和禁门之变。德川庆喜还政于天皇以后，他仍然全力支持幕府。在与明治新政府军作战时，被官军逮捕，并被处以斩刑。其人被后世所不耻，往往被当做反面人物来看待。

中江兆民：

1847年～1901年。日本明治时代的思想家。名笃介，土佐藩（现在的高知县）出身。从法国回国后，致力于自由民权思想的普及。曾任《东洋自由新闻》的主编。明治二十三年（1890年）当选众议院议员，后转向"国权论"。留有译著《民约译解》和著作《三醉人经纶问答》等。

福泽谕吉：

1835年～1901年。日本明治时代的启蒙思想家，庆应义塾的创建者。丰前中津藩（现在的福冈县和大分县境内）出身，先在绪方洪庵的适塾学习荷兰学，后转学英语和英美文化，并随同幕府派往欧美的使节出国。创办《时事新报》，提倡应用科学和独立、自尊。著有《劝学篇》、《文明论之概略》、《西洋国尽》和《福翁自传》等作品。另外，其著名论文《脱亚论》是当时日本“脱亚思想”的集大成，对后世日本的思想、政治和文化等方面均产生了重大的影响。

杉田定一：

嘉永四年（1851 年）～昭和三年（1928 年）。生于福井县，号“鹑山”。与板垣退助同属自由党主流派。但与板垣不同的是，他提倡“亚细亚优先主义”。1875 年，在东京主持《采风新闻》，攻击专制政府，宣传民权思想。曾被当局逮捕。1884 年来清国实地考察，1886 年到欧美旅行。随后，其思想意识发生了根本性的转变，最后倒向对外侵略扩张主义。

板垣退助：

1837 年～1919 年。日本明治时代的政治家。土佐藩（今高知县）人士。幕末维新时，在讨伐幕府、攻占会津中立有功勋，被授予伯爵爵位。自由民权运动的领袖，明治十四年（1881 年）创建自由党，后任立宪自由党总理。曾任第二届伊藤内阁和隈板内阁的内务大臣。留有名言“板垣虽死自由不死”。此话传为板垣退助于明治十五年（1882 年）在岐阜遇难时所说，表示在任何情况下都不愿丧失自由的愿望。另外，还留有名文《华族一代论》，反对封建社会以来的贵族世袭制。他主张英雄不问出身，以才能和功勋授予爵位，而且在制度上规定，爵位不传给子孙后代。

大陆政策：

日本明治时代，军国主义分子山县有朋（1838 年～1922 年），把“国权”与“民权”相对立，以所谓的“国权”来取消“民权”；他还把“强兵”与“富国”对立起来，使“富国”服从于“强兵”；他更以邻国为敌人，蓄意进行侵略扩张；他坚持侵略扩张主义路线，竭力培植军国主义势力。“西南战争”以后，日本国内未出现大的动乱。军事力量从对内为主转向对外，其目标是侵略中国，其步骤则始自朝鲜问题。“壬午事变”、“甲申政变”中的侵略活动，就是这种“大陆政策”的嚆矢。简而言之，“大陆政策”就是侵略中国的代名词。

日本军队攻打青岛德军海防要塞：

1914年7月，第一次世界大战爆发。日本帝国主义为打开内外交困的局面，企图趁欧洲列强无暇东顾之机，加紧侵华，以便占领中国和夺取德国在南洋群岛的殖民地。同年9月2日，日本借口对德宣战，并无视中国的主权，派兵在中国的山东半岛登陆，攻打德军在青岛的海防要塞。同年10月，占领了胶济铁路沿线和青岛，完全取代了德国在山东的地位。实质上，这是日本再一次武装侵略中国。不久，日本还占领了德属南洋群岛。

东亚新秩序：

抗日战争时期，日本提出的“大陆政策”（侵略中国）的一种标语。最初，在昭和十三年（1938年）第二次近卫内阁的声明中使用。后来，它成为大东亚共荣圈构想的先驱。1940年7月，近卫内阁又发表“大东亚新秩序”建设构想，即：日本同德、意结盟，粉碎欧美列强对世界的统治，把亚洲从欧美的殖民统治下“解放”出来，在“八纮一宇”（世界应该是以日本天皇为首脑的一家人）的“大精神”下，实现亚洲各民族共同繁荣的“大东亚共荣圈”。它是日本为掩盖其侵略行径而假借的一个幌子。

大东亚共荣圈：

第二次世界大战期间，日本法西斯提出的一种口号，其目的是为了将侵略中国占领亚洲正当化。1943 年 11 月，首相东条英机为炫耀亚洲新秩序的形成，将“大东亚共荣圈”的代表召集到东京，召开了大东亚会议。被召集与会者全是日军占领地的傀儡政府，即：伪满洲国、汪精卫伪政权、泰国、缅甸、菲律宾和“自由印度临时政府”的代表。会议还发表了“大东亚共荣宣言”。日本军国主义政府计划取代欧美的殖民地统治，以日本为中心，建立满洲、中国、东南亚各民族的“共存共荣的新秩序”。他们以这种口号来混淆视听，麻痹人们的斗志，掩盖侵略中国独霸亚洲的事实。这种所谓的“政治理想”或“政策构想”，随着日本的战败投降而不攻自破。

〈第一章〉

竹内好：

1910 年～1977 年。日本中国文学评论家。生于长野县，东京大学毕业。以研究鲁迅而闻名，对中日两国的社会政治思想的分析研究，也非常精湛。与中国思想研究家增田涉、小说家武田泰淳、中国文学研究家松枝茂夫等人交谊深厚。著有《鲁迅》、《国民文学论》和《竹内好全集》等作品。

谷崎润一郎：

1886 年～1965 年。日本小说家。生于东京，东京大学肄业。参与复刊《新思潮》，作品具有唯美主义和恶魔主义的风格。移居关西后，以传统的日本文化和古典文学为源泉，开创具有浓烈的故事性的新境界。昭和二十四年（1949 年）获文化勋章。著有《刺青（纹身）》、《痴人的爱》、《春琴抄》、《细雪》、《滋干少将之母》、《钥匙》、《疯癫老人日记》、随笔《阴影赞》和译成现代日语的《源氏物语》等作品。

佐藤春夫：

1892年～1964年。日本诗人、小说家。生于和歌山县，庆应义塾大学中途退学。师从生田长江等，作品表现近代人的忧愁。昭和三十五年（1960年）获文化勋章。著有《殉情诗集》和小说《田园的忧郁》、《晶子曼陀罗》等作品。

桥本进吉：

1882年～1945年。日本国语学家。生于福井县，东京大学教授。在研究日本上古特殊假名用法上卓有建树，在确立日本语的文法体系，并使之成为日本学校文法基础方面，也有非凡的成就，是为日本四大语法学家之一。著有《国语学概论》等作品。

金田一京助：

1882年～1971年。日本语言学家、国语学家。生于盛冈市，东京大学毕业，东京大学教授。奠定阿伊努族的语言、文学、民俗的科学研究的基础。昭和二十九年（1954年）获文化勋章。著有《阿伊努叙事诗“尤加拉”研究》和《阿伊努叙事诗“尤加拉”集》，以及《新明解、国语辞典》等。

德川幕府：

日本“江户幕府”的别称。庆长八年（1603年），德川家康在江户设立的武士政权，此后延续了15代265年。它使全国诸侯臣服，确立起统摄朝廷和寺庙神社势力的集权统治体制。1867年，幕末明治维新时解体。

德川纲吉：

1646年～1709年。日本德川幕府第五代将军，1680年～1709年在位。德川家光的第四子。实行以近臣柳泽吉保等人掌政的近臣政治。在汤岛建立圣堂，奖励学问。在丰岛修建护国寺，尊崇佛教。爱狗、猫如命，甚至还发布了《怜悯生类令》，被世人称为“狗将军”。

夏目漱石：

1867年～1916年。日本英国文学研究家，小说家。本名金之助，生于东京，东京大学毕业。曾任松山中学校、熊本第五高等学校教师，后留学英国。回国后，在旧制第一高等学校和东京大学授课，以后就职于朝日新闻社。喜好俳句和汉诗，对日本的近代社会了解透彻，对知识分子的内心世界描写深刻。是明治时代的代表性作家，对近代日本文学的确立做出了卓越的贡献。著有《我是猫》、《伦敦塔》、《哥儿》、《旅宿》、《虞美人草》、《三四郎》、《以后》、《门》、《过了春分时节》、《行人》、《心》、《路边草》和《明暗》等作品。

体制扶翼：

在日语中，“体制扶翼”被叫做“大政翼赞”。1937年9月，日本政府开始根据“举国一致”和“尽忠报国”的口号精神，进行“国民精神总动员运动”。1938年4月，又公布了“国家总动员法”。1940年10月，陆续解散政党，统一组成“大政翼赞会”。为配合战争，解散工会组织，设立“大日本产业报国会”。直到日本帝国主义战败投降为止，日本政府要求国民绝对服从军国主义政权的支配。日本国民必须在思想文化、意识形态、人力物力等所有方面，全力配合法西斯体制。“体制扶翼”，即是支持战争体制的意思。

〈第二章〉

矢野仁一：

生卒年不详。日本京都大学教授，历史学家。自1921年末到1922年9月，连续发表4篇论文，首唱反动的“中国非国家论”和“满蒙非中国领土论”，给20世纪30年代日本帝国主义政府制定侵略中国的政策，奠定了理论上的基础。当时的首相田中义一，在《田中奏折》里，对矢野仁一倍加赞赏。矢野的谬论，极大地影响了军政两界的政策思路。

内藤湖南：

1866年～1934年。日本东方史学家。名虎次郎，生于秋田县，京都大学教授，为东方史学的发展做出贡献。于1914年出版《支那论》，1924年又出版《新支那论》。他首先鼓吹反动的“中国政治无能论”，然后又强调荒谬的“文化中心移动说”。这些论调，都为日本帝国主义侵略中国提供了理论上的依据。著有《日本文化史研究》、《中国绘画史》等作品。

芥川龙之介：

1892年～1927年。日本小说家，大正时代市民文学的代表。生于东京，东京大学毕业，别号“澄江堂主人”。第三、四次《新思潮》同人。师从夏目漱石。后来自杀。著有《罗生门》、《鼻子》、《地狱变》、《玄鹤山房》、《河童》和《齿轮》等作品。后世以他的名子设立了“芥川文学奖”。

〈第三章〉

济南惨案：

亦称“五三惨案”。1928 年，南京国民政府在英美支持下，派兵北上攻打奉系军阀张作霖。日本帝国主义为阻止中国统一和英美势力向北方发展，借口保护侨民，出兵山东侵占济南。5 月 1 日，中国军队开进济南，日军即寻衅开枪，打死中国军民多人。3 日，日军又大举进攻，蒋介石下令不准抵抗，并撤出济南。日军在济南奸淫掳掠，屠杀中国军民一万余人，造成惨案。国民党政府山东特派交涉员蔡公时，被日军割去耳鼻，最后与 17 名外交人员同遭杀害。全中国人民强烈地反对日本军队的丑恶行径，列强也表示不满，对日本施加压力，迫使日军于 1929 年撤出了济南城。

满洲：

指中国的东北三省地区。1931 年九一八事变以后，被日本关东军所占领，建立伪满洲国。直到 1945 年 8 月，应盟国之约，苏联红军攻入东北。苏军在中国共产党领导下的东北抗日联军和广大人民群众的协助下，打垮了日本关东军，俘获了伪满洲国皇帝溥仪。日本战败无条件投降后，依据《波茨坦公告》，将东北三省主权归还给中国。

田中义一：

1864 年～1929 年。日本陆军大将、政治家，军国主义分子。生于山口县。政友会总裁。昭和二年（1927 年）组阁，出兵中国山东，阻止国民政府军北伐，武力干涉中国统一。1928 年，制造“皇姑屯事件”，炸死张作霖后，在国内外反对下，内阁总辞职。在任期间，曾召开第二次“东方会议”，杜撰“田中奏折”，积极推行侵略中国的政策，为日本大举侵华打下了基础。

币原喜重郎：

1872 年～1951 年。日本外交官，政治家。生于大阪。历任各国公使后，四度出任外相，是华盛顿裁军会议时的日本全权委员。1924 年以后，采取对英美协调、不干涉中国内政的方针，被批判为软弱外交。“二战”后，于昭和二十年（1945 年）10 月组阁，主持修改了《日本宪法》，后任进步党总裁。

宫崎龙介：

生卒年不详。革命浪人宫崎滔天（寅藏）的长子，东京大学毕业。自幼年时代开始，就与中国革命的领导者孙中山和黄兴等人交往密切。1937 年，七七事变后，他曾作为近卫文麿首相的特使，与国民政府的有关人员进行接触和谈判，却未能解决中日之间的停战问题。之后，他转为攻击中国的立场。

吉野作造：

1878 年～1933 年。日本政治学家。生于宫城县，东京大学教授。大正时期民主政治的权威思想家。倡导民本主义，主张缩小军阀、枢密院和贵族院的权限。不仅具有反对专制政府的精神，还具有和平反战的思想意识。

中野正刚：

1886 年～1943 年。日本政治家。生于福冈县，早稻田大学毕业。曾任新闻记者，自大正九年（1920 年）任国会议员。组建东方会，推进全体主义运动的发展。因参加反东条英机运动而被捕，在短期保释时剖腹自杀。

大正民本主义：

日本大正时代要求民主改革的运动。实现普通选举，是其最具代表性的政治要求，吉野作造的民本主义等成为指导思想。在社会领域和文化领域也展开了各种运动。

天皇裕仁：

日本昭和天皇的名讳。大正天皇之长子。因其父病弱，于1921年11月，以皇太子身份摄政。后即位为第124代天皇，1926年（昭和元年）12月25日至1989年（昭和六十四年）1月7日在位。他是世界历史上在位时间最长，也是年号最长的帝王。在二战中他犯有战争罪，但日本战败投降后，在美国的庇护下未被远东国际军事法庭所起诉。

小林多喜二：

1903年～1933年。日本小说家。生于秋田县，小樽高等商业学校毕业。在无产阶级文学运动的浪潮中，作为前卫的中心而异常活跃。被特高科警察逮捕，遭毒打致死。著有《蟹工船》和《党生活者》等作品。

石桥湛山：

1884年～1973年。日本新闻工作者、政治家。生于东京，早稻田大学毕业。东洋经济新报社核心人物、社长。通过社论，以自由主义观点进行战争批判和经济评论。“二战”后步入政界。1956年（昭和三十一年）就任自由民主党总裁、内阁总理大臣（首相），因病于两个月后辞职。以积极财政论者的姿态，努力促进与社会主义阵营的交流。病愈后，曾经冒着右翼的威胁，坐着轮椅来中国访问，为促进中日友好、推动中日邦交正常化做出过贡献。

〈第四章〉

转向：

转变，背叛。放弃原先的主义、思想，转至别的想法。尤其是指在日本法西斯专政时期，在强权政治迫害下，日本各类知识分子放弃原有的政治观点，改变以往的政治立场，成为对外侵略扩张主义的体制扶翼者。

西义显：

生卒年不详。其兄西义一，为战前日本陆军大将，曾任大正天皇的侍从武官和陆军教育总监。西义显本人早稻田大学毕业，当过中学教师，后加入“满铁”。抗战爆发的三年前，任满铁南京支所长，与国民党政府的对日外交人员高宗武、董道宁等人有深交。抗战开始后，曾参与中日和平谈判工作。失利后，又被迫转向劝降汪精卫的工作。

土井章：

生卒年不详。抗日战争爆发前即加入“满铁”，在满铁调查部中是一名很出色的中国通。受到西义显赏识，在其委托下继续进行中日和平谈判工作。失利后，随西义显等人一同辞去满铁调查部南京支所的工作。1941年，受日本海军部门的邀请，到印度尼西亚的爪洼工作。后来回到上海，与重庆国民党政府的特工人员频繁接触，试图促成中日和解。但始终未能成功。

犬养健：

明治二十九年(1896年)7月，生于东京。昭和三十五年(1960年)8月28日去世。战前日本首相犬养毅的三子。东京大学毕业，政治家，作家。历任逃往台湾的“中华民国”特派大使随员、“日台和平友好条约”调节委员、外务政务次官、法务大臣、警察厅国务大臣、代理外务大臣等职务。著有《一个时代》、《南京的六月节》、《家鸭出世》、《扬子江在奔流》和《犬养健集》等作品。

〈第五章〉

真崎甚三郎：

1876年～1956年。生于佐贺县，日本陆军大将。曾任陆军士官学校教官、校长。在任教育总监期间，被视为“皇道派”军人的首领，受到免职处分，被贬为预备役。此事成为相泽事件、二二六事件的起因之一。二二六事件后被起诉，但被判无罪释放。此后，一直赋闲在家。

权藤成卿：

1868年～1937年。生于福冈县久留米市，日本右翼思想家，黑龙会会员权藤震二之弟。早年与伊藤博文、内田良平、武田范之等人交往，主张吞并朝鲜。后研究日本的内政与制度问题，提出“君民一体的社稷自治”理论。1930年前后，与极端恐怖主义者井上日召过从甚密。为“血盟团”和五一五事件团伙提供场所，充当顾问，设计实施“复古革命”论。其后，又与橘孝三郎亲密无间，共同参与农民运动，成为农本主义者。著有《皇民自治本义》和《自治民范》等作品。其自治论思想对长野朗影响很大。

大川周明：

1886年～1975年。生于山形县，东京大学毕业。日本右翼政治活动家，国家主义运动的鼓吹者。曾参与1932年的五一五事件，被逮捕判刑，五年后出狱。战争时期，竭力鼓吹“亚细亚主义”。战后，作为甲级战犯，被远东国际军事法庭逮捕。因在庭审时经常敲击东条英机的后脑勺，故而没有被判刑，反而被当做“精神病患者”释放。著有《日本文明史》、《日本两千六百年史》、《大川周明全集》（7卷）等作品。

高松宫宣仁亲王：

日本皇族之一。高松宫之封号，始于安土桃山时代的后阳成天皇（1586年～1610年在位）的皇子好仁亲王。后曾中断，至近代的大正天皇（1912年～1926年在位）的第三皇子宣仁亲王时又复兴。近代之高松宫宣仁亲王，为昭和天皇裕仁的三弟。

二二六事件：

昭和十一年（1936年）2月26日，“皇道派”法西斯青年军官20余人，率领近卫步兵1400余人，在东京发动武装政变。他们袭击首相府等政府机关和住宅，杀死国家重臣斋藤实、高桥是清、渡边锭太郎，杀伤皇室侍卫长铃木贯太郎，占领永田町一带（国会与政府机关所在地）。后来，军部以“肃军”为名，将这次法西斯政变镇压下去。

统制派：

日本昭和初期的陆军派阀之一。以中坚将校为主体，力图确立同政界、财界联合的战时体制，与“皇道派”相对立。二二六事件后，该派阀彻底肃清皇道派，掌握了军队的主导权，推行综合国力战体制。

皇道派：

日本昭和初期陆军内的派系之一。以荒木贞夫和真崎甚三郎等为主，与“统制派”相对立。以皇道中心的精神主义为依据，企图进行法西斯式的政治变革。后来，因发动相泽事件和二二六事件而失势。

平沼麒一郎：

1867年～1952年。日本政治家。生于冈山县，东京大学毕业，组织国粹团体“国本社”。昭和十四年（1939年）1月组阁，同年

8月总辞职。“二战”后，被远东国际军事法庭宣判为甲级战犯，在服刑中病死。

宇垣一成：

1868年～1956年。日本陆军大将、政治家。生于冈山县。推行裁军和军制改革。历任清浦奎吾、加藤高明内阁的陆军大臣。昭和十二年（1937年）着手组阁，但遭军部反对而未能成功。战后为参议院议员。

井上日召：

1886年～1967年。日本超国家主义者，极端恐怖主义分子。生于群马县。组织“血盟团”，企图以恐怖手段改造国家并付诸行动。与军界少壮派军官交往频繁，曾参与五一五事件，事发后被判刑。战争期间被释放，本性难移，仍然秘密活动、图谋不轨。

吉田茂：

1878年～1967年。日本外交家、政治家。生于东京，东京大学毕业，曾任驻英国大使等。昭和二十一年（1946年）至昭和二十九年（1954年）期间，前后五次组阁。在政治上和外交上，为日本恢复独立发挥了重要作用，并奠定了长期保守政权的基础。

大东亚战争：

日本对太平洋战争的称呼。昭和十六年（1941年）12月12日，日本决定，将对英美荷兰的战争和侵华战争，统称为“大东亚战争”。战后，在日本历史研究领域里，仍然有右翼文人和学者坚持这种称呼。它表现的是右翼狭隘的自由主义的历史观，与国际公认的太平洋战争史观形成对立。

〈第六章〉

（无）

〈第七章〉

东方会议：

①大正十年（1921 年），日本原敬内阁为商议西伯利亚撤兵问题而召开的会议。②昭和二年（1927 年）日本田中义一内阁决定侵略中国基本政策的会议。会议提出：大力侵入“满蒙”地区、并将其从中国本土分离出去、随时准备出兵中国等。

皇姑屯事件：

1928 年 6 月 3 日，奉系军阀张作霖因与蒋介石的国民政府军作战失败，由北京乘火车退往东北。由于张作霖没有满足日本的全部要求（包括开矿、设厂、移民和中国停止在葫芦岛筑港等），与日本发生冲突。4 日晨，火车经过京奉路（今京沈路）、南满路（今长大路）交叉处的皇姑屯车站时，被日本关东军预先埋下的炸药炸死，是为震惊中外的“皇姑屯事件”。

长谷川如是闲：

1875 年～1969 年。日本评论家、新闻记者。本名万次郎，生于东京，东京法学院（现中央大学）毕业。其思想具有自由主义色彩，文章具有文明批评的风格特征，在日本享有盛名。昭和二十三年（1948 年）获文化勋章。

五卅运动：

1925 年 5 月，由于日本在华纺织业资本不断扩张，打击中国民族资本，残酷压榨中国工人，中国工人阶级掀起了反对日本资本家的斗争。5 月 15 日，上海日本内外棉第 12 厂资本家借口“无纱”停工，扣发工资。该厂工人顾正红（共产党员）领导工人群众与日本资本家交涉时，竟遭枪杀，十多名工人受伤。由此激起上海工人群众的斗争，并发展成为五卅运动。但这一运动也遭到英国租界当局的血腥镇压，这就是震惊中外的“五卅惨案”。

华北五省自治：

1935年5月，日本帝国主义向国民党政府要求在华北地区的统治权。7月6日，国民党政府代表何应钦，复函日本华北驻屯军司令梅津美治郎，接受了这个要求，即所谓的《何梅协定》。11月又策动汉奸进行所谓“华北五省自治运动”，并成立“冀东防共自治政府”。国民党政府不顾全国人民的反对，坚持卖国投降政策，12月指派宋哲元等成立“冀察政务委员会”，以满足日本关于“华北政权特殊化”的要求。当时的华北五省，指的是河北、山东、山西、察哈尔、绥远。察哈尔省大致为今河北省西北部及内蒙古自治区锡林郭勒盟，绥远省为今内蒙古自治区乌兰察布、伊克昭照、巴彦卓尔盟东部等地。

〈第八章〉

凡尔赛和约：

1919年，第一次世界大战结束后，协约国与德国在法国巴黎近郊的凡尔赛宫召开“和平会议”，签署了凡尔赛和平条约。中国北洋政府在人民的压力下，向和会提出希望帝国主义国家放弃在华特权，要求取消“二十一条”和收回山东被日本夺去的一切权利，遭到与会的帝国主义国家的拒绝，军阀政府竟准备在和约上签字。消息传来，举国愤怒。其后爆发了五四运动。

美国总统威尔逊：

1856年～1924年。美国政治家，第28任总统（1913年～1921年在任）。在任期间降低关税，实行联邦储备银行制度。“一战”初期力主美国保持中立，后决定站在协约国一方参战，协助打败德国。1918年，提出所谓“14点”和平纲领，并出席巴黎和会。曾获1919年诺贝尔和平奖。在对德日政策上，有很明显的绥靖主义倾向。

“合纵”与“连横”：

中国战国时代，随着形势的变化，各国之间相互结约联盟，犹如风车一样不断转动，既没有稳固的朋友，也没有世敌，只以本国的利益为价值的取向。这种错综复杂、变化多端的结约活动被称为“合纵”和“连横”。“合纵”最先由魏相孙衍发起，“连横”由秦相张仪倡导。

大化改新：

指日本于孝德天皇大化年间（公元645年～649年）、在中大兄皇子领导下所进行的政治改革。当时，有不少日本留学生从中国唐朝回国。中大兄皇子等人在留学生的影响下，力求以天皇为中心，把日本建成中央集权的律令制国家。他们首先采取强硬手段，灭掉了朝臣苏我氏的独裁势力，将土地和人民收归国有。其次，他们还模仿中国，建立年号制度，将实行改革的这一年定为“大化元年”。

白村江海战：

即“锦江河口之战”。日本齐明天皇在位（无年号）的公元663年，中国唐朝帮助新罗进攻百济、统一朝鲜半岛。中大兄皇子为救百济而出兵朝鲜，在白村江海战中大败而归。其后，中大兄皇子害怕唐朝与新罗联军的进攻，而迁都近江（今滋贺县）避难。后其即位为帝，是为天智天皇，专心内政。

蒙古元朝攻打日本：

1279年，元世祖忽必烈灭南宋，统一中国。在此前后，曾两次派兵远征日本。时值日本龟山天皇文永十一年（1274年）和后宇多天皇弘安四年（1281年）。镰仓幕府执政者、北条时宗倾全国兵力顽强抵抗，大败元军。这两次战役，在日本被称为“文永之役”和“弘安之役”。另外，也常用“蒙古来袭”一词表示那两次战争。

丰臣秀吉入侵朝鲜：

丰臣秀吉（1536年～1598年），日本安土桃山时代的武将，本能寺之变后，统一日本。曾任关白（摄政），称太阁。实行强硬的对外政策，妄图夺取朝鲜，而后称霸大陆。后阳成天皇在位的文禄元年（1592年）和庆长二年（1597年），丰臣秀吉曾两次派兵入侵朝鲜，但遇到朝鲜军民和中国明朝援军的猛烈抵抗。五千艘战船沉没大海，只有少数船只和将士逃回日本。丰臣秀吉发动的两次对外侵略战争均遭失败，不久丰臣秀吉病死。

〈终章〉

矢内原忠雄：

1893年～1961年。日本经济学家、基督教信仰者。生于爱媛县，东京大学毕业。因反对日本的对外侵略战争，而被剥夺东京大学教授之职。“二战”后，任东京大学校长。著有《殖民及殖民政策》等。

（刘峰、李蕊、刘家鑫编写）

附录五　日本年号与公元对照表

明治元年～平成二十七年（1868～2015）

[1]**明治==公元**：

元=1868，二=1869，三=1870，四=1871，五=1872，六=1873，七=1874，八=1875，九=1876，十=1877，十一=1878，十二=1879，十三=1880，十四=1881，十五=1882，十六=1883，十七=1884，十八=1885，十九=1886，二十=1887，二十一=1888，二十二=1889，二十三=1890，二十四=1891，二十五=1892，二十六=1893，二十七=1894，二十八=1895，二十九=1896，三十=1897，三十一=1898，三十二=1899，三十三=1900，三十四=1901，三十五=1902，三十六=1903，三十七=1904，三十八=1905，三十九=1906，四十=1907，四十一=1908，四十二=1909，四十三=1910，四十四=1911，四十五=1912。

[2]**大正==公元**：

元=1912，二=1913，三=1914，四=1915，五=1916，六=1917，七=1918，八=1919，九=1920，十=1921，十一=1922，十二=1923。十三=1924，十四=1925，十五=1926。

[3]昭和==公元：

元=1926，二=1927，三=1928，四=1929，五=1930，六=1931，七=1932，八=1933，九=1934，十=1935，十一=1936，十二=1937，十三=1938，十四=1939，十五=1940，十六=1941，十七=1942，十八=1943，十九=1944，二十=1945，二十一=1946，二十二=1947，二十三=1948，二十四=1949，二十五=1950，二十六=1951，二十七=1952，二十八=1953，二十九=1954，三十=1955，三十一=1956，三十二=1957，三十三=1958，三十四=1959，三十五=1960，三十六=1961，三十七=1962，三十八=1963，三十九=1964，四十=1965，四十一=1966，四十二=1967，四十三=1968，四十四=1969，四十五=1970，四十六=1971，四十七=1972，四十八=1973，四十九=1974，五十=1975，五十一=1976，五十二=1977，五十三=1978，五十四=1979，五十五=1980，五十六=1981，五十七=1982，五十八=1983，五十九=1984，六十=1985，六十一=1986，六十二=1987，六十三=1988，六十四=1989。

[4]平成==公元：

元=1989，二=1990，三=1991，四=1992，五=1993，六=1994，七=1995，八=1996，九=1997，十=1998，十一=1999，十二=2000，十三=2001，十四=2002，十五=2003，十六=2004，十七=2005，十八=2006，十九=2007，二十=2008，二十一=2009，二十二=2010，二十三=2011，二十四=2012，二十五=2013，二十六=2014，二十七=2015。

（王亮、刘家鑫编写）

附录六　柴田幹夫序言原文

序文

まず最初にお断りしなければならないことがある。劉さんの大著『日本近代知识分子的中国观』の序文を書く資格が私にはないと言うことである。本来、彼の指導教員である古厩忠夫先生が書くべきであるが、残念ながら鬼籍に入られて数年、黄泉の国から「柴田君、劉さんのために序文を書いてやってくれ」という声が聞こえてきた。「と、とんでもない古厩先生の代わりを務めることは出来ません」と言ってはみたものの、誰か代わりを務めなくてはならない。監督がここでピンチヒッターを出すというのだから、仕方があるまい。劉さんの友人の一人として引き受けることにした次第である。

劉さんは 1988 年に初めて笈を背負い日本にやってきた。仙台の宮城教育大学、東北大学とすすみ、新潟大学の大学院に古厩先生を頼って来たと記憶している。幸い良き師と出会い、順風満帆な研究生活を送れたことと思うが、生活面では非常に苦労をしたことをよく知っている。布団を研究室に持ってきて寝泊まりするという蛮勇を犯したことも数度あるという。ただ、その苦労が今の劉さんを形成しているかも知れない。

今回大著を上梓されることを一番喜んで居られるのは、亡き師古厩忠夫先生であろう。やんちゃ坊主が一番可愛いと日本では言われるくらいだから。

さて『日本近代知识分子的中国观』であるが、主として後藤朝太郎と長野朗についての論考が中心となっている。彼らに共通するのは「支那通」としての存在であった。日本にとって中国はいうまでもなく、一衣帯水の国家であり、輔車相依る関係であった。しかしながら明治以降、中国（清王朝）の弱体化と共に中国蔑視の風潮が朝野を問わず惹起してきた。「悪友と謝絶する」ことが近代化への道筋であると言うことが啓蒙思想という名の下に大いに喧伝された。このような中にあって、「支那通」あるいは「大陸浪人」たちも、また「支那保全」という形を取っていく者も多くいた。

劉さんの筆法はそのような状況の中で、中国を深く理解しなければならないと言った後藤や長野を描くことによって、中国蔑視の風潮を鋭く批判しているように見える。中国と日本の双方の間には、数千年にも及ぶ文化交流がある。その底流に流れるものは必ず一定の方向に向かって緩く、重く、鈍く、強く推し流れていくものである（内藤湖南）と言うことを考えると、中国の社会をただの表面的ではなくて、地に根ざした中国理解というものが必要となってくるのではないだろうか。

まさに後藤や長野は地に根ざした中国理解を身につけていた人物であろう。ただ時局の波に翻弄された部分もあるが、アジア主義との絡みの中で考えていくべきであろう。

今の日中間には懸念材料が山ほどあるが、今こそやはりうわべだけではなく、本当の意味で深く日中関係を理解しなければならないと自戒をこめて考えていきたい。

新潟大学国際センター
柴田幹夫

后 记

1988 年 10 月末，笔者赴日本自费留学。先是在宫城教育大学研究生院和东北大学研究生院学习，后来转学到新潟大学研究生院攻读博士课程，并于 1999 年 3 月下旬被授予文学博士学位。在仙台期间，就论文写作和研究方法等问题，受到了导师们严格的训练和指导。但遗憾的是，没能拿出显著的科研成果。

新潟大学的古厩忠夫教授，是日本著名的东洋史专家。笔者在新潟期间，很幸运地师从古厩老师。在其门下三年，继续刻苦钻研，锲而不舍，逐步做出了一些成果，并在校内外学术刊物上，发表了数篇研究论文和调查报告。博士毕业后，留在母校当了三年客座研究员。在这期间，又连续发表了数篇论文。至此，才疏学浅且晚学的笔者，终于能够离开师门独立搞科研了。

日本人做学问是非常严格的，对此情况，笔者最初知之甚少。最先搞过日本近现代文学方面的课题研究，结果被先行研究所迷惑，停留在罗列各家观点的层次上，未能得出创新性的见解来。后来，也曾尝试研究中日比较文学，但仍感觉很难超出固有的观点，找不到研究的切入点，不能从新的角度分析论述。其原因是多方面的。首先，课题研究的问题点难以设定，搞不清重要意义何在。其次，把既成的研究对象神圣化，把评论家们的观点权威化，这样的思考论述，体现不出自己的分析论证能力。再者，在陈述自己观点的时候，往往陷入一般性论述的俗套。大都是在研究动机和问题意识阶段就遭遇挫折，半途而废了。

在日本的研究生院里，文科专业的毕业生要将学习和研究的成果，以“论文”的形式发表出来。所谓“研究论文”，是指在自己的专业研究领域里，在前人研究的基础上，再设立新的议题。然后，依据准确可靠的信息和翔实的资料，把问题解释清楚，拿出创新性的观点。捕捉课题十分重要，研究者本身的性格与人生阅历，研究动机与问题意识等，也是十分需要的。研究者不仅要有基础学力，还要有一定的素质和才能。

近现代史研究领域里的历史人物研究，在某些场合，跟近现代文学的作家作品研究有许多相似的地方。针对研究对象其人与著作，研究者自己是从历史学、社会学或文化人类学的角度去探究，还是要瞄准其他的哪些目标呢？确定好立脚点，是十分重要的。要求从现有的评价原理中脱离出来，机动灵活地学会运用其方法论。自己固有的动机，问题意识和自己独特的方法，将支撑着分析研究的整个过程。经过两部硕士论文和一部博士论文的锤炼，已届中年的笔者，才刚明白了些许基本道理。

2002 年 4 月，笔者结束了十余年的日本留学生活，回到祖籍地天津定居。在日本期间，第一担保人佐藤亮二、荣子夫妇，第二保担人手岛邦夫博士，均为笔者提供了继续深造的平台。在写作本书之前身——博士学位论文阶段，古厩忠夫老师无论在精神上、学术上，还是在生活上，都给予了笔者最大的帮助。两位副导师——内藤俊彦副校长和芳井研一教授，也给予笔者许多有益的启示。北京大学的徐勇教授和中国政法大学的张笑牧教授，是笔者敬重的师友。创作论文期间，得此二位教诲，也受益匪浅。后藤毅一家和长野莱策一家，不惜时间和工本，为笔者的研究工作提供了许多方便。

写作学位论文时，使用了以下单位的文献资料：新潟大学图书馆，东北大学图书馆，国立国会图书馆（支部）东洋文库，新潟县立图书馆和福岛县立图书馆等。发表其中一部分论文时，先后得到了国内外以下单位或部门的协助：新潟大学研究生院现代社会文化研究系，新潟史学会，新潟大学东亚学会，敬和学园大学，天津外国语学院和长春师范学院等。

本书在形成专著的过程中，笔者的研究生们，全力协助我翻译原博士论文，做编写辑录等工作。他们是：2004 级的刘峰和李蕊；2005 级的陈珍、霍虹、杨海鹰、黄燕、王瑛和白兵；2006 级的刘彩霞、汪麟麟和孙延永；2007 级的尉旭航；还有 2002 级的本科毕业生王亮等。另外，笔者去国日久，中文表达能力减弱，民间学者张新华先生为本书校阅润色，才得以呈现今日之面貌。

国家教育部，向来对我等留学回国人员寄予厚望。此次以“教育部留学回国人员科研启动基金资助项目”的名义，全额赞助本书的出版。对于党和政府积极鼓励学术研究的举措，作为一名落叶归根的游子，笔者心中感到无限温暖。

笔者的工作单位天津理工大学，也给予笔者全力支持。在向教育部申报科研立项时，得到曹作良副校长、科技处杨保和处长和孔庆莲老师的积极支持；研究生部刘技文主任，也非常关心笔者的科研立项与教学工作；我校的国务院专家徐颖果教授，一直鼓励鞭策笔者，建议多写几本中文专著；我校外国语学院党总支张兵书记和王树春副书记，非常关怀笔者的研究与生活；外国语学院丁素萍院长、胡备副院长、许建忠副院长等，也为本课题立项和专著出版，无私举荐，积极建议；再有，本书还得到天津外国语学院刘笑明教授的协助；南开大学出版社的张彤和张华二位编辑，也十分关照本书的出版。

2002年春天，笔者回国定居之前，古厩忠夫老师曾经鼓励我将学位论文修改成书、结集出版。笔者也曾经拜托过古厩老师为本书写“序言”。我回国后才听说，从那一年的入夏时节开始，古厩老师多次住院、出院，身体健康每况愈下。十几年前，古厩老师因患胃癌做过手术，切除了胃部的三分之二。2003年2月28日中午，古厩老师在新潟的医院里与世长辞，享年62岁。逝世的直接病因，为膈膜炎并发症。

古厩老师生前，笔者担心老师的身体状况，没有提醒催促他写序言。无博士导师的“序言”，实为本书的一大缺憾。更由于种种原因，本书的出版延迟了好几年的时间，古厩老师最终也没能见到本书的面世。笔者历来散漫，生性懒惰。身为弟子，辜负了老师的期待，也常为自己的不长进，内心深感不安。值得庆幸的是，今日本书付梓出版，聊以慰藉先师。

李树本老先生是笔者大学时代的恩师，柴田幹夫教授为日本友人，张新华先生为笔者的书友。三位师友应笔者之邀，欣然为本书作“序言”，令笔者无上欣慰、不胜感激。自1997年开始该课题的研究，时至今日以专著的形式出版，整整过去了十年。这十年之内，星移斗转，人世沧桑。笔者不仅经历了丧母亡妹之痛，还与古厩老师和荣子伯母生离死别、阴阳两界。最近又泣送了不幸英年早逝的堂兄。这些变故，都让笔者不禁黯然伤神。

然而，也有喜事令人高兴和鼓舞，比如最近，笔者平生正式教导的首位硕士毕业生刘峰同学，考取了北京大学历史系的博士研究生。学生成才是教师最高兴的事情，我心里感到了最大的慰藉。

饮水思源，知恩图报。我希望继续搞好科研和教学，用以回报国家和社会对我的培养。多年以来，笔者受到众多亲人、老师、同学、领导、同事、中外友人的关怀和帮助。值此机会，向大家表示由衷的敬意和谢意！

刘家鑫 笔
2007年6月初旬
于天津理工大学外国语学院

著者简介

刘家鑫，1958出生，天津市人。1983年毕业于天津外国语学院日语系；1993年毕业于日本宫城教育大学研究生院教育学研究系硕士课程；1996年毕业于日本东北大学研究生院国际文化研究系博士前期课程；1999年毕业于日本新潟大学研究生院现代社会文化研究系博士课程，获文学博士学位。1999年～2002年，日本新潟大学客座研究员。现为天津理工大学外国语学院日语系教授，硕士研究生导师。

主要从事日本近现代史和日本现当代文学等研究。著有《日本近代知识分子的中国观——中国通代表人物的思想轨迹》（南开大学出版社，2007年），主编教材《日本当代小说导读》（南开大学出版社，2009年），译著有《日本明治初期英语日译研究——启蒙思想家西周的汉字新造词》（中央编译出版社，2013年）等。曾在《新潟史学》（日本新潟）、《东洋史苑》（日本京都）、《译林》、《时代文学》、《作家杂志》、《历史教学》和《电影文学》等刊物上发表学术论文40余篇。